Le Siècle.

ÉLIE BERTHET.

NOUVELLES ET ROMANS CHOISIS

LA MAISON MURÉE, LE PACTE DE FAMINE
UNE PASSION, LE DERNIER ALCHIMISTE
LA TOUR ZIZIM, LE CHASSEUR DE MARMOTTES

PARIS
BUREAUX DU SIÈCLE
RUE DU CROISSANT, 16.

A. VIALON. DEL.   J. GUILLAUME SC.

On trouve encore dans les bureaux du Siècle :
HISTOIRE DES DEUX RESTAURATIONS (DE 1813 A 1830), par M. ACHILLE DE VAULABELLE.
Huit volumes in-8°. — Prix : 40 fr., et 20 fr. seulement pour les abonnés du journal *le Siècle*.
Ajouter 50 c. par volume pour recevoir l'ouvrage *franco* par la poste.
N. B. — Afin de faciliter aux abonnés l'acquisition de cet ouvrage important, il leur sera loisible de se le procurer par parties

Élie Berthet.

LA MAISON MURÉE

LA MAISON MURÉE.

En 1609, vers la fin du règne d'Henri IV, pendant que le roi était encore occupé à Sedan à étouffer les restes de la conspiration du maréchal de Biron, Paris était loin de présenter ce tableau de paix et de prospérité publiques que les historiens du siècle dernier ont retracé avec tant de complaisance. Si les maux qui avaient affligé la France sous les règnes précédens avaient cessé dans les provinces, il n'en était pas de même dans la capitale; jamais, au dire des historiens contemporains, elle n'avait été le théâtre d'autant de vols, de pillages, d'assassinats. Aussitôt que la nuit était tombée, la ville était livrée comme une proie à une hideuse population de voleurs de toutes conditions, laquais, mendians et gentilshommes débauchés, baschiens vagabonds et soldats en guenilles, qui *tiraient la laine* aux bourgeois attardés, et souvent les égorgeaient, malgré la surveillance impuissante du guet. Pendant que les nobles étalaient une profusion insolente, une populace hâve, maladive, hargneuse, rôdait, comme une troupe de loups affamés, autour de leurs somptueux hôtels, attendant les restes de leurs tables abondantes. Les haines de religion, en apparence étouffées dans les cœurs, couvaient sourdement et éclataient de temps en temps avec d'épouvantables violences, et, par-dessus tous ces fléaux, le plus grand, le plus terrible de tous, la peste, étendait ses noires ailes sur Paris, comme si ce n'eût pas été assez de la famine pour joncher ses rues de cadavres, et encombrer tous les charniers qui ouvraient leurs gueules béantes autour de ses murailles.

Un soir d'été de cette même année, à l'époque où la contagion était dans toute sa force, un homme jeune encore, et qu'à son équipage on pouvait prendre pour un militaire, remontait, en examinant chaque maison avec un intérêt tout particulier, le faubourg Saint-Antoine, qui plus peut-être que tous les autres quartiers de Paris avait eu à souffrir de tant de maux réunis. Cet étranger était vêtu d'un simple pourpoint gris usé par le frottement de son armure, et d'un haut-de-chausses écarlate qui n'avait pas l'ampleur ridicule des habits des courtisans. Son collet, rabattu à l'italienne, laissait voir un cou brun et vigoureux, qui supportait une tête à l'expression noble et ferme à la fois. Ses bottes fortes, armées d'éperons dorés, indiquaient un homme habitué à monter à cheval, et sa toque de velours, surmontée d'une plume blanche qui se balançait sur son front basané, donnait à tout son extérieur une physionomie guerrière, que ne démentait pas la lourde épée suspendue à son côté par un ceinturon de cuir vernissé.

La nuit n'était pas encore arrivée, et cependant la rue que suivait l'étranger était déjà déserte et silencieuse; quelques visages timides de femmes et d'enfans se montraient seuls aux fenêtres des masures qui bordaient le faubourg, et il n'y avait d'autres passans que deux ou trois clercs en habits rouges et quelques laquais bariolés, qui couraient vers la porte Saint-Antoine, comme si de ce côté se préparait quelque événement important.

Soit qu'il parût inutile à l'inconnu d'adresser des questions à des gens sans doute peu disposés à y répondre, soit que la recherche dont il était occupé absorbât assez son attention pour qu'il ne pût la donner à deux choses à la fois, soit enfin qu'il espérât voir bientôt par lui-même la cause de cet empressement, puisqu'il se dirigeait vers le point du rendez-vous commun, il continua sa promenade et son examen sans songer davantage à ceux qui suivaient la même route que lui. De temps en temps il s'arrêtait devant une maison de meilleure apparence que les autres, et semblait consulter des souvenirs confus; puis il continuait sa marche avec la rapidité d'un homme qui vient de reconnaître une erreur et qui veut rattraper le temps perdu. Quelquefois aussi il promenait un regard de pitié sur les lieux désolés qu'il parcourait, sur ces habitations délabrées et abandonnées à la porte desquelles la peste était venue frapper, sur l'herbe qui croissait librement de chaque côté de cette rue fangeuse, sur ces visages livides de malades et d'affamés qui se montraient aux fenêtres, et le signe de tête qu'il faisait à chaque nouvel épisode de cet horrible tableau semblait dire : « Ceci est affreux, et cependant il y a eu un temps où l'on voyait en cet endroit des choses plus affreuses encore. » Tout jeune qu'il était, cet étranger avait une pu assister au siège de Paris.

Cependant il avançait toujours, et bientôt il lui fut possible, au détour du faubourg, de reconnaître enfin où se rendaient tous les gens empressés qui avaient déjà excité sa curiosité.

En deçà et au delà de la porte Saint-Antoine, dont le pont-levis était baissé, et sur toute la longueur de la route de Charenton, se tenait une foule immense d'hommes de tous les âges et de toutes les conditions : pages, laquais, écoliers, gens du peuple, armés, les uns de bâtons, les autres d'arquebuses, quelques-uns de hallebardes, d'autres enfin des outils de leur profession ; ils formaient des groupes animés, qui tous dirigeaient leurs regards vers la route, comme s'ils s'attendaient à voir paraître d'un moment à l'autre de ce côté quelque armée ennemie. La garde ordinaire du pont, qui avait été renforcée de plusieurs compagnies d'archers de la prévôté, se tenait sous les armes en avant du corps de garde, observant la populace, qui roulait comme une mer houleuse autour d'elle.

Cependant aucun cri séditieux ne sortait de toutes ces poitrines, soulevées sans doute par des émotions diverses, et on pouvait trouver l'explication de ce silence dans une énorme potence élevée à quelques pas de la porte et sur laquelle était affichée une ordonnance royale ainsi conçue : « Toute personne, soit d'une religion, soit d'une autre, qui » aura attenté de quelque manière que ce soit au repos » public, sera pendue sur-le-champ à cette potence. » Ceux qui savaient lire avaient expliqué aux autres la signification de l'écriteau en question, et l'on comprend pourquoi tout le monde était muet, bien que beaucoup de gens semblassent avoir grande envie de crier quelque chose. Mais l'entreprise était encore d'autant plus périlleuse à tenter qu'au pied même du gibet était tranquillement assis un homme vêtu de rouge, une corde neuve à la main, et qui semblait tout disposé à sanctionner immédiatement l'ordonnance royale qui flamboyait en lettres menaçantes au-dessus de sa tête.

Cependant, quelque bizarre et intéressant que fût ce spectacle, il ne put fixer qu'un moment l'attention du personnage inconnu ; son regard se détourna bientôt de cette foule tumultueuse, de ces soldats prêts pour le combat, de ce bourreau prêt pour le supplice, et, sans s'arrêter à demander à quelqu'un des nombreux assistans l'explication qu'il paraissait désirer un moment auparavant, il se dirigea rapidement vers une maison de construction singulière, qui s'élevait isolément à quelque distance du rempart, et il poussa une exclamation de joie, comme s'il venait de découvrir enfin ce qu'il cherchait avec tant de soin.

Cette maison ressemblait à une petite forteresse, et, au besoin, elle eût pu tenir pendant quelques heures contre de nombreux assaillans. Elle était solidement construite en briques, et séparée de toutes les autres habitations du faubourg. Aux quatre angles s'élevaient des tourelles élégantes, percées d'étage en étage de petites fenêtres ou plutôt de meurtrières, par lesquelles on pouvait voir de l'intérieur ce qui se passait au dehors ; mais ce qu'il y avait de particulier à cet édifice, qui ressemblait du reste à beaucoup d'autres constructions de cette époque, c'était que, excepté les meurtrières, nulles portes et fenêtres ne s'ouvraient sur le faubourg, et il eût été impossible de s'expliquer comment on pouvait pénétrer dans cette mystérieuse demeure. A quelques cimes jaunies de peupliers qui s'élevaient au niveau des tourelles, on devinait qu'un jardin d'une certaine étendue servait de dépendance à cette forteresse en miniature ; mais ce jardin était entouré de tous côtés de hautes murailles qui défiaient les regards indiscrets des passans et des voisins, et comme ces murailles n'offraient pas plus de traces de porte que la maison elle-même, on eût pu croire ces lieux complètement inhabités, si une légère fumée bleue, qui s'échappait du toit, n'eût annoncé d'une manière positive l'existence de créatures humaines dans cette enceinte inhospitalière.

L'étranger dont nous avons jusqu'ici occupé nos lecteurs avait fait ces observations sans s'inquiéter le moins du monde du rassemblement qui grossissait à une portée d'arquebuse de la maison isolée. Il avait tourné deux ou trois fois à l'entour, en regardant les murailles de l'air d'un homme habitué à en escalader de pareilles ; et cependant hochant la tête à la vue de certaines précautions, prises par les habitans pour éviter toute surprise venue de l'extérieur. Enfin, après un examen assez long, il commença à s'approcher tout pensif de la porte de la ville, sifflotant entre ses dents un air guerrier avec une sorte d'impatience ; on eût dit qu'il trouvait plus de difficultés qu'il ne s'y était attendu dans une entreprise concertée d'avance, et qu'il réfléchissait au moyen de les vaincre.

Tout en méditant, il était arrivé, sans s'en apercevoir, au milieu des groupes passionnés qui encombraient le faubourg, et il ne remarquait pas les regards soupçonneux que l'on jetait sur lui, lorsqu'on lui frappa doucement sur l'épaule, et une voix timide murmura à son oreille :

— Si vous êtes encore de la religion, prenez garde à vous, monsieur ; vous êtes déjà suspect à tous ces bons catholiques.

L'étranger se retourna vivement pour voir le personnage à qui il devait cet avertissement. C'était un petit homme à l'air paisible et craintif, dont le costume attestait une certaine aisance, et dont tous les traits exprimaient une terreur véritable du danger qu'il annonçait. L'inconnu allait le questionner et lui demander l'explication de ses paroles, quand le petit homme, mettant un doigt sur sa bouche comme pour lui recommander la prudence, lui dit à voix haute et avec un accent de cordialité :

— Eh ! le capitaine Loudunois ne reconnaît donc pas son ancien fourrier, Didier, surnommé le Tranquille, un honnête garçon qui a servi avec lui dans le régiment du maréchal Fervaques, lors du siège d'Etampes ?

— C'est parbieu vrai ! s'écria celui qu'on avait appelé le capitaine Loudunois, enchanté de rencontrer en ce moment quelqu'un de connaissance ; et que diable fais-tu ici, Tranquille ? continua-t-il du même ton de bienveillance un peu rude.

— Je n'étais pas fait pour la guerre, reprit son timide interlocuteur, qui semblait mériter parfaitement le sobriquet qu'on lui avait donné, et j'ai quitté le service aussitôt que je l'ai pu. Maintenant, si vous voulez me faire l'honneur de venir jusque chez moi, à ce cabaret que vous voyez là-bas (et Didier montrait une misérable bicoque située presque en face de la maison isolée dont nous avons parlé), votre ancien fourrier vous fera goûter du vin comme il ne vous en a jamais servi du temps de nos campagnes du Poitou. Tous les vrais catholiques, ajouta-t-il en haussant la voix de manière à être entendu de ceux qui l'environnaient, pourront vous l'affirmer.

— Oui ! oui ! dit un des assistans d'un ton sombre ; le vin est bon à l'enseigne de la *Meilleure-des-Religions ;* seulement il serait à désirer que la foi de l'hôtelier fût d'un aussi bon crû que son vin.

Le pauvre Didier frissonna à ces sinistres paroles.

— Vous voulez rire, Jean-Guillaume, répliqua-t-il ; vous savez que je suis catholique aussi fervent que vous, et vous ne parleriez pas ainsi si hier encore je n'avais refusé de vous faire crédit. Au surplus, ajouta-t-il en prenant Loudunois par le bras, autant par frayeur que pour ne pas le perdre dans la foule, le capitaine en jugera.

En prononçant ces mots, il jeta autour de lui des regards de défiance, comme si quelqu'un des assistans eût dû trouver à redire dans ses paroles, et, sans attendre de réponse, il entraîna le capitaine, qui se laissa faire, pressé qu'il était d'avoir enfin l'explication de tout ce qu'il voyait.

L'hôtelier ne prononça pas un mot durant le trajet ; ses jambes ne semblaient pas bien affermies, quoiqu'il cherchât à prendre un air d'assurance. Enfin, pourtant, lorsqu'il fut entré dans sa maison et qu'il eut dûment fermé et verrouillé la porte derrière lui, il se laissa tomber sur un tabouret, dans la salle basse du cabaret, et poussa un gros soupir :

— Je ne suis pas fait pour la guerre, queitème, dit-il en répétant une phrase sacramentelle qu'il avait toujours à la bouche ; et pourtant, mon Dieu ! dans le temps où nous vivons, il n'y a plus de repos pour les gens paisibles.

Le capitaine, qui avait remarqué la frayeur de son ancienne connaissance sans en comprendre la cause, se débarrassa de son épée, qu'il jeta sur la table pour être plus à l'aise :

— Ah çà ! mon cher Tranquille, lui dit-il, que diable signifie tout ceci ? Voilà deux heures que je me mets l'esprit à la torture pour deviner ce que font tous ces badauds autour de cette potence et...

— Parlez plus bas, au nom de Dieu ! murmura l'hôtelier ; s'ils vous entendaient, ils raseraient ma maison jusqu'aux fondemens. Ah çà ! queiteine, il y a donc bien peu de temps que vous êtes à Paris pour que vous ignoriez le motif de ce rassemblement ?

— Je suis arrivé depuis deux heures seulement ; je viens de Sedan, où j'avais suivi le roi et monsieur le maréchal. Voyant que le duc de Bouillon avait fait sa soumission et que Sedan était pris, j'ai profité d'un moment de repos pour accourir ici, où m'appelle une affaire de la plus haute importance pour moi, et dans laquelle, Didier, tu pourras m'aider peut-être.

— Tout à votre service, queiteine, répondit le cabaretier en se servant de cette abréviation que les soldats employaient alors en parlant à leur capitaine ; et pourtant vous arrivez à une époque bien funeste dans la bonne ville de Paris. Il faut de grandes raisons pour oser affronter, par le temps qui court, les fléaux qui nous désolent.

— Oui, je sais, reprit Loudunois d'un air préoccupé, que la famine et la peste font ravage parmi le populaire, mais...

— Et les hommes sont encore plus dangereux que la famine et la peste, dit Tranquille en se rapprochant de son ancien chef d'un air de crainte ; vous ne savez donc pas, queiteine, que tous ces gens au milieu desquels je vous ai trouvé, près de la porte Saint-Antoine, sont des catholiques renforcés venus là pour égorger les protestans à leur retour du prêche de Charenton-Saint-Maurice ? On parle d'une nouvelle Saint-Barthélemy !

— Mais, à ce que je vois, on a pris des précautions pour maintenir le bon ordre ; ces archers, qui paraissent bien disposés à faire leur devoir, et cette potence toute dressée, annoncent que le roi n'entend pas que l'on trouble nos anciens coreligionnaires ; car, toi aussi, Tranquille, tu étais un réformé, un huguenot, comme on nous appelait à l'armée du Béarnais...

— Ne parlons pas de cela, queiteine ; ne parlons pas de cela, je vous en prie ; j'ai abjuré, comme vous sans doute, comme le roi, comme tant d'autres, et il est inutile de faire savoir à ces enragés que notre mère ne nous a pas baptisés le jour de notre naissance, au nom du Père, du Fils et du Saint-Esprit ; il ne serait pas prudent de leur faire une pareille confidence en ce moment, car, je vous le jure, ni les archers, ni la potence ne pourront grand'-chose ce soir pour sauver les huguenots. Des pistolets et des arquebuses sont cachés sous les manteaux ; les pauvres réformés sont sans armes, et, soyez-en sûr, avant peu il y aura bien du sang versé dans le voisinage.

Le capitaine saisit son épée, peut-être par une vieille habitude.

— Tu t'exagères le mal, Tranquille, dit-il à l'hôtelier, et tu as raison de répéter, aujourd'hui comme autrefois, que tu n'es pas fait pour la guerre ; cependant, puisque tu crois le danger si proche, serais-tu homme à te joindre à moi pour chercher à le prévenir, autant du moins que peuvent le faire deux personnes qui savent ce qu'il y a de bon et de mauvais dans les deux partis ? — Tranquille ne paraissait pas du tout disposé à démentir son surnom, et un embarras très visible se montrait sur sa douce et flegmatique physionomie. Le capitaine sourit. — Je comprends, dit-il ; tu es du parti des *politiques ;* tu donnes à boire aux deux religions, et tu ne te soucies pas de te prononcer en faveur de l'une plutôt que de l'autre. Eh bien ! Didier, ajouta-t-il en changeant de ton, pour cette fois, j'imiterai ta prudence. Aussi bien moi-même j'ai joué assez souvent de l'épée et de l'arquebuse pour assurer à tous la liberté du culte, sans que j'aille maintenant me mêler sans ordres aux querelles de ces gens-là. S'il y a

vraiment bataille, nous verrons bien en faveur de qui nous devrons nous prononcer. En attendant, Tranquille il faut que je t'adresse quelques questions qui sont pour moi du plus haut intérêt. Il s'agit de cette maison qui s'élève en face de nous... Si j'en crois les renseignemens qui m'ont été donnés, elle appartient à une noble famille que j'ai bien connue autrefois.

— Ah ! la maison murée, comme nous l'appelons ! dit l'hôtelier, enchanté de voir le capitaine renoncer si vite à ses projets belliqueux.

Il disparut un moment, pour revenir bientôt avec un pot de vin et deux gobelets d'étain, qu'il posa bruyamment sur la table.

— Ainsi donc, reprit le capitaine tout rêveur et sans toucher au vin que venait de lui verser Tranquille, c'est la famille Champgaillard tout entière qui s'est renfermée dans cette espèce de forteresse, pour éviter la peste qui désole Paris ?

— Pourquoi donc m'interroger, dit l'hôte avec étonnement, si vous savez d'avance ce que je vais vous répondre ? Oui, queiteine, continua-t-il, c'est vraiment, comme vous le disiez, le vieux baron de Champgaillard, qui s'est emprisonné là avec ses fils et sa fille, depuis le commencement de ce malheureux fléau. Si vous connaissez tant soit peu cette famille, vous devez savoir que le baron est l'homme du monde le plus entiché de sa noblesse, et qui craint le plus de laisser éteindre le nom qu'il porte. Aussi, dès que la contagion s'est déclarée dans Paris, il s'est trouvé, m'a-t-on dit, dans une étrange perplexité. Il craignait qu'en restant ici ses enfans ne devinssent la proie de la maladie qui désole la ville ; mais, d'un autre côté, la province offre encore si peu de sécurité aux gentilshommes qui ne peuvent entretenir une troupe convenable pour leur défense...

— Oui, oui, interrompit tristement le capitaine, le baron connaît par expérience les dangers des guerres civiles ; plusieurs de ses parens ont été massacrés dans les guerres du Poitou, son château a été brûlé deux fois ; j'en sais quelque chose, j'y étais ! Mais les temps sont changés... Continue, ajouta-t-il en passant la main sur son front, comme pour écarter des souvenirs pénibles.

— Je vous disais donc, reprit Tranquille, que le baron s'était trouvé fort embarrassé pour préserver sa famille de cette peste brutale qui frappe sur le riche comme sur le pauvre. Ne pouvant quitter Paris, il a pris un parti bizarre que bien que gens ont blâmé, étant trop pauvres pour l'imiter. Il a rassemblé, dans la maison que vous voyez, du blé et des vivres pour plusieurs années ; il y a fait venir sa fille, mademoiselle Jeanne, et ses deux fils, deux beaux jeunes gens, queiteine, et qui aimeraient mieux chevaucher dans la campagne, une armure sur le dos, que se consumer d'ennui dans cette prison ; puis, après avoir congédié les domestiques inutiles, il a fait murer sans pitié les portes et les fenêtres qui donnent sur le faubourg, afin d'intercepter ainsi toute communication entr ceux qui pourraient être attaqués de la contagion et les précieux rejetons de la famille Champgaillard. Depuis ce temps, la maison a été aussi calme que vous la voyez aujourd'hui ; rien n'en sort et surtout rien n'y rentre ; c'est l'arche de Noé au milieu du déluge, comme dit cet autrefois le ministre Du Menay, que vous et moi nous avons entendu prêcher si souvent à l'armée du Béarnais.

— Et Jeanne, demanda le capitaine avec chaleur, mademoiselle de Champgaillard, veux-je dire, jeune fille dont tu me parlais tout à l'heure, sais-tu comment elle supporte cette captivité ? Est-elle heureuse ? parle, parle, parle, Tranquille ; as-tu des nouvelles de mademoiselle de Champgaillard ?

— Eh bien ! oui, j'en ai, dit l'hôtelier, qui sembla prendre tout à coup son parti de quelque recommandation secrète, et puisque vous désirez si vivement savoir tout ce qui est relatif à cette famille, je vous dirai ce que je sais et ce que moi seul peux vous dire en ce moment. Dernièrement, un des domestiques employés au service de la famille s'est ennuyé si fort de sa captivité qu'il a mieux aimé affronter la peste et escalader la muraille pendant la nuit, au risque de se casser le cou, que de vivre plus longtemps dans un pareil isolement... Ce fut chez moi qu'il vint se loger d'abord, et il me conta en confidence que cette maison, si calme à l'extérieur, était un enfer au dedans. Monsieur le baron et son fils aîné, le chevalier Gaston à ce que je crois, sont, comme vous le savez sans doute, excellens catholiques ; mais Henri, le cadet, s'est fait huguenot en haine de son frère, qui doit posséder tous les biens de la famille, et ce sont chaque jour de nouvelles querelles entre ces deux jeunes gens, violens et impétueux tous les deux, que l'on oblige à vivre ensemble. Souvent ils en sont allés jusqu'à mettre l'épée à la main, à la suite de leurs disputes sur la religion, et si leur père les perdait de vue un seul instant, si mademoiselle Jeanne, qui, dit-on, est un ange de douceur et de bonté, ne se jetait à leurs pieds pour les supplier de cesser leurs querelles, peut-être le vieux Champgaillard trouverait-il dans la haine mutuelle de ses deux fils un fléau plus terrible encore pour sa famille que la peste elle-même.

Le capitaine Loudunois s'était levé et se promenait dans la salle avec une profonde émotion.

— Oui, c'est bien là ce que je pensais, fit-il comme s'il se parlait à lui-même ; pauvre Jeanne ! si douce, si bonne ! — Puis, s'arrêtant devant Didier, qui le regardait d'un air ébahi : — Il faut que je pénètre dans cette maison, dit-il du ton d'un homme habitué à être obéi ; peux-tu m'en fournir les moyens ?

— Impossible, queiteine ! le vieux baron recevrait à coups d'arquebuse quiconque oserait tenter d'escalader sa demeure. On dit qu'il craint la peste autant pour lui-même que pour ses enfans, et ce n'est pas peu dire.

— Les arquebuses ne me font pas peur, dit Loudunois, et j'ai pénétré dans des forteresses mieux gardées que ce logis.

— Mais quel intérêt si puissant... ?

— Quel intérêt ? répéta le capitaine en attachant sur Didier le Tranquille un regard scrutateur ; eh bien ! compagnon, je te dirai la vérité tout entière, puisque aussi bien je suis décidé cette fois à tout braver pour faire réussir mes projets. Tu as pu t'apercevoir déjà que je connaissais parfaitement la famille Champgaillard ; mais ce que tu ne sais pas, Didier, c'est depuis longtemps j'aime mademoiselle Jeanne et que je crois être aimé d'elle.

— Vous, capitaine ! vous, un pauvre soldat sans fortune, sans famille, qui n'avez pas même un nom à vous, puisque vous portez celui du pays où vous êtes né, vous aimez cette demoiselle, si riche et si noble ! Mais savez-vous que les Champgaillard sont alliés, dit-on, aux Rohan, aux Montmorency ?

— Et c'est tout cela qui fait mon désespoir, dit Loudunois avec abattement ; cependant, peut-être ai-je déjà vaincu bien des difficultés ; écoute-moi :

« Tu te souviens peut-être, lors des derniers troubles du Poitou, il y a de cela quelque cinq ou six ans, j'avais été chargé d'aller battre la campagne avec une escouade d'arquebusiers du maréchal. Je n'étais alors que sergent dans la compagnie dont je suis aujourd'hui le capitaine, lorsque le hasard me conduisit au château de Champgaillard, qui avait été pillé et brûlé par les bandits du capitaine Dauphin. Le baron venait d'être amené prisonnier, ainsi que ses deux fils ; Jeanne s'était cachée dans le parc et avait ainsi échappé aux veillaques de Dauphin. Je ne sais comment il se fit que mes hommes la trouvèrent et me l'amenèrent, espérant que je pourrais tirer d'elle bonne rançon ; en me montrant les ruines encore fumantes de son château, elle me parla des mauvais traitemens que les pillards avaient fait subir à son père et à ses frères, pris les armes à la main. Je fus ému. J'étais bien jeune alors, et, quoique élevé au milieu des scènes sanglantes des guerres de religion, je n'étais pas endurci contre les larmes d'une jeune fille suppliante. Je me mis à la poursuite de Dauphin, et, moitié de gré, moitié de force, je parvins à lui arracher ses prisonniers. Je les délivrai et je les conduisis avec mon escorte dans un château voisin, où ils étaient en sûreté. Je te laisse à penser la reconnaissance de toute cette famille ; le baron m'embrassa en pleurant, tout huguenot que j'étais alors, me disant que je lui avais sauvé plus que la vie en sauvant ses enfans. Ces deux fiers gentilshommes me traitaient presque comme un frère, et Jeanne avait pour moi des regards si doux, des paroles si pleines de bonté, que je ne pus me défendre de l'aimer.

« Je prolongeai mon séjour au château où s'était retiré la famille Champgaillard, sous prétexte de la défendre contre les partisans qui infestaient le pays. Ce séjour fut ce qui nous perdit ; Jeanne et moi, nous nous voyions souvent en secret, nous nous aimâmes et nous espérâmes un moment que la reconnaissance du baron pour mes services pourrait aller jusqu'à nous unir. Un jour, enfin, je m'enhardis, je demandai la main de Jeanne. Le baron entra dans une colère terrible, et répondit de la manière la plus méprisante. Cependant, comme il était encore mon prisonnier, lui et ses enfans, et, comme après tout, je commandais dans le château, il se calma un peu et me dit :

« Si encore vous étiez capitaine d'une compagnie, si vous
« étiez noble et catholique, peut-être une semblable pro-
« position pourrait-être écoutée ; mais un petit sergent
« huguenot, sans nom, sans éducation, sans fortune,
« épouser une Champgaillard !... »

« C'en fut assez, Tranquille ; de ce moment je songeai à acquérir tous ces avantages que le baron exigeait dans le mari de sa fille. Je quittai le château avec mes hommes, et je ressentis pour la première fois de l'ambition. Avant mon départ, je vis Jeanne, et nous nous renouvelâmes l'assurance de nous aimer toujours. Au milieu du tumulte des camps, j'appris à lire pour lire les lettres qu'elle m'écrivait en secret, j'appris à écrire pour lui répondre. Je m'exposai mille fois à la mort dans les batailles pour obtenir ce titre de capitaine que je désirais tant ; j'abjurai ma foi pour être catholique comme elle. Enfin tous mes efforts viennent d'être couronnés au siège de Sedan : le roi, notre Béarnais, notre vieux roi de Navarre, que tu connais si bien, Tranquille, m'a promis de m'anoblir en récompense de mes bons et loyaux services ; les titres seront prochainement expédiés à la chancellerie. Alors, au comble de mes vœux, je suis accouru ici pour retrouver celle que j'aime depuis si longtemps et pour dire à son père : « Je suis noble, catholique, capitaine d'une des plus
« belles compagnies du régiment de Fervaques ; me croyez-
« vous digne d'être votre gendre ? » J'ai appris, il y a quelques temps, par une lettre de Jeanne, la captivité que son père allait lui faire subir par crainte de la peste, et je savais d'avance la plupart des détails que tu viens de me donner ; mais j'ignorais tous les ennuis qu'elle pouvait trouver entre deux frères ennemis et un père qui, j'ai quelque raisons de le croire, n'a pas pour elle l'affection qu'il porte à ses fils. Tu vois donc bien, Tranquille, qu'il faut que je pénètre dans cette maison, que j'y pénètre cette nuit, ce soir même...

— Tout ce que vous venez de me dire ne m'a pas fait changer d'opinion, répliqua le cabaretier. Je vous répète, queiteine, que, fussiez-vous le roi Henri en personne, vous n'entreriez pas chez le vieux Champgaillard sans courir le risque de la vie. Il ne verrait en vous qu'un homme dont la présence chez lui peut frapper de mort tous ses enfans et lui-même... Et qui sait, queiteine, si les craintes du vieux baron ne seraient pas fondées ?

— Le crois-tu, Tranquille ? demanda Loudunois en levant vivement la tête ; crois-tu qu'il soit possible qu'arrivé seulement depuis quelques heures, je porte déjà en moi le germe de cette maladie ?

— Qui sait, mon maître ? cette contagion frappe comme la foudre au moment le plus inattendu, et, quand on s'est trouvé comme vous au milieu du populaire, qui peut répondre qu'on n'a pas...

Loudunois réfléchit un moment.

— C'est impossible, murmura-t-il.

Didier hocha la tête et allait répondre, lorsqu'un bruit terrible venu de l'extérieur attira tout à coup leur attention. C'étaient des cris poussés à la fois par mille bouches, des pas de chevaux, des cliquetis d'armes, des coups d'arquebuse. Les deux interlocuteurs écoutèrent un moment avec attention ; le cabaretier pâlit.

— Ce sont les protestans qui font leur entrée et les catholiques qui commencent le massacre, dit-il enfin d'une voix tremblante.

— Eh bien ! sortons ! fit résolûment le capitaine en bouclant le ceinturon de son épée.

— Pourquoi faire, bon Dieu !

— Tu as peur ! eh bien ! reste, j'irai seul.

— Non pas ! non pas ! dit Tranquille en allant décrocher lentement une vieille hallebarde suspendue au manteau de la cheminée ; je ne suis pas fait pour la guerre, mais du moment que vous allez vous exposer au péril, je ne veux pas vous quitter, vous mon ancien chef et qui m'avez rendu tant de services au temps passé. Je vous suis, vous dis-je, et pourtant je ne vois pas la nécessité...

— Pendant le désordre, dit le capitaine Loudunois tout pensif, nous trouverons peut-être l'occasion de pénétrer dans cette forteresse inabordable du baron de Champgaillard.

Didier le Tranquille fit un signe de doute et soupira ; puis, plaçant la hallebarde sur son épaule, il suivit son compagnon.

L'ÉMEUTE.

A peine furent-ils sortis du cabaret qu'ils se trouvèrent au milieu d'une foule bruyante et tumultueuse qui s'agitait dans tous les sens, au bruit des arquebuses et des pistolets. Les protestans, aux costumes de couleur sombre, se reconnaissaient çà et là à leur air d'étonnement et d'effroi, à l'indignation qui se lisait sur leurs visages pour une semblable trahison. D'ailleurs, ceux qui les poursuivaient en poussant des acclamations forcenées avaient eu soin, pour se distinguer, d'attacher sur leurs bras et sur leurs chapeaux la croix blanche de sinistre mémoire, et, comme à la Sainte-Barthélemy, ils criaient : « *La messe ou la mort !* » en frappant leurs coups. La nuit tombait en ce moment, et cette foule, toujours grossissante, toujours plus animée, présentait de tous côtés des épisodes sinistres; quelques cadavres jonchaient déjà le faubourg, et l'escarmouche pouvait devenir bientôt une bataille générale et sans merci.

Cependant les archers de garde à la porte Saint-Antoine ne restaient pas immobiles au milieu de cette populace fanatique ; pendant qu'une bonne partie d'entre eux gardait le pont-levis pour laisser passer en sûreté les protestans qui encombraient la route de Charenton, d'autres chargeaient bravement ceux qui portaient des armes, sans distinction de catholiques et de huguenots, et cherchaient à les mettre en fuite ou à les éparpiller sur la place pour en avoir ensuite séparément meilleur marché. De son côté, le bourreau, si paisible un moment auparavant au pied de la potence, n'était pas non plus sans occupation. A la première alerte, le chef des archers avait fait saisirs un des plus bruyans émeutiers, sans s'inquiéter, aux termes de l'ordonnance royale, du parti auquel son prisonnier pouvait appartenir, et en ce moment l'exécuteur, avec le secours de ses valets, achevait de mettre la dernière main à la pendaison du pauvre diable qui, certes était loin de s'attendre à un pareil sort un quart d'heure auparavant.

Le capitaine Loudunois examina cette scène de désordre avec calme, et de l'air d'un homme à qui de semblables spectacles étaient familiers. Son expérience lui fit bien vite reconnaître qu'un tel combat ne pouvait-être de longue durée ; cette foule mobile, sans chefs, et partagée en deux camps, ne pouvait manquer d'être balayée bientôt par les troupes régulières et aguerries, dont le nombre augmentait à chaque instant. La grosse cloche de la Bastille sonnait déjà l'alarme, et le gouverneur de cette forteresse allait sans doute envoyer des forces imposantes pour réprimer l'émeute. Le capitaine se tourna vers Didier, qui attendait passivement un signe de son ancien chef pour savoir en faveur de qui il devait prendre parti.

— Nous n'avons pas à nous mêler de tout ceci, Tranquille, dit le capitaine, laissons faire les archers, et la bataille ne sera pas longue. Quelques bras et quelques têtes cassées aujourd'hui, demain, quelques hommes pendus, et voilà tout ce qu'aura produit cette nouvelle querelle des bons habitans de Paris.

— Comme s'ils n'avaient pas assez de la peste, puisqu'ils ont la rage de mourir ! murmura le cabaretier.

Ainsi décidés à n'être que simples spectateurs de cette collision sanglante, les deux interlocuteurs se rangèrent contre une maison voisine, pour voir quel allait en être le résultat. Loudunois ne quittait pas des yeux la mystérieuse demeure du baron de Champgaillard, s'attendant de moment en moment à voir ses habitans prendre une part quelconque aux événemens qui se passaient si près d'eux. Cependant rien n'avait indiqué encore qu'on se fût ému à l'intérieur du vacarme de la rue, lorsque le capitaine crut apercevoir, aux dernières lueurs du crépuscule, sur une espèce de terrasse qui servait de comble à la maison, une forme humaine qui se dessinait en noir sur le ciel chargé de vapeurs rougeâtres. Cette forme était si vague que le capitaine doutait encore de son existence réelle, lorsqu'une voix forte et sonore, qui domina toutes les autres voix, partit de la terrasse en faisant entendre le cri de ralliement des catholiques :

« Vive la messe et mort aux huguenots ! »

Cette exclamation isolée ne fut remarquée peut-être par aucun des combattans, au milieu de la chaleur de la bataille, mais elle fut pour Loudunois comme une récompense de la justesse de ses prévisions. Il continuait donc à observer avec une vive attention ce qui se passait dans la même direction, quand un autre cri, poussé par une personne différente, s'éleva d'un point opposé de la demeure des Champgaillard, et, cette fois, c'était le cri des réformés :

« Liberté pour la religion et pour tous ! »

Aussitôt le personnage de la plate-forme disparut, et tout sembla redevenu morne et silencieux dans la maison aux portes murées.

Loudunois attendit encore quelques instans, mais ne voyant et n'entendant plus rien de ce côté, il baissa la tête et murmura d'un ton inquiet :

— La scène la plus terrible de cette soirée n'est peut-être pas celle de la rue. Qui sait si ces deux cris poussés par deux frères ennemis...

Il s'arrêta ; cette observation faite à demi-voix s'adressait à Didier, et le capitaine venait de s'apercevoir tout à coup que Didier n'était plus auprès de lui. Il le chercha un moment au milieu des groupes animés qui l'environnaient, et il aperçut enfin le malheureux cabaretier se débattant entre deux archers qui l'entraînaient vers le gros de leur troupe. Pendant que Loudunois était attentif à ce qui se passait dans la maison de Champgaillard, Didier, démontant une fois de son flegme qu'il méritait si bien, s'était élancé pour sauver un catholique de ses amis dont les archers s'étaient emparés ; mais ses efforts avaient été impuissans, et, victime de sa générosité, il allait peut-être expier sa rébellion par le dernier supplice. On sait combien la justice des archers était expéditive.

A la vue du danger que courait son ancien compagnon d'armes, Loudunois, qui comme on a pu le deviner était d'une bravoure à toute épreuve, s'élança à son secours.

— Messieurs, dit-il aux soldats d'un air d'autorité, laissez aller ce pauvre homme, il est tout à fait inoffensif ; je réponds de lui. Je suis capitaine dans les arquebusiers de monsieur de Fervaques ; laissez-le aller, je rendrai compte de lui à votre chef.

— Que veut cet étourneau ? dit un des archers d'un ton bourru ; quelque mauvaise pratique de ce chien de cabaretier, sans doute, et qui compte bien se faire payer plus tard en pots de vin le service qu'il aura rendu au vieux tapageur. A d'autres, monsieur le capitaine de contrebande, et laissez-nous passer ; vous voyez que les affaires pressent, ce soir...

— Mais je vous dis...

— Allez au diable, manant ! reprit le soldat en le repoussant avec rudesse.

A cette injure, Loudunois pâlit de colère, et, d'un mouvement aussi rapide que la pensée, il l'étendit à ses pieds, grièvement blessé d'un coup d'épée. L'autre archer, qui semblait avoir un grade supérieur, voyant son camarade par terre, laissa aller le prisonnier et voulut s'élancer sur Loudunois en appelant à l'aide ; mais quelques gens du peuple s'étaient jetés entre eux pour faire diversion :

— Fuyez, fuyez, dit le pauvre Tranquille avec terreur ; ils vont revenir en force ; quel que soit votre crédit, vous êtes perdu si vous tombez entre leurs mains en ce moment.

— Fuis toi-même, et au revoir ! dit le capitaine, qui sentait l'imminence du danger.

Et tous les deux disparurent dans la foule qui encombrait le faubourg.

Il était temps ; l'officier des archers, qui était enfin parvenu à se dégager, revenait avec une bonne partie de ses camarades exaspérés de la mort d'un des leurs.

— Vengeons-le ! vengeons-le ! s'écriaient-ils avec rage ; où est le meurtrier ?

La peur fait quelquefois des espions. Des malheureux effrayés désignèrent aux soldats une petite rue qui longeait la muraille du jardin des Champgaillard. C'était en effet le chemin qu'avait pris Loudunois dans sa précipitation.

— Alors il est à nous, dit le chef de l'escouade ; cette rue tourne autour de la maison que vous voyez là, et n'a aucune autre issue. Quatre hommes à chaque bout !... Dans un instant nous tiendrons ce misérable qui a osé frapper un soldat de la prévôté.

Ces ordres furent exécutés sur-le-champ, et comme le capitaine s'était engagé dans l'espèce de cul-de-sac désigné aux soldats, il semblait impossible qu'il pût échapper à la poursuite dont il était l'objet. De chaque côté s'élevaient de hautes murailles où des embrasures abandonnées étaient soigneusement fermées. Aux deux extrémités de ce demi-cercle de pierre on avait placé des sentinelles. Cependant les archers suivirent la ruelle étroite qui entourait la maison et le jardin de Champgaillard, et ils arrivèrent à la seconde issue sans avoir rencontré celui qu'ils cherchaient. Cette disparition instantanée tenait du prodige.

— Certainement cet homme est caché dans cette rue, reprit le chef, qui était un vieux sergent tenace et intrépide, et cependant, à moins qu'il n'ait des ailes, j'aurais dû mettre la main sur lui. Cherchons encore.

Cette nouvelle perquisition n'eut pas plus de succès que la première ; les archers commençaient à éprouver des terreurs superstitieuses. Le vieux soldat était pensif.

— Tête-Dieu ! dit-il enfin, je n'en aurai pas le démenti ; toute la nuit quatre hommes veilleront à chaque bout de cette rue, et si notre gaillard ne paraît pas, c'est qu'il se sera évanoui en fumée, et alors que Dieu ait pitié du pécheur !

On obéit, et toute la nuit les sentinelles gardèrent le passage, de manière qu'il devait être impossible au coupable de tromper leur surveillance.

L'ÉCHELLE.

Or, voici ce qui était arrivé. Le capitaine Loudunois, comprenant toute la gravité de l'affaire qu'il venait de s'attirer sur les bras dans un moment où il avait si grand besoin d'être libre pour exécuter ses projets aventureux, s'était jeté, comme nous l'avons dit, dans la ruelle perfide qui tournait autour de la maison murée. Il avait suivi, en agissant ainsi, une sorte d'instinct machinal qui l'entraînait irrésistiblement vers l'édifice impénétrable qui contenait toutes ses espérances ; à peine eut-il fait quelques pas qu'il comprit dans quel piége il venait d'entrer si imprudemment.

On n'a pas oublié que les archers avaient mis la plus grande diligence dans leurs manœuvres ; aussi, quand le capitaine arriva à l'extrémité du défilé, il le trouva déjà soigneusement gardé. Que faire ? Il répugnait à Loudunois de s'ouvrir passage à grands coups d'épée ; c'eût été aggraver des torts que sa conscience lui reprochait déjà. Il revint donc sur ses pas, espérant pouvoir encore s'échapper par la première issue. Là, nouveau danger : le chef des archers s'avançait avec ses gens.

Désespéré et réduit à se défendre presque malgré lui contre ces soldats qui, dans leur exaspération présente, lui eussent fait payer cher peut-être la blessure de leur camarade, il jeta autour de lui un regard plein d'angoisse. Partout des murs élevés, sans une aspérité, sans une encoignure à la faveur desquelles il pût dans l'obscurité se soustraire un instant aux regards. Prenant brusquement son parti, il allait s'élancer en avant, malgré sa répugnance à verser encore du sang inutile, quand tout à coup il sentit sous sa main quelque chose de flottant et de mobile contre une des plus hautes murailles du jardin de Champgaillard. Un examen rapide apprit à l'aventurier que cet objet était une échelle de corde solidement fixée à une espèce de créneau qui dominait le rempart. Sans s'arrêter à chercher d'où lui venait ce secours inespéré, sans calculer les conséquences de son action, il franchit avec agilité les marches en bois de cette échelle, parvint sur une espèce de terrasse qui était au sommet, puis retirant les cordages salutaires avec rapidité, il se blottit en silence derrière le parapet, d'où il entendit passer et repasser les soldats furieux de l'inutilité de leur poursuite.

Dans le premier moment, Loudunois éprouva une joie inexprimable de se voir ainsi à la fois échappé à un immense danger et parvenu dans cette demeure dont il eût acheté l'entrée par la moitié de son sang. Cependant bientôt la réflexion revint, et il commença à envisager avec plus de calme la position dans laquelle il se trouvait. Evidemment l'échelle qui lui avait été d'un si grand secours n'avait pas été placée là à son intention. Celui qui l'avait suspendue à la muraille allait sans doute revenir, et il ne fallait pas être découvert par lui avant de savoir quelles pouvaient être ses intentions à l'égard d'un étranger. Loudunois n'avait pas oublié les récits de Didier sur l'inflexible rigueur avec laquelle le vieux baron était décidé à traiter les violateurs de sa retraite ; et d'ailleurs, ce qu'il savait déjà de la famille Champgaillard, ce qu'il avait vu de ses yeux quelques momens auparavant sur la plate-forme de la maison, ces préparatifs d'évasion donnaient à comprendre à l'aventurier qu'il allait se trouver au milieu de quelque sombre et terrible drame de famille, où un nouvel acteur, quel qu'il fût, pourrait ne pas être le bienvenu.

Après ces réflexions rapides, le capitaine examina, autant que le permettait la nuit, qui devenait de plus en plus noire, le lieu où il se trouvait. La terrasse sur laquelle il était monté dominait un vaste jardin potager qui semblait abondamment pourvu de tous les fruits et de tous les légumes nécessaires à une famille nombreuse. A droite et à gauche s'élevaient quelques pavillons, bâtis sans doute pour les gens de service, ou destinés à contenir les provisions de ce petit monde à part qui devait se suffire à lui-même. Dans le fond, la maison, avec ses tourelles effilées, laissait voir çà et là quelques lumières qui prouvaient que de ce côté seulement le baron n'avait pas jugé nécessaire de murer les portes et les fenêtres comme il l'avait fait du côté du faubourg.

A peine avait-il achevé cet examen qu'un bruit de voix et de pas, qui se fit entendre dans le jardin, força Loudunois à chercher une retraite. On semblait se diriger vers la terrasse ; il en descendit rapidement les degrés, se glissa sous un arbre dont l'épais feuillage tombait presque jusqu'à terre, et il resta dans la plus complète immobilité, retenant son haleine.

Les promeneurs nocturnes étaient deux vieillards, dans l'un desquels Loudunois ne tarda pas à reconnaître le baron de Champgaillard lui-même. C'était un homme robuste encore, malgré sa taille un peu courbée, au visage fier et hautain, sur lequel était répandue en ce moment une expression de colère et d'inquiétude. Il était armé d'une arquebuse à rouet dont la mèche allumée indiquait qu'il était disposé à en faire, au besoin, un usage immédiat. Il jetait autour de lui des regards soupçonneux, et, tout en marchant précipitamment, il communiquait à voix basse ses observations à son compagnon, qui l'écoutait respectueusement. Celui-ci semblait être un de ces vieux serviteurs de confiance tel qu'en avaient alors les nobles venus de leurs châteaux féodaux. D'une main il tenait un flambeau pour éclairer sa marche et celle de son maître, de l'autre il portait une hallebarde qui avait pu lui servir au temps où il était suisse de cet hôtel, aujourd'hui fermé à tous les visiteurs.

Bientôt ils furent assez proches pour que Loudunois pût entendre de sa cachette leur conversation. Le baron disait avec tristesse :

— Le cruel enfant ! vouloir nous quitter dans un semblable moment pour aller au secours de ses amis les huguenots ! Affronter à la fois la peste et la guerre civile ! C'est une malheureuse famille que la nôtre, Guillaume, et je suis le plus malheureux des pères. Je n'ai que deux fils, l'espoir de ma race, et la religion en a fait deux ennemis mortels. Tout à l'heure encore, sans toi, Guillaume, j'allais perdre le plus jeune et le plus raisonnable. Tu dis donc que tu as eu beaucoup de peine à l'empêcher de mettre à exécution son fatal projet.

— Oui, monsieur le baron, dit l'autre vieillard ; sauf le respect que je dois à l'honorable famille de Champgaillard, j'ai été obligé d'employer toute la force qui me reste pour obliger monsieur Henri à rester ici, et quelques instans plus tard...

— Tu as bien fait, Guillaume, et je te sais gré de ton zèle pour le bien de notre famille. Seulement, tu as eu tort de ne pas arracher de suite cette échelle, cette échelle fatale qui pourrait être la cause de notre mort à tous, si quelqu'un de ces malheureux qu'on poursuit là-bas en avait profité pour pénétrer dans le jardin.

— Je ne pouvais faire autrement, monsieur le baron, dit le vieux domestique avec humeur. J'étais assez occupé, je vous assure, à retenir mon jeune maître et à l'entraîner loin d'ici.

— Allons, il faut espérer qu'il n'en résultera aucun malheur de cette imprudence, — dit le baron avec un soupir. Il monta sur la terrasse, arracha l'échelle pour l'emporter, et, jetant autour de lui un regard plus calme : — Il n'y a personne, continua-t-il, et cette fois encore nous en serons quittes pour la peur. Rentrons, Guillaume, rentrons bien vite ; qui sait si pendant cette courte absence ces deux malheureux enfans ne se seront pas pris encore de querelle ?... Mon Dieu ! notre nom est-il condamné à périr ?

— Un sourd gémissement s'échappa de sa poitrine à la pensée des malheurs qui pouvaient tomber sur sa famille ; puis il reprit en s'adressant à son compagnon : — Toute réflexion faite, prends mon arquebuse, et parcours le jardin pour voir si quelque étranger n'aurait pu se cacher ici. Je ne suis pas tranquille ; ne reviens à la maison que lorsque tu pourras me jurer par tous les saints du paradis qu'il n'y a chez moi d'autres créatures humaines que celles que j'y ai fait entrer. Et si tu voyais quelqu'un, continua-t-il, tu connais mes ordres... feu ! Quand ce serait ton père, quand ce serait le mien... ni pitié ni merci pour personne !

Guillaume s'inclina en signe d'obéissance, et le baron se dirigea vers la maison.

— Orgueilleux vieillard ! murmurait Loudunois, il ne parle que de ses fils turbulens qui doivent perpétuer son nom, et il n'a pas même une pensée pour la pauvre Jeanne, qui consume tristement sa jeunesse dans cette prison.

Mais ces réflexions furent interrompues par la nécessité où se trouva l'aventurier de se cacher avec plus de soin qu'il n'avait fait jusque-là. Le vigilant Guillaume accomplissait sa mission avec tout le zèle et toute la ponctualité d'un vieux serviteur, et la mèche de son arquebuse, qui brûlait dans l'obscurité, avertissait le capitaine que la moindre imprudence pouvait lui coûter cher.

LES FRÈRES ET LA SOEUR.

Nous allons maintenant transporter le lecteur dans la salle où était réunie la famille du baron de Champgaillard, le soir même où se passaient les événemens que nous venons de raconter.

Cette salle, toute lambrissée en chêne noirci par le temps, offrait un aspect lugubre ; les meubles, du même bois et de même couleur, se confondaient dans cette teinte sombre et monotone, en harmonie avec l'existence de ceux qui habitaient la maison murée. Une lampe de cuivre était suspendue au plafond et éclairait de sa lueur sinistre les trois enfans du baron, que l'affection paternelle forçait à vivre dans cette prison commune.

Gaston, l'aîné de la famille, était un grand et beau jeune homme, au regard vif et moqueur, aux manières dédaigneuses, un véritable gentilhomme de cette époque licencieuse, fier, impétueux et querelleur. Il avoit vu le monde et fréquenté les courtisans, dont il tenait à honneur de conserver, même dans sa retraite, le costume et les manières. Il était mis à la dernière mode ; son pourpoint de taffetas était garni d'un nœud, comme le corset d'une jeune fille, et ses chausses étaient d'une ampleur merveilleuse. Sa fraise gaudronnée et ses souliers à cric, qu'il faisait résonner avec complaisance à chaque pas, semblaient le préoccuper plus particulièrement que les grands événemens de la soirée. Comme si tout autre soin que celui de ses armes eût été indigne d'un personnage tel que lui, il travaillait en ce moment à faire disparaître une légère tache de rouille qui ternissait l'éclat de son poignard, et, tout en travaillant, il fredonnait un noël dans lequel les huguenots n'étaient pas épargnés, jetant par intervalles un regard d'ironique défi sur son frère, comme pour lui adresser les méchantes allusions que contenait sa chanson.

Henri était tout le contraste de son frère. Il était de petite taille, maigre, bilieux ; son costume, de couleur foncée, avait cette coupe grave et sévère qu'affectaient les calvinistes. Pas de nœuds ni de rubans à son pourpoint gris ; pas de panache flottant à son chapeau. Assis près d'une table, il lisait attentivement une Bible, sans paraître faire attention aux provocations de son frère, sans lever les yeux sur lui, et cependant les feuillets du livre étaient convulsivement froissés par intervalles, comme si ses doigts étaient crispés par une fureur secrète qui d'un moment à l'autre pouvait éclater.

Entre ces deux jeunes gens si profondément ennemis, qui se menaçaient par leurs gestes, par leur contenance même, était une jeune fille dans tout l'éclat de sa beauté, comme un ange céleste entre deux démons. Jeanne avait dans ses yeux noirs, dans son noble maintien une telle majesté unie à tant de grâce et de douceur que l'on concevait le pouvoir qu'elle exerçait parfois sur les caractères indomptables de ses frères. En ce moment elle avait ouvert une porte qui donnait dans une des tourelles, et par les meurtrières elle cherchait à voir ce qui se passait dans le faubourg, où rugissaient tant de fanatiques peu d'instans auparavant.

— Allons, tout est fini, mes frères, dit-elle enfin avec satisfaction en venant reprendre son ouvrage de tapisserie qu'elle avait déposé sur la table ; on n'entend plus rien. Les soldats sont parvenus à faire cesser cette affreuse bataille ; Dieu et la sainte Vierge veuillent que ce soit la dernière !

— Dieu et les saints n'ont pas grand'chose à voir dans cette affaire, ma très chère sœur, dit Gaston d'un ton méprisant ; une querelle de manans catholiques contre d'autres manans huguenots ! Aussi étais-je grandement fou d'aller, du haut de cette maison, mêler mes cris à ceux des vilains du faubourg ! Il est vrai que, dans cette soirée, on a vu ici des actes de plus grande folie...

— Et quels sont-ils ? demanda Henri en interrompant sa lecture pour attacher sur son frère un regard de feu.

— Mais, reprit Gaston avec sang-froid ironique, c'est qu'un gentilhomme de ma connaissance ait eu assez peu de conscience de son rang pour vouloir aller se joindre à cette canaille.

— Il y avait au moins du courage à tenter de défendre ses amis, dit Henri tout tremblant de colère, et il y avait lâcheté à les voir égorger sans songer à les secourir, comme vous avez fait...

— Lâche, moi ! s'écria Gaston en courant sur son frère, le poignard levé.

Henri se leva pour parer le coup ; Jeanne se jeta tout en pleurs entre eux deux.

— Mes frères, au nom du ciel ! souvenez-vous de ce vous avez promis tout à l'heure encore à notre père, à moi qui vous aime tous les deux. Monsieur le baron va rentrer ; par pitié, ne l'affligez pas encore une fois du spectacle de vos dissensions.

— Jeanne a raison, dit Henri en s'asseyant ; nous ne resterons pas toujours prisonniers, monsieur, et un jour peut-être...

— Soit ! reprit Gaston avec insouciance ; vous avez raison, monsieur, nous ne serons pas toujours sous les yeux de notre sœur et de notre père, d'un vieillard et d'une enfant ! — Puis changeant tout à coup de ton, avec cette mobilité d'humeur qui semblait être le fond de son caractère, il dit à Jeanne, qui avait repris son ouvrage et baissait la tête pour cacher ses larmes : — Morbleu ! petite sœur, vous voilà redevenue triste et morose comme une nonnain en carême... Voyons, me promettez-vous d'être plus gaie si je vous dis qui j'ai vu aujourd'hui dans la foule, en regardant par une de ces fentes que mon père s'obstine à appeler des fenêtres ?

— Qui donc, mon frère ? demanda vivement Jeanne en levant la tête.

— Une ancienne connaissance, un preux chevalier, qui dans le temps nous délivra des mains des mécréans ; par exemple, ma chère Jeanne, je ne lui ferai point compliment sur l'élégance de son pourpoint.

— De qui parlez-vous, Gaston ? s'écria la jeune fille dont les yeux brillèrent d'un éclat extraordinaire ; est-ce Loudunois... est-ce le capitaine Loudunois que vous avez vu ?

— Capitaine ! répéta Gaston avec étonnement ; je ne le savais pas capitaine. Mais, ajouta-t-il avec un grand éclat de rire, du moment qu'on parle à une jeune fille de son amoureux.

Ce nom d'amoureux fit tressaillir Henri.

— Je ne souffrirai pas, dit-il d'un air hautain, que l'on suppose ma sœur capable d'avoir permis à un misérable soldat tel que ce Loudunois d'élever les yeux jusqu'à elle ;

et mon frère, qui sait si bien garder l'honneur de la famille...

— Je le garde mieux que vous, monsieur le huguenot ! s'écria Gaston avec menace.

Une nouvelle querelle commençait déjà lorsque le baron de Champgaillard, qui revenait de faire sa tournée, parut dans la salle. A sa vue les jeunes gens se turent avec une sorte de confusion. Jeanne, qui s'était animée un instant, retint sur ses lèvres les questions pressantes qu'elle allait adresser à Gaston, et elle rougit comme si elle venait d'être surprise en faute aussi bien que ses frères. Le vieillard promena un instant ses regards perçans sur ses trois enfans, puis, les arrêtant sur ses fils, il leur dit avec un accent de reproche :

— Mes fils, tout à l'heure vous vous êtes donné la main devant moi et vous vous êtes embrassés comme deux frères et deux amis. Je n'ai été absent qu'une minute pour notre sûreté commune, et, à mon retour, je vous trouve plus acharnés l'un contre l'autre et plus ennemis que jamais.

Les deux jeunes gens restèrent un moment immobiles et muets. Enfin l'impétueux Gaston, que son titre d'aîné rendait le plus hardi en présence de son père, fit un geste d'impatience et répondit avec humeur :

— C'est qu'en vérité, mon père, la vie est insupportable ici. Je ne suis pas habitué à cette existence de chartreux, moi. A quoi bon avoir de beaux pourpoints et des manteaux de velours, si ce n'est pour les montrer dans les bals, les carrousels, les promenades, ou pour faire le galant auprès des belles ? A quoi bon avoir mon escarcelle pleine d'or si ce n'est pour perdre cet or noblement aux dés avec quelque loyal gentilhomme ? A quoi bon porter une épée au côté si ce n'est pour en jouer de temps en temps au pré aux Clercs avec quelque bravache insolent qui n'a pas salué assez bas ou qui a frôlé en passant le coin de mon manteau ? Songez-y, mon père ; jusqu'ici j'ai mené joyeuse vie dans la bonne ville, et voilà huit grands mois que vous me tenez enfermé dans cette maison de malheur, parce que quelques pauvres hères meurent de la peste dans les bouges de Paris. Par la messe ! mon père, j'aime mieux affronter toutes les pestes de la terre que de continuer une telle vie, en compagnie de certaine personne que vous ne me ferez jamais aimer.

Un regard oblique lancé sur Henri lui adressa cette injure. Le jeune Champgaillard se rapprocha du vieillard, et prenant ce ton grave et austère qu'affectaient les réformés :

— Monsieur, lui dit-il (car parmi les enfans du baron l'aîné seul avait seul le droit de l'appeler mon père), Gaston a raison, l'un de nous deux est de trop ici, et si l'on m'avait permis d'exécuter ce soir mon projet d'évasion, peut-être un peu de paix serait revenu dans votre foyer. Le culte que j'ai embrassé a besoin des efforts de tous ses enfans pour résister à l'oppression ; je ne puis rester là immobile quand, à deux pas, les Philistins égorgent les enfans de Dieu. Il faut que j'aille porter aux opprimés le secours de ma parole, et s'il le faut celui de mon épée. Monsieur, encore une fois, permettez-moi de vous quitter ; aussi bien vous préviendrez quelque malheur, car Abel et Caïn ne peuvent vivre ensemble, quoiqu'ils soient frères par le sang. Je suis las de supporter les menaces et les outrages, et souvenez-vous que le prophète Job lui-même perdit patience.

Ces plaintes, ces reproches de ses deux fils bien-aimés déchirèrent le cœur du baron. Un moment la force lui manqua, il se jeta dans un fauteuil et il se couvrit le visage avec les mains, en murmurant au milieu des sanglots :

— Les ingrats ! les ingrats ! ils veulent m'abandonner, me laisser seul comme un homme sans enfans ! Ils m'accusent, ils me menacent ! Que me resterait-il donc s'ils me quittaient ?...

Une douce étreinte rappela le vieillard à lui-même. C'était Jeanne, qui s'était approchée de son père et le pressait doucement dans ses bras en répétant avec une expression de tendresse et d'amour :

— Et moi, monsieur, et moi ?

— Oui, dit le baron d'un air distrait ; oui, tu ne veux pas me quitter, Jeanne, comme les deux méchans que j'ai tant aimés. Mais tu ne peux soutenir le nom de notre famille, toi... — Et se dégageant des bras de sa fille, il se leva et se plaça entre ses deux fils, qui gardaient à quelque distance l'un de l'autre une contenance sombre et contrainte. — Mes enfans, leur dit-il avec un accent d'indulgence et de bonté, vous m'accablez de reproches et vous vous plaignez avec amertume des ennuis de votre captivité, comme si en vous enfermant ici j'avais obéi à un caprice et non pas à une impérieuse nécessité. Vous oubliez que dans une ancienne famille telle que la nôtre, il est un devoir plus puissant que nos volontés, c'est le devoir de ne pas laisser éteindre le nom qui nous a été transmis par une longue suite d'aïeux. Mes fils, vous êtes les seuls rejetons de notre race ; vous morts (que Dieu nous préserve de ce malheur !) la famille des Champgaillard serait éteinte à jamais. Voilà pourquoi j'ai pris tant de précautions pour vous préserver de tous les maux qui assaillent aujourd'hui la France. Vous m'accusez, mes enfans, des ennuis et des chagrins qui vous accablent dans cette maison ; eh ! me suis-je épargné moi-même pour accomplir la pénible et difficile mission que je me suis imposée ? La nuit, quand vous dormez, je veille, moi, je veille sur le trésor précieux que j'ai caché ici, comme l'avare veille sur son or. J'étais fort et robuste naguère ; voyez, en quelques mois mes cheveux gris sont devenus blancs, les insomnies ont maigri mon visage, les inquiétudes mortelles ont ridé mon front ; et cependant je ne me plaindrai pas de tout ce que j'aurai souffert si un jour je puis vous voir sains et saufs tous les deux, si je puis jamais embrasser vos enfans ! Mes fils, vous êtes ma joie, mon orgueil, mon espérance ; par pitié pour votre vieux père, supportez encore quelque temps avec patience cette captivité ; c'est pour notre bonheur à tous, c'est pour la gloire de notre maison, c'est pour la consolation de mes derniers jours !

Le vieillard s'arrêta comme pour juger de l'effet de ses paroles sur les deux coupables. Ils gardaient le silence ; ils étaient vivement émus. Ils se haïssaient l'un et l'autre, mais ils aimaient leur père.

— Et pas un mot d'affection pour moi ! soupira Jeanne dans le coin où elle s'était retirée ; je suis ici une étrangère !

Henri prit enfin la parole.

— Monsieur, dit-il, que vous ayez mis tant de soin à conserver les jours de mon frère Gaston, l'aîné de la famille, celui, ajouta-t-il d'un ton sarcastique, qui doit en soutenir l'éclat, celui à qui sont destinés tous les biens, tous les honneurs, je le comprends sans peine ; mais que moi le cadet, moi sans fortune, sans rang, moi pour qui ce nom que je porte n'est qu'un fardeau de plus, je sois forcé de subir les mêmes exigences de famille, cela est injuste, monsieur, et j'ai droit de m'en plaindre. Je vous le répète, je ne vous opposez pas à mon départ. Isaac vous reste, qu'importe Ismaël ? D'ailleurs vous vous exagérez le fléau qui règne, dit-on, en ce moment dans la ville. Vous avez pu voir ce soir que la foule n'était ni moins pressée ni moins bruyante que dans les temps de prospérité publique...

Le baron appuya la main sur le bras de son fils et lui dit avec effroi :

— N'achève pas, Henri ; ne me parle pas d'aller affronter des dangers terribles que je connais mieux que toi ; le nom de Champgaillard n'a pas trop de deux fermes appuis pour que je doive souffrir que l'un d'eux s'expose à périr. Mon fils, je t'en supplie, ne songe plus à nous quitter ; ton culte n'est pas le nôtre, tu le sais ; nous avons tous été habitués à détester ce nom de huguenot que tu as pris comme pour nous braver, et cependant t'ai-je fait un reproche à cause de ta religion depuis que tu es entré

NOUV. CHOISIES.

dans cette maison ? t'ai-je témoigné moins d'affection qu'à ton frère ? Oh ! reste, Henri ; reste, je t'en supplie. Cette affreuse maladie dont tu parles, tu ne la connais pas ; tu ne sais pas que chaque nuit, sous les murailles même de ce jardin, passent de longs convois de chariots chargés de morts ; on les conduit furtivement dans les cimetières pour ne pas effrayer pendant le jour les habitans de Paris par le spectacle de cette épouvantable mortalité ? Tu n'as pas vu, comme moi, les malheureux pestiférés aux regards cernés, au teint jaune, aux membres tordus par les douleurs et rongés par les plaies !

Tout à coup le vieillard s'interrompit au milieu de son effrayante description. Un coup d'arquebuse venait de se faire entendre dans le jardin, et presque au même instant une voix bien connue, celle de Guillaume, poussa des cris d'alarme. Tous les assistans tressaillirent.

— Quelqu'un s'est introduit dans notre demeure ! s'écria le vieillard le premier, avec une indicible expression de terreur et de colère ; tirez vos épées, mes fils, et suivez-moi, Henri, c'est vous sans doute qui êtes le coupable ; on aura pénétré dans la maison par cette fatale échelle qui devait servir à votre fuite. Suivez-moi, mes fils, et, comme moi, soyez sans pitié ; il s'agit de notre vie à tous.

— Mon père, mes frères, ne me quittez pas ! — s'écria Jeanne en cherchant à arrêter les trois hommes qui se préparaient à sortir, réunis un moment pour la défense commune, — c'est peut-être une fausse alerte. Vous savez que Guillaume nous a déjà trompés bien des fois...

— Alarme ! alarme ! crièrent d'autres voix dans le jardin.

Et un second coup d'arquebuse retentit au milieu du silence.

— Il n'est que trop vrai ! dit le baron avec une nouvelle énergie, tous nos serviteurs sont déjà debout pour notre défense ; allons les joindre. Mes fils, je vous le répète encore une fois, soyez sans pitié.

Ils sortirent tous en courant et l'épée nue. Jeanne, qui avait fait de vains efforts pour les retenir, tomba éperdue dans un fauteuil ; un vague instinct l'avertissait que quelque grand malheur allait arriver. Elle écouta un moment les cris qui venaient du dehors ; mais ces cris s'éloignaient de plus en plus, comme si celui que l'on poursuivait avait pris une direction opposée à la maison. Elle voulut se lever pour aller à la fenêtre qui s'ouvrait sur le jardin ; mais la force lui manqua ; ses jambes fléchirent, et elle demeura clouée à sa place, en proie aux plus cruelles angoisses.

Tout à coup des pas précipités se firent entendre dans le corridor qui conduisait à la salle où elle se trouvait. Jeanne crut son père ou l'un de ses frères venait pour la rassurer. Elle fit un effort désespéré, elle se leva, avança d'un pas... Un homme parut sur le seuil de la porte, jeta dans l'appartement un regard de crainte ; Jeanne recula... Ce n'était ni son père ni l'un de ses frères : c'était Loudunois.

Le capitaine était pâle et haletant de fatigue ; ses vêtemens en désordre, aussi bien que la sueur qui coulait de son front, témoignaient de quelque lutte violente qu'il venait d'avoir à soutenir. Jeanne ne le reconnaissait pas d'abord ; elle allait crier, mais le jeune militaire fit un signe suppliant et se jeta dans ses bras en disant à voix basse, mais avec une profonde expression de joie :

— Jeanne ! Jeanne... c'est moi !

A cette voix si chère, la jeune fille comprit tout. Elle rendit à Loudunois son étreinte, et, pendant quelques secondes, elle sembla être tout au bonheur de revoir celui qu'elle aimait. Mais bientôt le sentiment du danger qu'il courait lui rendit la présence d'esprit.

— Fuyez ! murmura-t-elle d'une voix étouffée ; ils vont revenir... ils vous tueraient... vous êtes perdu !...

— J'ai couru de grands dangers pour parvenir jusqu'à vous ; mais fussent-ils plus grands encore, je les eusse affrontés de même, pourvu que je vous voie, que je vous parle... Jeanne, il faut que vous me cachiez ici !...

— C'est impossible! répondit la jeune fille avec désespoir. Loudunois, mon ami, mon libérateur, vous ne connaissez pas la terrible justice de mon père; rien ne pourrait vous sauver, et moi je mourrais avec vous. Fuyez, fuyez, je vous en supplie !...

— Je ne le puis plus; l'échelle au moyen de laquelle j'ai escaladé la muraille a été arrachée par le baron. Des soldats m'attendent dans la rue pour me demander compte d'une rébellion dont je me suis rendu coupable; et d'ailleurs il faut que je vous parle, quand même ces forcenés devraient m'égorger après. Jeanne, hâtez-vous; le bruit des pas se rapproche; dans une minute votre père et vos frères seront ici...

— Oh! mon Dieu, mon Dieu, ayez pitié de moi !...

— Jeanne, ma bien aimée, les entendez-vous venir?

La jeune fille fut vaincue; elle désigna rapidement du doigt une porte latérale qui conduisait dans une chambre voisine.

—Ici, soupira-t-elle d'une voix mourante.

Loudunois pressa vivement sa main et disparut par l'issue qui lui avait été indiquée. Il était temps ; le baron et ses fils franchissaient déjà l'escalier qui conduisait à la salle commune.

— Il est dans cette maison ! s'écria le vieillard avec un accent animé; il faut que nous le trouvions, dussions-nous fouiller ce bâtiment pierre à pierre, et malheur à lui !

LE DÉVOUEMENT.

Aussitôt que le baron de Champgaillard fut entré dans la salle, il jeta autour de lui un regard rapide, comme s'il s'attendait à y trouver des traces de celui qu'il cherchait. Ses fils marchaient après lui, et derrière eux se montraient les visages effrayés des serviteurs de la maison, bizarrement armés de tout ce qui leur était tombé sous la main. Quelques-uns portaient des torches qui répandaient sur cette scène une lueur blafarde bien capable d'en augmenter l'horreur.

— Et tu es sûr, demanda le vieux seigneur à Guillaume, qui se tenait dans la foule, son arquebuse fumante encore à la main, tu es bien sûr d'avoir vu cet inconnu se diriger vers la maison et y entrer pendant que nous parcourions le jardin ?

— Je le jurerais sur les reliques de la vraie croix, monsieur le baron; pendant que nous étions au bas de la terrasse, je l'ai vu se glisser comme une ombre noire de ce côté; aussitôt après j'ai vu briller son épée sous le porche de la maison, puis tout a disparu.

— Et cependant, dit le baron, si cet étranger a pénétré ici, il a dû traverser cette salle... — Puis se rapprochant rapidement de sa fille : — Jeanne, demanda-t-il avec douceur, pendant que vous étiez seule ici, n'avez-vous rien vu, rien entendu?

— Rien, monsieur, répliqua péniblement mademoiselle de Champgaillard.

— Ceci est étrange! Voyons, réfléchissez, Jeanne; votre trouble et votre effroi ont pû vous empêcher de vous apercevoir de la présence d'un étranger; vous étiez presque évanouie lorsque nous avons quittée, et peut-être a-t-on pu traverser cette salle...

— Je n'ai vu ni entendu personne, répéta la jeune fille d'un ton plus distinct et plus ferme. Et elle murmura au fond de sa pensée : « Ils le tueraient ! »

— Eh bien ! reprit le vieillard, cherchons encore, quoiqu'il me semble bien difficile que cet inconnu ait pu se cacher ainsi. Du reste j'ai fait fermer l'unique porte de la maison, et deux valets bien armés la défendent. Cet homme ne peut nous échapper : suivez-moi donc, mes fils ; il faut déloger bien vite cet ennemi mystérieux qui est venu apporter dans notre paisible retraite le désordre et peut-être cette funeste maladie que je croyais pouvoir éviter à force de précautions et de sacrifices.

Il fit signe à ses serviteurs de le précéder avec leurs flambeaux, et il allait sortir lui-même lorsqu'il s'aperçut qu'aucun de ses fils ne se disposait à le suivre. Gaston avait remis son épée dans le fourreau et s'était assis d'un air fatigué, tandis que Henri, grave et pensif comme à l'ordinaire, restait immobile et les bras croisés sur sa poitrine, en proie à des réflexions profondes. A cette vue, le baron s'arrêta, et regardant les deux jeunes gens avec une expression d'ironie :

— Eh bien ! mes fils, leur dit-il, faut-il donc qu'un vieillard vous donne l'exemple du courage? est-ce que vous avez peur?

Gaston, encore cette fois, fut le premier à répondre.

— Peur, mon père! répéta-t-il. Par la sainte hostie ! la peur serait une maladie nouvelle dans la famille de Champgaillard ! La vérité est, continua-t-il en chiffonnant sa fraise empesée, que je suis rendu de lassitude ; quelquefois, à la chasse, j'ai couru des sangliers et des cerfs, mais sur un bon cheval et dans un costume moins gênant que celui-ci. Je jure Dieu et la sainte Vierge que le busc de mon pourpoint m'est entré de deux doigts dans le corps pendant que nous courions, à travers les carreaux de choux et de navets, après cet ennemi invisible, et vous savez, mon père, que je crains la fatigue beaucoup plus que la peste. Puisque aussi bien l'ennemi est cerné, reprenons haleine ; nous aurons toujours le temps de l'attaquer.

Un éclair d'indignation passa sur les traits du vieux baron ; cette insouciance de l'aîné de la famille pour un événement qui pouvait compromettre leur existence à tous excita en lui une sourde colère. Cependant il se contint et se tourna vers le cadet, comme pour trouver de ce côté quelque consolation.

— Et vous, Henri, lui dit-il, vous qui n'avez ni pourpoint qui vous gêne, ni fraise trop ample, ni baleine qui vous blesse, refuserez-vous d'aider votre père à défendre son foyer?

— Monsieur le baron, répondit Henri de sa voix austère, tant qu'il s'est agi d'éloigner de notre demeure un étranger qui pouvait y apporter la contagion, je vous ai suivi, et il eût mis le pied sur mon corps avant de pénétrer ici, s'il n'eût trompé notre vigilance à tous. Mais maintenant que malgré nos efforts il s'est introduit dans cette maison, je ne puis approuver vos projets de vengeance et de mort, contraires à la religion et à la charité. Le mal est fait, il est sans remède. Ainsi donc, quel que soit cet inconnu, loin de fermer les portes, comme vous l'avez ordonné, et de garder toutes les issues pour qu'on le frappe au passage, il faut annoncer à haute voix dans toute la maison qu'il ne lui sera fait aucun mal s'il veut sortir promptement et se retirer comme il est venu.

Ce parti sage et prudent sembla frapper le vieillard. Dans l'ardeur de sa poursuite, il n'avait songé qu'à la vengeance contre celui qui venait de réveiller ses inquiétudes paternelles d'une manière si terrible. Il réfléchit un instant.

— Cet avis peut être bon, Henri, reprit-il, et vous savez que je ne suis pas cruel sans nécessité. Mais, à supposer que je permette à ce misérable de se retirer sain et sauf, ainsi que vous le conseillez, comment puis-je le faire sortir d'ici sans qu'aucune personne de cette maison ne soit forcée de l'aider et ne risque ainsi de prendre la fatale maladie dont il est peut-être attaqué?

— Vous avez l'échelle de corde que j'avais préparée moi-même, dit Henri en baissant la voix, et il lui sera facile d'escalader la muraille sans que personne lui vienne en aide. Et puis, continua-t-il en se rapprochant de son père de manière à n'être entendu que de lui, ne sais-je pas, monsieur, qu'il y a dans un pavillon écarté du jardin une porte secrète dont vous seul avez la clef, et par laquelle on peut se rendre, au moyen d'un souterrain, dans

une maison déserte de ce faubourg ; il vous sera facile...
— Henri, comment savez-vous !...
— Les yeux d'un prisonnier sont clairvoyants, monsieur ; un signe, un geste, un regard signifient bien des choses pour lui; je sais que vous avez les moyens de faire sortir cet homme d'ici... Et d'ailleurs si, comme j'ai quelques raisons de le croire, celui qui s'est introduit dans cette maison est un de ces pauvres réformés qu'on poursuivait tout à l'heure dans la rue pour les égorger, je déclare que je ne souffrirai pas qu'il soit fait aucun mal en ma présence à l'un de mes frères en religion.
— Et moi, répliqua le bouillant Gaston, moi qui ne veux pas qu'un huguenot trouve plus de générosité dans la demeure de mon père qu'un bon et loyal catholique, je déclare que je ne souffrirai pas qu'on touche à un seul cheveu de sa tête si cet étranger a reçu le baptême et s'il porte un nom chrétien, comme un fidèle enfant de l'Église !
— Mais que savez-vous, reprit le baron à demi vaincu, si celui à qui vous voulez faire grâce n'est pas quelqu'un de ces misérables voleurs et assassins dont Paris regorge maintenant, et qui, après avoir appris les moyens d'entrer dans cette maison et d'en sortir, reviendra quelque belle nuit avec une bande d'assassins comme lui, pour mettre notre habitation au pillage et nous massacrer pendant notre sommeil ?
Jeanne, qui reprenait un peu de courage à mesure qu'elle voyait le danger s'éloigner du personnage mystérieux dont elle seule savait le nom, se leva à son tour et dit avec une chaleur tempérée par le respect :
— Et pourquoi, monsieur, celui qui s'est introduit ici, contrairement à votre volonté, ne serait-il pas un ami chargé de communications importantes qui intéressent votre bonheur ou celui de vos enfans ? pourquoi ne voir en lui qu'un voleur ou un fanatique ? N'y a-t-il donc plus dans le monde que nous avons quitté des personnes qui nous aiment ou que nous ayons aimées ? Ne se pourrait-il pas qu'un ami, dans le but de nous apporter quelque avis important ou de nous rendre un grand service...
— Jeanne, interrompit le baron d'un ton foudroyant, vous savez quel est cet homme, vous lui avez donné asile !
— Grâce ! s'écria la jeune fille trahie par sa conscience et en tombant à genoux.
— Pardieu ! c'est un amant, dit Gaston en poussant un grand éclat de rire.
— Un amant ! répéta Henri d'un ton irrité.
— Où est-il ? où est-il ? s'écria le baron avec un accent plus terrible encore.
— Le voici dit-on tout à coup à l'extrémité de la salle.
En même temps la porte du fond s'ouvrit, et le capitaine Loudunois parut sans armes, la tête nue et les bras croisés sur sa poitrine.
Quelques-uns des assistans reculèrent comme en présence d'une bête venimeuse ; d'autres firent un mouvement pour s'élancer sur Loudunois. Les deux jeunes gens tirèrent de nouveau leurs épées ; mais le baron les força de reculer jusqu'à l'autre bout de la pièce en s'écriant :
— Ne le touchez pas, ne l'approchez pas ! Par pitié, mes fils, éloignez-vous de cet homme ! Laissez-moi seul l'interroger, savoir qui il est, ce qu'il veut...
— Monsieur, demanda Jeanne avec un accent de reproche, ne le reconnaissez-vous pas ?
— Monsieur le baron a la mémoire bien courte, dit le capitaine avec un sourire amer ; il y a pourtant quatre ans à peine que celui que vous venez de traquer comme une bête fauve, et sur lequel vos gens ont exercé leur adresse à l'arquebuse, rendait à tous les membres de la famille Champgaillard des services de nature à graver ses traits dans leur mémoire ! Il sauva l'honneur à votre fille, monsieur le baron ; et à vous et à vos fils il sauva la vie, il rendit la liberté.
— Le sergent Loudunois ! s'écria Gaston, qui le reconnut enfin.

— Un fidèle réformé ! ajouta Henri.
— Silence, mes fils, et ne le touchez pas ! dit le vieillard en conservant toujours une distance respectueuse entre ses enfans et l'étranger.
— Monsieur Loudunois, reprit-il d'une voix grave et sévère, excusez-moi de n'avoir pas reconnu dans l'homme qui s'est glissé furtivement la nuit dans ma maison, au risque d'y apporter l'horrible maladie qui en ce moment désole Paris, le soldat généreux qui nous rendit autrefois de si éminens services. Vos traits ont tellement changé...
— J'ai eu tort, sans doute, de m'introduire ici, dit le capitaine avec une grande altération dans la voix ; mais n'étant que depuis quelques heures à Paris, je ne croyais avoir rien à craindre de la contagion. D'ailleurs, c'est une espèce de hasard qui m'a donné les moyens de pénétrer ici, et c'est la nécessité qui m'a forcé d'en profiter, quoique, en vérité, ajouta-t-il bas et comme s'il se parlait à lui-même, ce hasard ait comblé les vœux les plus ardens de mon cœur.
— Eh bien donc ! hâtez-vous de nous dire ce qui vous amenait ici ; songez que votre présence en ces lieux peut empoisonner l'air que respirent mes enfans : songez que tout autre que vous eût déjà expié cruellement sa témérité...
— A quoi bon, reprit Loudunois avec abattement, dire maintenant le sujet si pressant qui me faisait chercher le chef de la famille de Champgaillard ? A quoi bon dire pourquoi je suis venu à Paris en si grande hâte, voyageant nuit et jour, pourquoi j'ai affronté les dangers qui m'attendaient dans cette maison, quand toute votre générosité envers un ancien ami ne peut aller plus loin que de lui promettre de ne pas le tuer pour la faute qu'il a commise en venant vous visiter ?
Les deux jeunes gens firent un geste d'impatience que le vieillard réprima d'un coup d'œil.
— Vous parlez par énigmes, Loudunois ; je vous le répète, hâtez-vous de m'expliquer...
— Eh bien ! oui, dit le capitaine en s'animant, je m'expliquerai, j'exposerai quels étaient en venant ici mes désirs et mes espérances, quoique je prévoie d'avance la réponse qui me sera faite, dans ce cruel moment et sous le poids de circonstances si funestes. Monsieur le baron, vous souvenez-vous que j'aime votre fille ?
Les deux jeunes gentilshommes poussèrent un éclat de rire dédaigneux. Jeanne se tourna vers eux d'un air suppliant.
— Oui, dit le baron embarrassé, il me semble en effet... mais je ne puis croire...
— Et vous, monsieur, qui oubliez si vite, reprit Loudunois avec une chaleur toujours croissante, vous souvenez-vous encore de ce que vous me dites le jour où je vous demandai la main de mademoiselle Jeanne ? Je n'étais rien alors qu'un soldat obscur, et vous ne manquiez pas de motifs pour repousser une proposition qui révoltait votre orgueil. Aujourd'hui, monsieur, les temps sont changés ; et les promesses tombées de votre bouche, dans un moment où vous ne pensiez pas que j'eusse la témérité de les recueillir, m'ont donné de la force et du courage pour mériter la belle récompense que j'ambitionnais. Aujourd'hui, grâce à la bonté du roi, qui a récompensé de longs et signalés services, je suis riche, noble, je suis catholique comme vous. Vous êtes baron, moi je suis comte ; vous êtes le descendant d'une ancienne famille, moi je puis en fonder une nouvelle. Le capitaine comte de Loudunois vient réclamer la parole donnée au pauvre sergent huguenot ; vous comprenez, monsieur, pourquoi je voulais vous voir, au péril même de la vie.
— Un renégat ! dit Henri avec dégoût.
— Un anobli ! ajouta Gaston de même.
Le baron ne répondait pas ; il semblait qu'une lutte violente eût lieu au dedans de lui-même. Jeanne promenait son regard du baron à Loudunois, avec une vive expression d'angoisse.

— Il dit vrai, monsieur! s'écria-t-elle en joignant les mains; vous savez qu'il n'a jamais menti.

Le baron lui imposa silence à son tour d'un geste impérieux.

— Vous avez raison, dit-il à l'étranger; oui, vous avez eu raison de douter du succès d'une pareille demande, faite au milieu d'événemens si étranges et si périlleux pour nous tous. Dans un temps de calme et de sécurité, sous des impressions différentes, j'aurais pu répondre d'une manière convenable au brave soldat qui nous a rendu de si grands services, au comte de Loudunois, l'ami du roi notre seigneur et maître. Mais dans le moment où nous sommes, il n'y a ici qu'un homme qui s'est introduit malgré moi, la nuit, dans ma demeure, au péril de ma vie et de celle de mes enfans, et vous l'avez dit, monsieur, toute ma bienveillance pour vous ne peut aller plus loin que de vous accorder la faveur de sortir au plus vite de cette maison, sur laquelle votre présence attirera peut-être les plus grands malheurs.

— Monsieur, par grâce, par pitié ! s'écria Jeanne en se jetant à genoux, ne le renvoyez pas ! Je sais que des soldats furieux l'attendaient à quelques pas d'ici pour s'emparer de lui; ils le tueraient peut-être ! D'ailleurs, il est étranger à Paris; il n'y est arrivé que depuis quelques heures, et il ne peut y avoir de danger...

— Taisez-vous, mademoiselle, dit le vieillard d'un ton sévère; nous saurons plus tard si je n'ai pas de graves reproches à vous faire à cause des événements de cette soirée. Pour ce qui est de cet homme, la vie de mes fils m'est plus précieuse que la sienne... Aussi bien, ajouta-t-il avec effroi en examinant Loudunois, je crois reconnaître déjà...

— Que Dieu me protège ! dit le capitaine d'une voix entrecoupée et en s'appuyant d'une main contre la boiserie; je ne sais ce que j'éprouve, mais l'émotion, l'agitation de la journée ont épuisé mes forces...

Le baron fit un pas en avant comme pour le voir de plus près, et dirigeant sur lui la lumière d'un flambeau dont il s'était saisi. Puis tout à coup il recula, poussa un cri terrible, et s'empara de ses fils pour les entraîner au dehors.

— La peste ! la peste ! s'écria-t-il avec épouvante. Fuyez, mes enfans, sortez bien vite de cette maison. Cet homme exécrable a apporté ici la contagion; nous sommes tous perdus !

— Mon Dieu ! serait-il possible ? murmura Jeanne.

— Ne vous trompez-vous pas, mon père ? demanda Gaston, qui cette fois partageait la terreur commune, êtes-vous sûr ?...

— Je ne puis me tromper aux symptômes effrayans que je reconnais sur les traits de ce malheureux; voyez ce visage livide, ce teint plombé, ces yeux cernés et flamboyans, c'est la peste, vous dis-je ! j'ai trop redouté cette épouvantable maladie et pour vous et pour moi, j'ai trop étudié les signes funestes par lesquels elle se manifeste, pour que je n'aie pas appris à la reconnaître d'une manière certaine. Fuyons, fuyons, mes enfans; ces murs sont déjà imprégnés de poison !

— Que cet homme s'éloigne avant tout ! dit le farouche Henri en s'avançant l'épée à la main; c'est lui surtout dont la présence ici est dangereuse. Sortez! sortez! ajouta-t-il en s'adressant à Loudunois avec menace.

— Je le voudrais, répliqua le capitaine d'une voix faible, mais... je ne le puis plus... Oh ! mon Dieu ! j'aurai causé la mort de ma pauvre Jeanne !

Il s'affaissa sous son propre poids, et il tomba à terre, vaincu par la violence de l'affreuse maladie contre laquelle il se débattait.

— Misérable ! s'écria le baron en arrachant le poignard de l'un de ses fils en s'avançant vers le pestiféré, sortez d'ici ou je vous tue !

Jeanne s'élança au-devant de son père.

— Monsieur, au nom de Dieu et de la charité...

— Malheureuse ! s'écria le vieillard dans une exaspération violente, c'est vous qui avez introduit ici cet homme, pour la ruine de notre famille; vous payerez cher votre crime. Sortez, continua-t-il en s'adressant à l'étranger. Mes fils, livrez-lui passage. Par le Christ ! s'il mourait ici, il ne nous resterait plus aucune espérance de salut.

Loudunois fit un mouvement désespéré pour se lever; mais il retomba sans force aux pieds des assistans, en poussant un gémissement.

— Je ne puis me soutenir sans aide, soupira-t-il.

— Eh bien ! s'écria le baron en s'adressant aux domestiques nombreux qui se tenaient à la porte, n'y aura-t-il aucun serviteur assez dévoué à la famille Champgaillard pour la sauver en ce moment ? Parmi ceux qui si longtemps ont mangé son pain, n'en est-il aucun qui aura pitié de sa détresse présente ? Mes amis, je donnerai tout l'or et l'argent que je possède, toutes mes épargnes, tous mes bijoux à celui qui aidera cet homme à sortir d'ici, et qui quittera cette maison avec lui.

Un morne silence accueillit ces paroles. Tous les valets, le vieux Guillaume lui-même, malgré leur affection pour leur maître, restèrent immobiles; aucun d'eux n'eût refusé d'exposer sa vie dans un combat pour la famille Champgaillard; mais cette affreuse maladie, l'abandon absolu qu'elle entraînait après elle, les horribles souffrances qu'elle causait, leur semblaient plus redoutables que la mort même. Aucun d'eux ne s'avança pour obéir aux ordres du baron.

— Moi ! moi ! s'écrièrent en même temps Gaston et Henri.

— Vous, mes fils, dit le baron en se jetant encore une fois au-devant des deux jeunes gens; vous, l'espoir de ma race; vous, pour qui je demande ce sacrifice... Arrière ! arrière ! je me dévouerais moi-même plutôt que de souffrir...

— Ce sera donc moi qui vous sauverai tous ! dit Jeanne d'une voix éclatante en courant vers le pestiféré.

— Ma fille, éloignez-vous; je vous l'ordonne...

— Ma sœur !

— Ma pauvre Jeanne !

— A votre tour, éloignez-vous tous ! s'écria la jeune fille d'un ton ferme et avec un geste d'inspirée; ce sera moi qui soutiendrai celui qui a été notre bienfaiteur; ce sera moi qui aurai soin de lui quand tous les autres l'auront fui; ce sera moi qui mourrai avec lui si le mal est plus puissant que mes soins et mes prières ! — Puis s'agenouillant près du malade : — Je suis votre fiancée, lui dit-elle ; vous avez reçu mes sermens en secret comme j'ai reçu les vôtres; nous pouvons l'avouer maintenant que nous allons mourir, maintenant que les barrières du rang et de la naissance sont enfin tombées devant nous...— Loudunois voulut écarter la jeune fille ; le baron et ses fils cherchèrent à l'arracher au dangereux voisinage du pestiféré, mais elle les repoussa. — Qui osera, dit-elle avec égarement, me disputer la consolation de mourir avec mon fiancé? Qui osera affronter comme moi la contagion qui va le tuer? Voyez, continua-t-elle en portant rapidement à ses lèvres la main du malade, qui se débattait de toute sa force, je l'embrasse ses mains qui recèlent la peste ; voyez, son haleine est empoisonnée et je respire son haleine... qui osera maintenant s'approcher et me toucher du doigt? Nous allons souffrir et mourir ensemble loin d'ici, nous serons libres enfin. Ouvrez-nous donc passage, mon père, mes frères, laissez-nous sortir, car nous, c'est la mort maintenant, et la mort viendra partout où nous nous serons arrêtés !

L'étonnement et l'effroi avaient glacé tous les assistans ; l'action de la jeune fille avait été si prompte, si imprévue, on était tellement convaincu que Jeanne était perdue sans espérance, que personne n'osait s'opposer à ce qu'elle voulait faire. Dans toute cette vaste salle, on n'entendait que le bruit des respirations haletantes; on se comprenait sans se rien dire.

— Il faudra donc, s'écria enfin le baron dans un élan

de tendresse tardive, que je perde ma fille pour sauver mes fils ?

— Votre fille ! répéta Jeanne avec mélancolie, et depuis quand, monsieur, vous êtes-vous souvenu que vous aviez une fille autrement que pour la sacrifier à l'orgueil de votre famille ? Vous n'avez jamais eu pour moi les caresses et l'affection d'un père ; ce n'est jamais pour moi que vous avez craint un danger ; toute votre tendresse, toutes vos espérances ont été pour les héritiers de votre nom. Vous avez refusé ma main à celui que j'aimais et qui vous avait rendu pourtant de si grands services ; vous avez sacrifié mon bonheur aux exigences égoïstes de votre rang ; et, cependant, monsieur, continua-t-elle d'un ton plein de douceur, je ne vous ai jamais adressé ni une plainte ni un reproche. Pour toutes ces souffrances que je cachais au fond de mon cœur, je ne vous demande qu'une grâce, celle d'acquitter votre dette et la mienne en me dévouant pour celui qui fut notre protecteur, en m'attachant à son sort, en lui sacrifiant tout, même la vie ; et ne vous en plaignez pas, vos fils vous restent, vos seuls enfans ! Qu'importe la pauvre Jeanne qui a tant pleuré en secret et qui sera fière de mourir pour vous sauver !

Des larmes coulaient de tous les yeux ; la douleur leur parlait plus haut en ce moment que l'épouvante. Les deux jeunes Champgaillard, touchés de l'héroïsme de leur sœur, allaient peut-être faire quelques efforts imprudens pour s'opposer à son généreux dessein, quand le baron, qui comprit le danger, sortit tout à coup de l'espèce de torpeur dans laquelle l'avaient plongé les reproches justement mérités de sa fille ; il venait de prendre un parti énergique, violent, désespéré.

— Eh bien ! puisqu'il faut une victime, s'écria-t-il, puisque Jeanne s'est dévouée malgré moi, malgré nous tous, puisque rien ne peut plus la sauver maintenant, que le sacrifice tout entier s'accomplisse ! que tout le monde se retire ! je vais conduire cet imprudent et cette infortunée hors de l'enceinte de ma demeure.

— Non, non, s'écrièrent les jeunes gens, nous ne permettrons pas que notre sœur...

— Qu'on les désarme ! qu'on les conduise dans leurs chambres et qu'on les y enferme jusqu'à ce que tout soit terminé ! dit le baron avec une imposante énergie, et malheur à celui qui, cette fois, n'obéira pas à mes ordres !

Les domestiques hésitèrent d'abord ; mais le ton du baron avait quelque chose de si ferme et de si menaçant que cette hésitation dura peu. Ils désarmèrent les jeunes gens, et, malgré leur résistance et leurs menaces, ils les entraînèrent hors de la salle commune. Bientôt le vieillard se trouva seul en présence des deux malheureux dévoués à la mort ; alors, avec le courage factice que donne un profond désespoir, il saisit un flambeau, et, tirant une clef qu'il portait suspendue à son cou par dessous ses vêtemens, il dit d'une voix sourde : — Suivez-moi !

Pendant ce temps, Loudunois était parvenu, avec le secours de Jeanne, à se relever. Comme nous l'avons dit, la maladie avait déjà fait sur ses traits de rapides et d'effrayans ravages, et c'était à faire frémir de voir cette belle jeune fille, blanche et rose encore, côte à côte avec ce cadavre vivant.

Peut-être le baron de Champgaillard ne se sentait-il pas le courage de regarder ce effrayant contraste, car il se préparait à sortir sans tourner la tête du côté de sa fille, lorsque le malheureux Loudunois dit d'une voix faible et déchirante, en levant la main vers le ciel :

— Je prends Dieu à témoin que je n'ai pas été libre de refuser le sacrifice de cette noble jeune fille ! Je prends Dieu à témoin qu'eussé-je mille existences, je les eusse données toutes pour pouvoir la refuser !

— Suivez-moi ! répéta le baron, qui songeait, tout en frémissant, à la nécessité de se hâter.

La marche commença, lente, grave, funèbre, interrompue de temps en temps par des repos auxquels obligeait la faiblesse de Loudunois. Toutes les avenues étaient libres ; personne n'avait eu le courage d'assister à ce lugubre départ. La nuit était sombre ; on n'entendait plus aucun bruit dans le faubourg voisin. Le baron s'avançait le premier, ferme en apparence, mais le cœur déchiré ; si ses cheveux n'avaient pas été d'une blancheur de neige, ils eussent blanchi en cette seule nuit. Il tenait à la main son flambeau, qui vacillait à l'air frais de la soirée, et il écartait les obstacles qui eussent pu retarder les pas languissans de ceux qui le suivaient à quelque distance. Loudunois, soutenu d'un côté par l'héroïque Jeanne, et de l'autre se servant de son épée comme d'un appui, avançait tristement, murmurant des expressions de reconnaissance, de tendresse et de respect. Jeanne était calme et résignée, et de temps en temps elle répétait avec un accent de douceur angélique :

— Ami, nous mourrons ensemble !

Ils traversèrent ainsi le jardin ; le bruissement des feuilles au milieu d'une obscurité profonde, le sable qui criait sous leurs pas, les formes fantastiques qui passaient à droite et à gauche du chemin comme des ombres, cette lumière inexorable qui devait les précéder jusqu'à cette barrière au delà de laquelle ils allaient trouver la mort et l'abandon, tout donnait à cette scène un caractère saisissant de terreur et de solennité.

On arriva enfin à l'un des pavillons isolés qui s'élevaient au fond du jardin. Le baron en ouvrit la porte, et, sans parler, sans se retourner pour voir si on le suivait, car un regard, un son de sa propre voix eussent brisé cette détermination farouche qu'il voulait conserver jusqu'au bout, il pénétra dans le pavillon ; là, il ne tarda pas à trouver une autre porte secrète ; il l'ouvrit avec la clef mystérieuse qui ne le quittait jamais. Un souterrain noir et humide s'étendait devant lui ; il s'y enfonça le premier pour en donner l'exemple, et continua sa marche, laissant tous les passages libres derrière lui. Enfin il arriva à une dernière porte qui s'ouvrait dans une maison déserte, de l'autre côté de la rue que Loudunois avait parcourue le soir même. Alors seulement il osa se tourner vers les deux jeunes gens, et il leur dit avec un accent dont il cherchait à se déguiser à lui-même la profonde émotion :

— Nous devons nous séparer ici ! Que Dieu ait pitié de vous !

Loudunois était tombé sans force sur un banc de bois oublié dans cette masure ; le vieillard, de crainte de voir sa résolution chanceler, allait s'éloigner par où il était venu, sans se rapprocher des malheureux qu'il repoussait avec tant de dureté, quand la voix douce de Jeanne le rappela.

— Mon père, dit-elle, votre fille va mourir peut-être, et vous ne l'avez pas bénie !

— Je te bénis, ma fille ! dit-il en tendant les mains vers elle ; tu es une sainte !

Les sanglots lui coupèrent la parole.

— Et moi, monsieur, balbutia Loudunois péniblement, puis-je espérer que tous les maux que je vous ai causés involontairement...

— Vous ! s'écria le baron avec une épouvantable expression de haine et de colère, tous les supplices de l'enfer ne pourraient me forcer à vous pardonner.

Il fit un effort, s'élança vers la porte qu'il ferma vivement derrière lui. Il parcourut le souterrain et le pavillon en courant, et quand il se fut assuré que nul ne pouvait plus pénétrer par cette voie dans l'habitation, le courage qui l'avait soutenu jusqu'à cet instant l'abandonna tout à coup. Il se laissa tomber au pied d'un arbre, en murmurant avec délire :

— Je n'ai plus de fille... Et pourtant, mon Dieu ! vous savez bien que je ne pouvais sauver autrement ma famille et mon nom !

LE SERGENT CHATEAULIN.

Six mois s'étaient écoulés depuis les scènes lugubres de la maison murée, et dans ce court espace de temps Paris avait entièrement changé de face. Le retour du roi dans la capitale avait amorti sinon étouffé entièrement les querelles religieuses, et la peste, après avoir décimé une partie de la population, venait enfin de disparaître tout à fait, grâce aux sages mesures ordonnées par le duc de Sully.

Quant aux différens personnages qui ont figuré dans le cours de cette histoire, le lecteur pourra apprendre ce que l'on en savait au moment dont nous parlons, s'il veut bien écouter la conversation que tenaient, par une belle matinée de printemps, deux paisibles buveurs attablés dans le cabaret de Tranquille, à l'enseigne de la *Meilleure-des-Religions*, enseigne qui, soit dit en passant, était soigneusement calculée pour attirer à la fois, par sa signification ambiguë, les catholiques et les huguenots.

La fenêtre qui donnait sur le faubourg était ouverte, afin que les pratiques pussent jouir de la douceur de la température, et un joyeux rayon de soleil venait s'abattre avec ses ailes d'or sur le vin pourpre qui écumait dans les gobelets d'étain soigneusement fourbis. Tout en causant, les deux amis (car ce ne pouvait être que des amis qui fêtaient ainsi ensemble la dive bouteille) jetaient un coup d'œil dans la rue, comme s'ils attendaient en ce lieu quelque personnage important, et alors ils pouvaient voir une vingtaine d'archers, de ceux mêmes qui s'étaient si vaillamment montrés à l'émeute de la Porte-Saint-Antoine, devisant joyeusement en face du cabaret, et sans doute attendant comme eux.

Les regards de tous ces personnages se portaient aussi quelquefois sur le singulier édifice qui s'élevait de l'autre côté du faubourg, et que nous avons désigné sous le nom de *maison murée*. Quand tout avait changé autour de lui, seul il avait conservé son ancienne et effrayante apparence; les maisons voisines, désertes quelques mois auparavant, s'étaient peuplées de familles nombreuses et bruyantes; lui était resté sombre et muet, sans qu'aucune créature humaine se montrât sur ses murailles ou sur ses plates-formes. Les arbres qui remplissaient le jardin, et qui s'étaient couverts d'un nouveau feuillage, prouvaient seuls que le temps avait marché depuis les événemens que nous avons racontés; mais ils entouraient la maison d'un voile plus épais, comme s'ils eussent voulu augmenter l'ombre et le silence autour d'elle. Tout semblait mort dans cette enceinte impénétrable, et nul ne pouvait savoir ce qui se passait derrière ces hauts et solides remparts.

On s'étonnera de la bonne intelligence qui régnait entre les deux personnages assis en ce moment dans le cabaret, les coudes sur la table, lorsque l'on saura que l'un d'eux était notre ancienne connaissance, Didier le Tranquille, calme et flegmatique comme autrefois, et que son compagnon, le chef des archers stationnés devant la porte, était le même sergent qui, le soir de l'arrivée de Loudunois, avait voulu s'emparer dudit Tranquille pour le livrer au bourreau. Il paraît que le bon cabaretier, quoiqu'il choquât de temps en temps son gobelet contre celui de sa pratique, n'avait pas tout à fait oublié cette circonstance, car il disait avec son sang-froid ordinaire :

— Je ne suis pas fait pour la guerre, sergent Châteaulin, et pourtant je puis bien dire que, dans cette fatale soirée dont nous parlons, j'ai vu la mort de bien près. Vous paraissiez tenir tout particulièrement à me voir pendu, et sans le secours du queiteine...

— Oui, oui, interrompit le vieux soldat d'un air goguenard en caressant sa moustache qui s'élevait en croc jusqu'à ses yeux, suivant la mode du temps, oui, maître Tranquille, cette nuit-là la corde, comme on dit, a dansé sur votre tête, et un certain sergent Châteaulin de ma connaissance ne vous eût pas fait de quartier. Dame! que voulez-vous! je ne connaissais pas encore votre vin, et puis, songez-y, vous étiez en rébellion, et le devoir...

— Je ne vous en veux pas, sergent; non, je ne vous en veux pas, sur mon âme! répondit le cabaretier en secouant la tête, et j'aurais mérité cette leçon pour avoir voulu me mêler à la bagarre, moi qui ai toujours eu une si juste horreur pour la guerre. Mais j'étais en compagnie d'un homme qui s'est trouvé à bien d'autres batailles, Châteaulin; je l'ai vu dans son temps donner de rudes coups d'épée pour la bonne cause, et il n'eût pas souffert qu'on m'arrachât un cheveu de la tête, quand même trois mille archers de la prévôté se fussent ligués contre ma chétive personne.

— Aussi, reprit le soldat légèrement piqué de cette fanfaronnade, votre libérateur a-t-il bien fait d'être un capitaine renommé et un favori du roi et du maréchal de Fervaques, car sans cela, par la croix de Dieu! on n'eût pas oublié si vite la blessure du pauvre Marescot, mon camarade. Et d'ailleurs, à supposer qu'il soit franc, il peut convenir que je l'ai serré un peu de près. Je jure que s'il n'avait pas appelé le diable à son secours...

— Le diable? répéta le cabaretier avec étonnement.

— Oui, le diable, reprit le sergent d'un air capable, car, voyez-vous bien, Tranquille, je soutiens, moi, que sans le secours du malin esprit, ce queiteine Loudunois, ou quel que soit le nom que vous lui donniez, n'aurait pu m'échapper cette nuit-là. Jugez-en plutôt, continua le vieil archer en se levant comme pour faire une démonstration plus claire, et en désignant la maison murée qui s'élevait en face du cabaret : on avait vu le personnage en question fuir comme un lièvre par ce petit chemin de ronde qui tourne autour de la bicoque de ce vieux fou de Champgaillard. J'étais piqué au jeu, et d'ailleurs je voulais venger ce pauvre Marescot, qui criait comme un possédé à cause de son entaille à la poitrine, entaille faite de main de maître, il faut l'avouer. Nos gens, de leur côté, ne se souciaient pas de laisser impuni le meurtre d'un camarade, d'un archer de la prévôté; enfin il fut convenu que toute la nuit nous garderions ce passage, nous fondant sur cette réflexion que, puisque ce gaillard était entré là, il fallait bien qu'il en sortît. Nous voilà donc en faction longtemps après la bourrasque populaire, et rien ne paraissait. La nuit s'avançait, et nous commencions à nous ennuyer terriblement, nous promettant bien de faire payer au meurtrier de Marescot cette veille pénible, quand tout à coup, au milieu du silence et de l'obscurité, nous voyons s'avancer quelque chose de notre côté. Nous préparons nos armes ; je crie : « Qui vive? » on ne me répond pas. J'avance alors, et je reconnais notre ennemi... mais il n'était pas seul.

— Ah! fit Tranquillin pendant qu'un sourire légèrement ironique venait contracter la douce et honnête physionomie, il était donc avec le diable?

— Il était avec une jeune fille, dit brusquement le sergent irrité de l'incrédulité apparente de son auditeur; je ne vous dirai pas d'où elle sortait et si elle était réellement faite de chair et d'os comme les autres femmes; ce que je sais, c'est que lorsque nous nous approchâmes d'elle, elle nous lança un regard... qu'il n'est pas facile d'oublier, si tant est que ce soit le regard d'une créature humaine. Il y avait dans ses yeux comme une étincelle de feu qui nous foudroya. Nos hommes n'osaient porter la main ni sur elle ni sur son compagnon, quoiqu'ils eussent parfaitement reconnu celui-ci à son costume et à son panache. Cependant, moi qui, voyez-vous, Tranquille, suis un vieux loup de bataille et qui ne m'effraye pas facilement, j'allais tout simplement prendre au collet le personnage, quand tout à coup cette... cette jeune fille poussa un cri aigu, plaintif, un cri comme je n'en ai jamais entendu de ma vie, Tranquille, et comme je n'en entendrai peut-être plus, et elle me dit rapidement : « Éloignez-vous, malheureux! il à la peste! » En ce moment l'autre personnage leva la tête à son tour ; son visage était livide, décomposé, et portait toutes les traces de la contagion... A cette vue, rien ne put retenir nos gens, ils s'enfuirent épouvantés, et moi, instinctivement, sans songer à ce que je faisais, je laissai tomber mon flambeau et je me rangeai contre la muraille; mes cheveux se dressaient malgré moi sur ma tête. Alors ces deux ombres passèrent en silence devant moi, et elles disparurent à l'extrémité de la rue sans que j'aie eu le courage de les suivre.

L'archer s'arrêta pour juger de l'effet de son récit sur le paisible cabaretier.

— Oui, sergent Châteaulin, reprit Didier, je conviens qu'il y avait dans tout ceci de quoi étonner et même effrayer un pécheur tel que vous ; cependant cette jeune fille, que vous avez prise, ajouta-t-il en souriant de nouveau, pour un génie malfaisant, était un ange de douceur et de paix qui a sauvé la vie à ce pauvre queiteine Loudunois. Ce n'était rien moins que mademoiselle Jeanne de Champgaillard, la fille du baron, et je vous jure qu'il n'y a rien de diabolique dans cette belle personne-là. Elle s'était dévouée pour servir de guide au queiteine, que tout le monde fuyait et repoussait à cause de la peste qu'il avait prise le soir même, on ne sait comment, au milieu de la foule. On dit bien qu'il y avait quelque amourette sous jeu; mais cela ne regarde ni vous ni moi; ainsi, nous n'en parlerons pas. Quoi qu'il en soit, en vous quittant, la demoiselle conduisit le queiteine chez un ami de sa famille, et, au risque de mourir avec lui, elle le soigna avec un zèle, une persévérance qui ont été récompensés, puisqu'elle est saine et sauve et que le capitaine est complétement guéri. Depuis ce temps elle s'est retirée dans un couvent, dont on n'a pu la tirer encore. Mais le plus beau de l'affaire, c'est que le roi, qui a entendu parler de tout ceci, a mandé Loudunois, qu'il connaît depuis longtemps, et a voulu apprendre de sa bouche tout le détail de l'aventure. Ce qu'a raconté le capitaine au sujet de la famille Champgaillard, je l'ignore ; toujours est-il qu'il vient souvent ici, et qu'il passe des heures entières à regarder la maison murée. Il a plusieurs fois jeté des lettres par dessus la muraille du jardin, il a appelé, fait des signaux, sans que jamais les habitans de cette maison, si toutefois il en reste, aient paru s'en apercevoir; et c'est lui, sans doute, qui a sollicité et obtenu du roi cet ordre de recherche que vos archers doivent exécuter chez le baron de Champgaillard, aussitôt que celui qui doit diriger ces perquisitions sera arrivé.

— Ce personnage se fait bien attendre!— dit avec humeur le sergent, rappelé tout à coup au sentiment de l'actualité. Puis il ajouta : — Vous m'avez fait une étrange histoire. Tranquille, à propos de ce queiteine et de cette demoiselle, et, quoique je ne comprenne pas bien certaines circonstances de votre récit, désormais j'y regarderai à deux fois avant de prendre une jeune fille pour le diable. Mais maintenant pourriez-vous me dire, je vous prie, ce que je vais faire, moi et mes archers, dans cette satanée maison, que Dieu confonde !

— Vous allez le savoir, dit le cabaretier en se levant et en se dirigeant vers la fenêtre; j'entends des pas de chevaux. Ils annoncent sans doute l'arrivée de celui ou de ceux que vous attendez.

En effet, une cavalcade assez nombreuse débouchait en ce moment à l'angle du faubourg et s'avançait avec rapidité. En tête de ce cortége était un huissier du Châtelet, en robe noire et monté sur une mule. Ce vénérable personnage, tenant sa verge d'argent d'une main et portant des papiers sous l'autre bras, semblait fort embarrassé de maintenir à la fois en équilibre sa toque, ses lunettes, ses paperasses, en même temps qu'il dirigeait sa monture, tant soit peu rétive, comme il convient à la mule d'un royal huissier. Derrière lui venait une litière soigneusement fermée, de manière à tromper les regards indiscrets qui eussent voulu pénétrer sous les épaisses courtines de soie dont elle était entourée, et à côté de cette litière caracolait sur un magnifique cheval un brillant cavalier, dans lequel le bon Tranquille lui-même eut peine à reconnaître son ancien chef, le capitaine Loudunois. Il est vrai que le capitaine était bien changé depuis les événemens qui avaient eu lieu six mois auparavant : son costume de voyage, si simple et même si mesquin, avait fait place à une riche armure d'uniforme, en acier poli, qu'il portait avec grâce et noblesse; son casque d'argent, surmonté d'une plume élégante, permettait de voir ses traits réguliers et fiers, quoique altérés en ce moment par une teinte d'inquiétude, mais sur lesquels sa récente maladie n'avait laissé aucune trace.

Il s'approchait de temps en temps de la litière fermée, pour adresser à voix basse quelques paroles à la personne inconnue qui en occupait l'intérieur. Le reste du cortège était formé de pages, de valets, et de quelques militaires de bonne apparence qui semblaient être des amis du capitaine Loudunois.

On arriva ainsi en face du cabaret; Tranquille et Châteaulin étaient sortis à l'approche de cette troupe et se trouvaient sur le seuil de la maison. Aussitôt qu'il les aperçut, le capitaine sauta à bas de son cheval, et, faisant arrêter le cortége, il s'approcha des deux curieux qui semblaient l'attendre. Il serra d'abord amicalement la main à Tranquille, et s'adressant à son compagnon d'un air distrait :

— Êtes-vous le sergent Châteaulin ? dit-il.

— C'est moi-même, répondit le soldat d'un ton un peu brusque.

— Vos archers sont-ils prêts ?

— Oui ; mais qui êtes-vous pour m'interroger ainsi ?

Le capitaine se tourna vers l'homme en robe noire, qui semblait avoir une très grande difficulté à descendre de sa mule, au milieu des rires et des moqueries des pages et des soldats. Il y parvint pourtant, à l'aide de l'obligeant Tranquille, et il s'avança vers Châteaulin, sur un signe de Loudunois.

— Faites votre devoir ! lui dit celui-ci d'un ton bref.

L'huissier s'inclina, et, déployant une immense pancarte, il commença à lire d'une voix nazillarde un ordre longuement motivé du prévôt de Paris, par lequel tous les soldats et agens de la prévôté étaient requis d'obéir au capitaine Loudunois pour l'exécution d'une mission qu'il avait reçue du roi. Châteaulin, qui ne comprenait pas parfaitement le grimoire de l'huissier, secouait de temps en temps les oreilles d'un air impatient :

— En deux mots, interrompit Loudunois, non moins impatient que lui, il s'agit de m'aider à faire des perquisitions dans la maison murée, et de m'obéir en tout ce que je vous commanderai pour l'exécution de ma mission. C'est l'ordre du roi.

— Il suffit, dit le sergent, qui entendait mieux ce langage que celui du mandat prévôtal ; le capitaine Loudunois, ajouta-t-il avec un certain air de malice soldatesque, peut se souvenir de l'exactitude avec laquelle je remplis mon devoir.

Le capitaine le regarda avec plus d'attention qu'il n'avait fait jusque-là.

— Si je ne me trompe, dit-il, c'est vous qui gardiez le passage pendant cette soirée funeste...

— Oui.

— Corbleu! reprit le capitaine revenant tout à coup à ses habitudes militaires et en lui tendant la main avec cordialité, je ne vous en veux pas, parce qu'après tout j'étais en faute ; sans rancune.

Le sergent serra la main qu'on lui offrait avec tant de franchise, et se mit en devoir de ranger ses soldats, en disant à Tranquille d'un air satisfait :

— Eh bien ! c'est un brave homme ; et vous aviez raison, Tranquille, il n'a pas plus de fiel que vous.

Pendant ce temps, Loudunois s'était approché de la litière, et, soulevant avec respect l'un des rideaux qui l'entouraient de toutes parts :

—Nous voici arrivés, Jeanne, dit-il à la personne qu'elle contenait; prenez courage, dans quelques instans vous allez embrasser votre père et vos frères.

— Non, non, Loudunois, répondit une voix douce et mélancolique; ne me flattez pas d'une vaine espérance. Mon père et mes frères n'existent plus; la bonté du roi n'aura abouti qu'à me faire retrouver leurs cadavres dans cette maison fatale.

— Chassez de semblables idées, ma Jeanne bien-aimée; votre père existe encore, et vous savez par quelle promesse le roi m'a permis de relever son courage. Ayez patience, je vais donner des ordres pour que la porte soit bientôt forcée, puisqu'il n'y a pas d'autre moyen de pénétrer dans cette maison.

— Loudunois, ne voit-on rien encore sur les murailles, sur les plates-formes, aux meurtrières qui servent de fenêtres? Je viens d'entendre sonner du cor; personne n'est-il venu à cet appel?

— Personne, Jeanne, dit le capitaine avec une profonde tristesse; cette maison semble abandonnée.

— C'est qu'ils sont morts! murmura la jeune fille en gémissant. Loudunois, souvenez-vous que nous avions laissé la mort derrière nous.

Le capitaine laissa retomber les courtines de la litière, pour cacher l'inquiétude mortelle qui se peignait malgré lui sur son visage et les larmes qui roulaient silencieusement sur ses joues basanées.

LES TOMBEAUX.

Bientôt la troupe des archers, le chef en tête, arriva à la mesure dans laquelle était la porte secrète. Loudunois donna le premier aux soldats l'exemple de l'attaque contre la solide clôture de chêne, et bientôt elle céda à leurs efforts réunis. On pénétra dans le souterrain, et, à la lueur des flambeaux, on travailla à enfoncer la seconde porte, plus épaisse encore que la première. Enfin elle céda aussi, et toute la troupe se trouva dans le petit pavillon qui s'élevait au fond du jardin; on allait s'élancer avec empressement, quand Loudunois arrêta tout le monde par un geste impérieux :

— Personne, s'écria-t-il, ne fera un pas hors de ce pavillon sans mon ordre. Mademoiselle de Champgaillard et moi nous devons seuls pénétrer dans cette enceinte; le roi veut qu'on n'obéisse qu'à moi dans cette perquisition.

Il sortit et revint bientôt avec Jeanne, qui n'avait pas quitté sa litière jusqu'à ce moment. Mademoiselle de Champgaillard était d'une pâleur qui faisait ressortir encore l'éclat de ses yeux noirs; elle portait le costume blanc des novices du couvent où elle s'était retirée depuis la guérison de Loudunois. Elle appuyait une de ses mains délicates sur l'épaule cuirassée du capitaine, et elle était si faible, si chancelante, il y avait tant de douleur dans son maintien, que cette attitude augmentait encore le respect des assistans pour ses souffrances et son désespoir. En passant devant les archers et les gens de justice, elle s'inclina avec grâce, par un mouvement presque imperceptible, et s'éloigna silencieusement, toujours soutenue par le capitaine. Bientôt tous les deux disparurent derrière un massif d'arbres qui s'élevait au milieu du jardin.

Tranquille s'approcha du sergent Châteaulin, qui était resté comme pétrifié par cette belle apparition.

— Eh bien! lui dit-il.

— C'est vraiment un ange! dit le vieux sergent en s'apercevant alors seulement qu'une larme s'étalait insolemment sur sa joue en présence de tous ses soldats.

— Comme l'on change en six mois! répondit Tranquille avec sa malice timide.

Cependant Jeanne et Loudunois s'avançaient lentement dans le jardin. Les mauvaises herbes croissaient dans les allées, et les carreaux de légumes avaient disparu sous les ronces, les chardons et les tithymales qui étouffaient les plantes utiles. Au fond du jardin, la maison, dont la porte et les fenêtres étaient exactement fermées, semblait abandonnée depuis longtemps. Une mousse verdâtre en rongeait déjà le seuil, et des hirondelles, dont les gazouillemens se faisaient seuls entendre dans cette solitude, avaient appliqué leur nid à l'un des volets de la salle basse, preuve certaine que cette salle n'avait pas été ouverte depuis le retour du printemps.

A cet aspect de désolation, le cœur de la jeune fille se serra. Elle s'arrêta pour pleurer.

— Ami, soupira-t-elle, je vous le disais, nous venons trop tard.

— Jeanne, répondit Loudunois avec douceur, depuis quelques jours seulement la peste a disparu tout à fait de Paris. Nous ne pouvions, sans risquer de compromettre l'existence de votre père et de vos frères, pénétrer plus tôt dans leur retraite. Et, tenez, Jeanne, continua-t-il en se baissant et en ramassant un parchemin dont les caractères étaient effacés par la pluie et la rosée, voyez le cas qu'ils faisaient de nos avertissemens! Ils les laissaient où ils les trouvaient, par crainte de la contagion...

Mademoiselle de Champgaillard fit un signe de doute.

— Qui eût pu ramasser ces lettres, Loudunois?... où sont ceux à qui elles étaient destinées?

— Courage! reprit le capitaine, cherchant à donner à la jeune fille une espérance qu'il n'avait peut-être pas lui-même, nous n'avons pas encore visité toute l'habitation; et d'ailleurs, pourquoi votre père et vos frères, pensant que vous n'existiez plus, ne l'auraient-ils pas quittée pour se réfugier en province sans prévenir personne? Quelles preuves avez-vous que vos fatales prévisions se soient réalisées?

— Des preuves! répéta Jeanne en s'arrêtant et en pressant avec force le bras de Loudunois; des preuves!... en voici!

Et elle désigna deux ou trois croix de bois grossièrement façonnées, qui s'élevaient à quelque distance sous un massif de verdure. Le capitaine tressaillit, et il voulut entraîner la jeune fille loin de cet endroit fatal; mais elle résista avec énergie, et Loudunois fut forcé de la suivre jusque auprès de ces tombes qui allaient révéler sans doute quelque horrible secret.

Jeanne, toute tremblante, s'agenouilla au pied de la première croix, et chercha à déchiffrer une inscription gravée péniblement au couteau sur la traverse à peine équarrie. Mais ses yeux étaient pleins de larmes, la douleur la suffoquait, et ce fut le capitaine qui murmura à voix basse :

— GASTON, *mort le 20 novembre* 1606.

— Gaston! mon frère! — dit Jeanne en levant les yeux au ciel. Puis, désignant la tombe voisine, vers laquelle elle ne pouvait se traîner à cause de sa faiblesse : — Et là? demanda-t-elle.

Loudunois se pencha sur la seconde croix et lut :

— HENRI, *mort le 17 novembre* 1606.

— Morts tous les deux! s'écria-t-elle avec une voix déchirante; morts, Gaston, Henri?... Mon père, fit-elle en désignant la troisième tombe, mon père doit être là.

Ses jambes se dérobèrent sous elle, et elle s'affaissa, la tête appuyée contre une croix, comme si elle n'avait plus de force pour supporter un nouveau malheur. Loudunois la soutint, et, en lui donnant des secours, il lui disait :

— Jeanne! une consolation nous reste dans le malheur qui nous accable; c'est que ces jeunes gens ne sont morts que trois mois après ma visite dans cette maison; ils n'ont donc pas succombé à la contagion dont j'aurais pu apporter le germe... Je n'ai pas à me reprocher d'être la cause de la mort de vos frères.

Mais Jeanne ne l'écoutait pas; son évanouissement cessa bien vite devant la poignante inquiétude qui lui déchirait l'âme. Elle se souleva par un mouvement brusque et fiévreux; le capitaine comprit son intention, et, s'approchant de la troisième tombe, il souleva une bryone parasite qui avait entrelacé ses branches vertes autour de la croix, et il lut avec hésitation :

LA MAISON MURÉE.

— Marie Merced, morte...

— C'est ma nourrice! la femme du pauvre Guillaume Merced! s'écria la jeune fille, sans laisser au capitaine le temps d'achever; oh! mon Dieu! je vous remercie, mon père existe encore!

— Il existe encore, répéta derrière elle une voix faible comme un écho, mais il va mourir...

Jeanne et Loudunois se retournèrent rapidement, et ils aperçurent un homme immobile, dans une attitude mélancolique, derrière un bouquet de bois qui s'élevait à quelque distance des tombes. C'était le vieux Guillaume, mais plus cassé et plus vieilli que jamais par des malheurs récens; dans sa surprise, il venait de laisser échapper de ses mains débiles l'arquebuse qu'il portait d'ordinaire pour la défense de l'habitation; arme bien inoffensive sans doute, puisque la mèche n'était pas allumée. Il regardait Loudunois et la jeune fille, d'un air effaré, comme s'il était en présence d'une apparition surnaturelle. Jeanne et le capitaine coururent vers lui.

— Les morts sortent-ils du tombeau? demanda le vieillard d'une voix creuse; est-ce bien mademoiselle Jeanne que je revois?

— Oui, c'est moi, Guillaume, mon bon Guillaume, répondit la jeune fille en pressant sur ses lèvres les mains ridées du vieux domestique; c'est moi qui reviens après avoir échappé à la contagion, ainsi que mon fiancé !... Guillaume, ne m'as-tu pas dit que mon père existait encore?

— Dieu a prolongé sa vie jusqu'à ce moment pour qu'il ait la consolation d'embrasser sa fille. Mais les chagrins ont épuisé ses forces, et il est là, à deux pas, mourant et désespéré; il ne comptait pas que la main d'un de ses enfans pût lui fermer les yeux.

— Il est donc vrai? demanda Loudunois en désignant par un geste les sépultures, les fils du baron...

— Les tombes ne trompent pas, répliqua le vieillard avec un sourd gémissement : elles dévorent tout : jeunes gentilshommes ou pauvre vieille servante.

— Oh! mon Dieu! fit Jeanne en levant les yeux au ciel; mais, Guillaume, de quelle mort mes malheureux frères...

— Il vous le dira lui-même, répondit le domestique d'un air sombre, en se préparant à les conduire auprès du baron.

Le capitaine le retint par le bras.

— Vous êtes donc seul ici, Guillaume, avec votre maître?

— Seul, monsieur. Après les funestes événemens qui ont changé cette maison en maison de deuil, tous les domestiques se sont enfuis les uns après les autres, par crainte de la fatalité qui pesait sur elle. Je suis resté avec ma pauvre Marie auprès de notre vieux maître, si malheureux !... Marie est morte, il n'y a plus que moi.

Il passa lentement la main sur ses yeux; Jeanne sanglotait, le capitaine lui-même semblait avoir beaucoup de peine à se rendre maître de son émotion.

— Guillaume, reprit-il d'une voix altérée, il me reste encore une explication à vous demander. Pourquoi le baron s'est-il obstiné à rester enfermé, quand il n'y a plus de danger au dehors, quand on lui donnait tant d'avertissemens que la contagion avait cessé?

— Si vous voulez parler des papiers que je trouvais quelquefois dans le jardin, dit Guillaume, monsieur le baron m'avait défendu de les ramasser et de faire aucune attention au bruit de l'extérieur; il est devenu sombre, hypocondre. N'espérant plus rien des hommes, il ne veut plus se rapprocher d'eux; leur vue lui ferait mal, leur bonheur augmenterait son désespoir. Il voulait mourir en silence dans ce coin écarté, en prononçant le nom de ses fils et de sa fille...

— Mon nom! demanda Jeanne avec chaleur : il a parlé quelquefois de moi, Guillaume?... Il se souvient aussi de sa fille, il la regrette, il la désire? Oh! courons, courons, que je le voie, que je le presse dans mes bras!... mon bon père!

— Il n'est plus là, dit-il; depuis le soir de votre disparition, il a fait fermer toutes les portes de cette maison où était entré un pestiféré, et personne n'y a pénétré depuis. Il est dans ce pavillon que vous voyez là-bas, où il s'impatiente sans doute de mon retard prolongé. D'ailleurs, ajouta-t-il en s'adressant à Jeanne, vous ne pouvez paraître ainsi devant lui sans qu'il soit prévenu : votre présence inattendue causerait sa mort sur-le-champ.

Loudunois se joignit au vieillard pour faire entendre à Jeanne qu'il fallait modérer pour quelques instans sa pieuse impatience, et attendre que le baron fût préparé à la consolation que Dieu lui envoyait à sa dernière heure. Elle y consentit avec peine, puis on s'achemina lentement vers le pavillon.

C'était un de ces petits bâtimens que le baron avait fait élever après coup dans l'intérieur de son jardin, pour le logement des gens de service qui devaient partager sa captivité volontaire. L'extérieur en était triste et délabré, à cause du mauvais état de cette construction, faite à la hâte et qui n'avait pas été réparée depuis longtemps. Jeanne soupira à la vue de ce chétif et dernier asile de son père.

En approchant de la porte, le vieux domestique l'avertit à voix basse de ne pas aller plus loin. La jeune fille s'assit, toute frémissante d'émotion, sur le seuil, pendant que Loudunois et Guillaume pénétraient dans la chambre du baron.

Cette chambre était mesquine et mal meublée, comme le faisait présumer l'extérieur de l'édifice. Le moribond était couché dans un grand lit à ciel, dont les épais rideaux de serge augmentaient encore l'obscurité autour de lui. Ses traits étaient décomposés, ses mains amaigries se contractaient dans des spasmes douloureux. Quand on entra, il ne détourna pas pour regarder les arrivans, mais il dit d'une voix faible et saccadée :

— Eh bien! Guillaume, vous avez été bien lent!... quelle était la cause de ce bruit effrayant que j'ai entendu dans le jardin? On eût dit qu'on enfonçait la porte secrète... Mon Dieu! ne me laissera-t-on pas mourir en paix?

— Monsieur le baron...

— Mais il y a un étranger ici, reprit le malade en se retournant vers Loudunois qui venait de faire un mouvement, et en levant sur lui des yeux égarés; que me veut-il ?... que vient-il faire dans cette maison ?... qui l'a appelé ?... qui l'a introduit ici?

Loudunois s'avança timidement de quelques pas.

— Monsieur le baron, dit-il, l'air de solitude et l'abandon apparent de cette maison, que l'on savait habitée par vous et votre famille, a excité des craintes chez des personnes qui s'intéressent bien vivement à votre sort. La peste vient de cesser, et j'ai reçu mission du roi de m'assurer avec tout le respect et la pitié dus à vos malheurs...

Le baron l'interrompit par un geste brusque.

— Que m'importe le roi! s'écria-t-il; que m'importent les hommes et leur pitié, et leur respect! Qu'importe la peste elle-même, dont la crainte a fait autrefois mon supplice! qu'elle vienne, elle ne trouvera plus qu'un vieillard que le chagrin aura tué avant elle! Qu'ai-je à craindre maintenant de cette contagion, après qu'elle a dévoré Jeanne, ma fille chérie, ma pauvre Jeanne?

Des sanglots convulsifs lui coupèrent la parole. Loudunois se rapprocha encore de lui :

— Monsieur le baron, dit-il lentement, n'avez-vous donc jamais pensé que cet horrible fléau pût quelquefois relâcher ses victimes?

Le baron tressaillit et chercha à se lever sur son séant :

— Je reconnais cette voix! c'est celle du démon dont la présence ici a causé la mort de ma fille !

— Si elle fût morte à cause de moi, s'écria le capitaine avec une noble chaleur, je me fusse tué sur sa tombe !

NOUV. CHOISIES.   13

— Elle existe donc encore? dit le baron, dont le visage livide s'illumina tout à coup d'espérance.

— Mon père! mon père! s'écria Jeanne en ouvrant la porte tout à coup et en se précipitant vers lui.

Le vieillard poussa une exclamation où toutes les joies du ciel et de la terre étaient exprimées à la fois, et il retomba sur son chevet. Les assistans frémirent; ils crurent que cette émotion profonde et inattendue avait brisé dans le mourant les derniers ressorts de la vie. Mademoiselle Champgaillard se reprochait amèrement déjà de n'avoir pas su comprimer plus longtemps son amour filial. Mais ces craintes ne durèrent qu'un instant; la joie agit comme le galvanisme sur ce corps usé. Le baron reprit bientôt toute sa connaissance, et commença à accabler sa fille de caresses et de bénédictions.

— Jeanne! mon enfant bien-aimée, disait-il en fixant sur elle un regard terne et vitreux, Jeanne, que je te voie encore! Comme tu es belle! Tu n'avais donc pas succombé à cette effrayante maladie pendant que je te pleurais? C'est Dieu qui t'a conservée pour adoucir les derniers instans de ton père! Et puis il faut que tu me pardonnes mon indifférence-d'autrefois à ton égard; je ne pensais qu'à tes frères. Les ingrats! si tu savais comme ils m'ont puni... Jeanne, continua-t-il avec égarement, ils sont morts tous deux, morts l'un par l'autre, morts à la suite d'un duel terrible...

La jeune fille ne put retenir un cri déchirant, et serra plus fortement son père dans ses bras.

— Oui, c'est affreux! reprit le vieillard, dont le délire augmentait à mesure qu'il rappelait ses souvenirs; mais Dieu a voulu me punir. J'étais trop fier de mes fils; j'avais mis en eux tout mon orgueil et toute mon affection, et j'avais oublié que j'avais une fille; j'ai mérité ma punition. Oui, un duel... là-bas, au fond du jardin... On vint me prévenir... trop tard. Henri était étendu mort le premier... Gaston, tout sanglant, deux jours après...

— Mon père, s'écria Jeanne, nous prierons pour eux.

— Oui! toi sur la terre, moi... là-haut. Jeanne, mon heure approche, je le sens...

Loudunois s'agenouilla à côté de la jeune fille devant le lit du moribond.

— Et maintenant, monsieur, lui dit-il d'un ton suppliant, me refuserez-vous encore ce pardon que j'ai déjà sollicité de votre pitié?

Le vieillard le regarda sans amertume.

— Vous êtes un honnête et brave soldat, dit-il, je vous pardonne les chagrins que vous m'avez causés involontairement. J'ai moi-même été bien cruel envers vous; nous sommes arrivés à l'heure des expiations. Loudunois, vous avez rendu jadis un grand service à toute ma famille et à moi-même; vous aimez ma fille et elle vous aime; vous êtes déjà unis l'un à l'autre par les liens de la reconnaissance et du malheur; je désire que vous vous unissiez après ma mort par les liens sacrés du mariage. Jeanne a besoin d'un appui, et puisque le nom de Champgaillard est destiné à s'éteindre avec moi...

— Il ne périra pas, monsieur! s'écria Loudunois en se levant précipitamment.

— Que voulez-vous dire?

— Le roi connaît vos malheurs et la crainte funeste qui a troublé la tranquillité de vos dernières années. Emu de pitié, il a accordé à mademoiselle de Champgaillard, ici présente, le droit de transmettre à l'époux qu'elle aura choisi le nom de Champgaillard avec le titre de comte, dans le cas où vos deux fils viendraient à mourir sans postérité, et à condition...

— Parlez, parlez, dit le vieillard haletant.

— A condition, continua Loudunois en tirant un parchemin de sa poche, que vous et vos fils, dont on ne pouvait soupçonner la fin tragique, approuveriez ces lettres patentes et que je serais l'heureux époux de Jeanne.

— Oh! mon Dieu, merci!—s'écria le baron en levant les yeux vers le ciel. Puis il ajouta: — Une plume! que je signe cet acte qui doit relever la splendeur de ma race! J'ai peur de mourir avant d'avoir signé.

Sa fille lui présenta en pleurant ce qu'il avait demandé; le vieillard écrivit avec peine son nom, car déjà sa main tremblait et ses yeux s'obscurcissaient; puis il se laissa tomber sur son lit en s'écriant dans un dernier effort d'orgueil:

— Je meurs content: le nom de Champgaillard ne périra pas!

Les deux jeunes gens éperdus voulurent lui porter secours; il venait d'expirer.

Un an après, Henri IV signa le contrat de mariage de Jeanne avec le brave capitaine de Loudunois, qui prit le titre de comte de Champgaillard.

FIN DE LA MAISON MURÉE.

LE PACTE DE FAMINE

I

LE RENÉGAT.

Le 15 novembre 1768, au plus fort de la famine qui désola Paris et la France à cette époque, une foule nombreuse se pressait dans la halle aux blés, que l'architecte Camus de Mézières venait d'achever. On s'agitait, on se questionnait l'un l'autre, et sans doute les nouvelles qu'on échangeait à voix basse n'étaient pas satisfaisantes, car la consternation était peinte sur tous les visages. Il y avait là, contre l'usage, de pauvres femmes couvertes de haillons, au teint pâle, traînant par la main des enfans demi-nus; elles s'approchaient timidement des groupes pour saisir quelques mots au passage, puis elles s'éloignaient en donnant des signes de désespoir. La colère et la menace brillaient dans les regards de quelques hommes du peuple; mais ils n'osaient élever la voix, et ils se serraient la main avec une sombre énergie. Une troupe de soldats armés gardait, le fusil sur l'épaule, les avenues du marché, et des personnages rébarbatifs parcouraient les groupes, épiant les gestes et l'attitude des mécontens. Ce déploiement de forces comprimait également les cris de rage et les plaintes douloureuses; il ne sortait de cette foule mobile qu'un murmure sourd, étouffé par la terreur.

Au milieu de ces gens en guenilles, ou du moins modestement vêtus, qui remplissaient la halle, deux hommes, dont l'extérieur annonçait l'opulence et dont l'air tranquille semblait insulter à la tristesse commune, se promenaient en causant amicalement, et attiraient particulièrement l'attention. L'un, âgé d'environ trente ans, était en habit noir, et le reste de son costume, complétement noir aussi, l'eût fait prendre pour un membre du clergé, si l'épée, dont la poignée d'acier ciselé se jouait sur les poches de sa veste de velours, n'eût désigné un laïque attaché à la haute administration cléricale. Ses cheveux légèrement poudrés, seulement pour se conformer à la mode, encadraient un visage noble, régulier, plein de caractère et d'expression. Son compagnon, au contraire, gros financier d'une quarantaine d'années, à la tournure commune, avait une de ces figures fraîches, rondes, fleuries, faites pour refléter une béatitude toute matérielle ou pour recevoir l'empreinte d'un éternel sourire. Son costume annonçait plus de recherche et de richesse que celui du personnage vêtu de noir. Ses manchettes et son jabot étaient de la plus fine dentelle de Malines ; son habit de couleur changeante, les diamans qui brillaient à ses doigts, l'ampleur de sa perruque à la conseillère, son air fier et dédaigneux, trahissaient un heureux du siècle au milieu des pauvres plébéiens rassemblés dans le marché public.

C'était donc sur ces deux personnages que se portait la curiosité passablement hostile de la foule. Quand ils s'approchaient en ricanant de quelque groupe, on s'avertissait par un signe, on se taisait, on baissait la tête, et on ne reprenait la conversation à voix basse que lorsqu'ils étaient passés.

L'intimité qui semblait exister entre ces deux hommes était en effet de nature à exciter l'attention de ceux qui les connaissaient l'un et l'autre, et à justifier des suppositions étranges. Ce personnage si bouffi de graisse et d'importance s'appelait Pierre Malisset : c'était un ancien boulanger de la rue Baudrier, qui, après avoir fait banqueroute, avait acquis une funeste célébrité dans les marchés de blés, où il achetait d'immenses quantités de grains pour le compte du roi. Or, on se disait à l'oreille que cette entreprise des *blés du roi*, présentée comme un grand acte de prévoyance de la part du gouvernement, n'était en effet qu'un vaste système d'accaparement au profit de quelques financiers dont Malisset était l'agent responsable. On racontait qu'un pacte secret, flétri du nom de *pacte de famine*, avait été conclu par les membres de cette société; au moyen d'une ferme énorme qu'ils payaient aux ministres et à la cour, ils avaient acquis le droit de vendre au poids de l'or le pain dont se nourrissait le peuple. Malisset et ses complices passaient donc pour être les auteurs de la misère publique; on assurait qu'il dépendait d'eux de ramener l'abondance dans Paris et dans la France entière, alors en proie aux horreurs de la disette. Aussi l'indignation publique ne trouvait-elle pas de termes assez énergiques pour maudire très bas cet audacieux qui, couvert de bijoux, venait ainsi la braver ouvertement.

Mais une chose plus étonnante encore que l'audace de Malisset, c'était de voir à ses côtés, et sur le pied d'une familiarité amicale, un homme qui avait toujours été l'ennemi des accapareurs, qui les avait attaqués, soit clandestinement dans des pamphlets, soit ouvertement devant les parlemens, dans des mémoires d'économie sociale. Prévot de Beaumont, ainsi s'appelait le compagnon de Malisset, était secrétaire du clergé, avait passé jusque-là pour un chaud partisan des idées philanthropiques du docteur Quesnay, dont plus tard Turgot devint le continuateur. Les habitués de la halle avaient eu souvent occasion de le voir au milieu d'eux, lorsqu'il venait les questionner avec intérêt sur les causes de la rareté des grains et sur les moyens d'y remédier; ils le connaissaient bon, généreux, ami du pauvre; ils ne pouvaient donc comprendre cette subite et bizarre liaison entre deux hommes si peu faits pour s'entendre.

— Parbleu ! disait l'un avec une rage concentrée, ne voyez-vous pas que votre monsieur de Beaumont a fait comme les autres écrivassiers ? Ces gens-là ont l'air de défendre le peuple, mais c'est pour qu'on achète leur silence. Les accapareurs sont riches, ils ont encore fermé la bouche à celui-là, et ils se sont fait de lui un trophée, afin de nous apprendre que nous ne devons compter que sur nous-mêmes.

— Silence donc ! silence ! reprit son voisin d'un air mystérieux; je connais monsieur le secrétaire du clergé, moi, et je sais qu'il s'occupe activement des intérêts du peuple... Si l'on osait parler, on vous en dirait plus long ; mais soyez convaincu, si monsieur de Beaumont paraît être l'intime de ce scélérat de Malisset maintenant, qu'il a de bonnes raisons pour cela.

— Peut-être Malisset l'a-t-il pris pour sauvegarde, dit un autre ; on a parlé d'émeute, et ce poltron d'accapareur n'est pas fâché d'avoir près de lui quelqu'un dont l'influence pourrait le tirer d'un mauvais pas.

— Croyez-vous qu'il on ait besoin ? dit le premier avec ironie, en désignant les soldats postés aux entrées du marché.

Pendant que cette conversation avait lieu dans un coin obscur de la halle, Malisset et Prévot de Beaumont, après une assez longue promenade à travers la foule, s'étaient approchés de la porte qui donne dans la rue de Grenelle ; là ils s'arrêtèrent et ils échangèrent quelques paroles dernières avant de se séparer. Or, les soupçons exprimés par un des précédens interlocuteurs au sujet du secrétaire du clergé étaient bien fondés, si on en juge par le dialogue des deux nouveaux amis.

— Eh bien ! mon cher, disait le financier en haussant les épaules, vous le voyez, le peuple est très sage, et ce serait folie de se porter son avocat quand il ne songe pas lui-même à protester... Je vous félicite donc d'avoir renoncé enfin à vos projets de réforme, d'être venu franchement à nous... Vous avez des talens administratifs très précieux, nous saurons les employer ; votre charge de secrétaire du clergé, je crois, ne conduit pas à grand'chose. Vous avez, m'a-t-on dit, un père, une femme, un enfant, une famille enfin, et vous n'êtes pas riche. Il faut songer à votre fortune ! — Le jeune homme répondit par un signe équivoque. — Depuis notre dernière et récente entrevue, continua Malisset d'un ton de bonhomie, j'ai vu nos messieurs, je leur ai fait vos conditions. Venez ce soir souper à ma petite maison ; ils y seront tous, et vous les trouverez, j'espère, de bonne composition. Plusieurs d'entre eux ont cependant encore sur le cœur une certaine proposition adressée par vous à monsieur d'Invau, et qui avait pour but de nous faire tous pendre. Mais je compte annoncer votre conversion franche, complète, définitive ; je me porterai garant de votre bonne foi, et toutes les difficultés seront levées ; on ne voulons pas la mort du pécheur. Eh bien ! mon cher, sur ma parole, ajouta-t-il en riant, aux termes où nous en sommes, je puis convenir avec vous que vous commenciez à nous faire peur ! N'abusez pas de mon aveu.

— Vraiment ! demanda Beaumont de même, moi je vous faisais peur, et pourquoi ?

— Non pas, reprit Malisset en éludant la question, que nous ayons aucun danger à craindre de votre part ou de la part de tout autre... et si l'on osait... Mais brisons là,

interrompit-il en lui tendant la main avec une apparence de cordialité ; merci de n'avoir pas craint, vous homme populaire, de vous compromettre publiquement avec moi, moi la bête noire de cette canaille. Car je vous ai véritablement compromis, ajouta-t-il d'un air qui voulait donner une grande opinion de son adresse ; les badauds, tout à l'heure, jetaient sur vous des regards encore plus furibonds que sur moi. Je viens de vous faire brûler vos vaisseaux.

— Que m'importe, répondit le secrétaire du clergé en souriant, si vous et vos amis vous devez remettre ma barque à flot !

— Pas mal, jeune homme, dit le gros financier d'un ton protecteur, en frappant sur l'épaule de Prévot ; j'aime à vous voir cette bonne humeur... Mais, vraiment, ajouta-t-il en baissant la voix, toute réflexion faite, il me semble possible d'augmenter encore le prix du grain d'une livre tournois au moins par quintal... ces bonnes créatures-là ne bougeront pas davantage.

— Haussez, haussez encore, —répondit Prévot de Beaumont avec une chaleur trop énergique pour être naturelle. Il ajouta aussitôt d'un ton moqueur : — Plus le mulet est chargé, mieux il marche.

Tous les deux poussèrent de bruyans éclats de rire.

— Allons, nous nous entendrons, dit Malisset en se dirigeant vers sa voiture, qui l'attendait à la porte de la halle. Venez ce soir à ma petite maison du Roule ; vous la connaissez déjà... nous causerons gaiement le verre à la main.

— A ce soir, dit Beaumont en s'inclinant.

Ils allaient se séparer ; une rumeur qui s'éleva à quelque pas d'eux attira leur attention. Un homme misérablement vêtu parlait avec chaleur au milieu d'un groupe ; la hardiesse et la véhémence de son langage devaient faire trembler pour lui, quand on connaissait la brutale et inévitable police qui gouvernait alors la capitale de la France.

— N'est-ce pas une infamie, s'écria-il, cinquante livres le sac de blé ! Comment vivront les pauvres gens ? Il faudrait donc que nous allions paître l'herbe dans les champs comme les troupeaux ? J'avais deux enfans, moi qui vous parle : l'un est mort de faim dans la famine de 1752 ; certainement l'autre mourra de la même manière pendant celle-ci ! Ah ! si le roi savait ce que l'on fait en son nom pour réduire au désespoir le pauvre monde !... S'il savait à quel prix ses agens accaparent le blé et à quel prix ils le revendent !

Un murmure d'approbation accueillit ces plaintes. Malisset, qui allait monter dans son carrosse en fredonnant un air d'opéra, revint sur ses pas. Sûr d'être soutenu, il marcha droit à l'homme qui venait d'élever la voix.

— Que parles-tu d'accaparemens, drôle ? demanda-t-il avec mépris : sais-tu devant qui tu oses prononcer de telles paroles ? Sais-tu qui je suis ?

— Vous êtes monsieur le contrôleur général de la manutention des blés du roi, dit l'homme du peuple en baissant involontairement les yeux.

— Eh bien ! maraud, qu'as-tu voulu faire entendre au sujet de l'administration philanthropique dont je suis le chef ?... Ignores-tu, toi qui te plains, que cette administration, aux termes de ses statuts, doit donner douze cents livres par an aux pauvres, et que cette somme est prise sur des bénéfices déjà presque nuls ? Va, si, au lieu de crier à l'accaparement, toi et tant d'autres fainéans, vous travailliez à la terre, ou si vous payiez exactement vos impôts au trésor de Sa Majesté, il n'y aurait pas de famine. — Ces paroles, prononcées d'un ton sévère, ne reçurent pas de réponse. A la vérité, quelques fronts se plissèrent, quelques poings se fermèrent convulsivement, mais personne ne souffla. — Tiens, dit Malisset en paraissant se radoucir et en présentant au plaignant un écu de six livres, si vraiment tu es père de famille, voilà de quoi acheter du pain pour aujourd'hui. Mais va-t-en bien vite, sinon je vais donner l'ordre de te mettre dans un lieu où tu ne pourras plus clabauder contre personne. — Et il s'éloigna avec le secrétaire du clergé, auquel il dit en souriant. — Tout ceci ne prouve rien. Nous allons préparer la hausse pour demain. A ce soir donc, Prévot, à ce soir, chez moi, et tout ira bien.

Il monta dans sa voiture, en présence du peuple consterné, fit encore un signe d'adieu à Prévot, et disparut.

II

LA RECRUE.

Alors le jeune homme vêtu de noir rentra dans la halle, et sembla chercher quelqu'un du regard ; puis il s'avança vers un homme du peuple appuyé contre la muraille dans un coin isolé ; ce nouveau personnage avait le costume et le tablier de cuir d'un ouvrier.

— Boyrel, lui dit-il à voix basse, je n'ai pu refuser à ce Malisset de me montrer en public avec lui pour preuve de ma sincérité. Hâte-toi de rassurer nos amis que cette démarche a sans doute étonnés... dis-leur que nos projets tiennent pour ce soir. Je compte sur toi.

L'ouvrier s'inclina respectueusement et se perdit dans la foule.

L'attention de Prévot de Beaumont tomba alors sur le malheureux qui venait de se plaindre avec tant d'amertume. Il était encore là, entouré de pauvre gens comme lui, qui applaudissaient, mais seulement du regard et du geste, à ses audacieuses paroles ; il tournait et retournait dans ses mains la pièce d'argent du financier, et il disait avec son intrépide franchise :

— Oui, c'est cela, ils nous volent des millions et ils nous font l'aumône d'un écu ! Ne faut-il pas leur baiser la main, à ces gens charitables, qui, avec l'argent pris sur notre faim et notre misère, achètent de beaux habits, des hôtels, des carrosses ! Ah ! s'il y avait ici des gens de cœur qui ne voudraient pas se laisser arracher le dernier morceau de pain de la bouche... — Il s'interrompit tout à coup en voyant fuir tous ses auditeurs. Il se retourna vivement, et il se trouva en face d'une escouade de soldats. — A moi ! mes amis, — s'écria-t-il sans reculer d'un pas. La foule continua de fuir vers le côté opposé de la halle ; les soldats cernèrent l'audacieux orateur et s'emparèrent de lui. — Les lâches ! murmura-t-il d'un ton méprisant, en regardant le vide qui s'était formé tout à coup autour de lui.

On allait le conduire en prison, lorsque Prévot de Beaumont s'élança vers l'exempt de police qui commandait l'escouade, et lui dit avec autorité :

— Laissez aller cet homme, je réponds de lui.

— Qui êtes-vous ? demanda l'exempt en le toisant avec insolence.

Prévot de Beaumont lui glissa quelques mots à l'oreille.

— Alors, c'est différent, dit l'homme de police avec une sorte d'ironie en faisant signe à ses limiers de lâcher leur proie ; si vous êtes l'ami de monsieur le contrôleur général, je n'ai rien à dire ; c'est votre affaire.

Les soldats poussèrent brutalement le pauvre diable, et lui administrèrent quelques bourrades que Prévot ne put empêcher ; puis ils retournèrent à leur poste, en échangeant de grossières plaisanteries. Le secrétaire s'empressa d'entraîner son protégé, de peur qu'il ne laissât échapper encore des paroles trop hardies. Ils traversèrent ensemble la halle, si pleine un moment auparavant, et maintenant déserte, puis ils sortirent par la porte qui donne rue du Four.

Quand ils furent à quelque distance du marché, dans une de ces rues solitaires qui l'avoisinent, Prévot se mit à examiner celui à qui il venait de rendre un si grand service. C'était un homme de taille moyenne, dont les habits, sans être élégans, n'attestaient cependant pas une profonde misère. Son visage mâle ne portait pas la trace de la faim et des privations ; ses petits yeux noirs, enfoncés, mobiles, exprimaient plus d'astuce et d'avidité que de courage et de résignation. Dans la scène qui venait d'avoir lieu, et qui pouvait avoir pour lui de si funestes conséquences, il n'avait montré ni faiblesse ni étonnement ; mais cette sécurité était-elle le résultat d'un grand courage ou d'un complet désespoir ? C'est ce que de Beaumont ne pouvait expliquer.

— Tu dois être bien malheureux, dit-il après un moment d'examen silencieux, pour t'être compromis avec tant d'imprudence. Qui es-tu ? comment te nommes-tu ?

— Je m'appelle Jérôme Picot, répondit l'inconnu avec un peu d'hésitation, et, comme vous le dites, je suis bien malheureux. Je suis père de famille ; j'ai une femme et un enfant à ma charge. Jusqu'ici j'ai vécu bien misérablement, mais enfin j'ai vécu de mon état de tisserand. Comme l'argent est rare et le pain cher, mon maître m'a renvoyé depuis plusieurs jours ; ma famille et moi nous sommes sans ressources. Aujourd'hui, en allant à la halle, j'ai appris que le prix du grain était encore augmenté ; ma foi ! le desespoir et la colère m'ont tourné la tête, et, sans votre bienveillante protection, dont je vous remercie mille et mille fois...

— A quoi bon cette colère ? dit Beaumont tranquillement ; pourquoi rendre les gens du roi responsables de la cruelle famine qui désole Paris ? L'année a été stérile, et les fonds manquent dans les caisses de prévoyance et de secours ; voilà tout le secret de la misère publique.

Celui qui se donnait le nom de Jérôme Picot fixa sur son interlocuteur un regard pénétrant, et lui dit avec une expression railleuse :

— Ecoutez, monsieur, le peuple n'est pas dupe de tous ces mensonges. Ce n'est ni la stérilité de l'année ni la pénurie du trésor qui causent la famine, et s'il on voulait les preuves, il irait les chercher dans les bureaux de la rue Saint-Laurent, de la rue Bourbon-Villeneuve, de la rue...

— Parle plus bas. Sais-tu bien que tu désignes là les bureaux de l'administration des blés du roi.

— Les bureaux des accapareurs qui ruinent la France au nom de Louis le Bien-Aimé, répondit Jérôme d'une voix grave ; les bureaux de ces misérables qui ont fait le *pacte de famine*, et qui, depuis plus de trente ans, s'engraissent de la misère publique !... La famine de 1741, où mon père mourut de besoin ; celle de 1752, où mon fils expira sur le sein tari de sa mère, qui manquait de nourriture depuis plusieurs jours ; celle d'aujourd'hui, qui fera peut-être périr ma femme, l'enfant qui me reste et moi avec eux : tout cela est leur ouvrage... Oh ! continua Jérôme avec rage, s'il se trouvait un homme assez généreux, assez ami du peuple pour démasquer ces scélérats, pour venir devant le roi ou à la barre du parlement dénoncer tout haut ce que l'on dit tout bas...!

Il y avait dans ces paroles une allusion trop directe, qui excita la défiance de Prévot ; il interrompit brusquement son interlocuteur.

— Ceci est un conte absurde, fit-il en présentant un nouvel écu de six livres à Jérôme, qui accepta sans trop se faire prier ; tiens, voilà de quoi subvenir aux besoins de demain, puisqu'on a déjà pourvu aux besoins de la journée. Je ne puis faire davantage, car je ne suis pas riche. Maintenant, voici ton chemin, voilà le mien, et adieu.

Malgré le ton décidé, Prévot de Beaumont ne se montrait pas plus empressé de s'éloigner que Jérôme lui-même. L'un et l'autre s'étaient arrêtés sur le trottoir, sans s'inquiéter des passans qui les coudoyaient, et chacun d'eux semblait attendre que l'autre reprît l'entretien.

— Eh bien ! dit Jérôme d'un ton brusque, je ne puis m'empêcher de vous dire que vous êtes un brave jeune homme ; et si je ne vous avais pas vu avec Malisset, le plus fieffé coquin de la terre...

La main de Prévot s'appuya tout à coup sur l'épaule du tisserand, et la pressa d'une manière significative.

— Tu es donc véritablement un homme de cœur et de résolution ? demanda-t-il vivement, comme s'il venait de prendre un parti.

— N'ai-je pas fait mes preuves tout à l'heure au milieu de ces lâches ?

— C'est vrai, mais ce n'est pas encore assez. Serais-tu disposé à risquer ta vie, s'il le fallait, pour faire cesser cet horrible fléau qui désole le pays ? Pourrais-tu jurer par tout ce qu'il y a de plus sacré de concourir à l'exécution d'un projet qui aurait pour but de forcer les hommes puissans à punir ceux qui affament le peuple ?

— J'en jurerais par le souvenir de mon père et de mon enfant, tous deux morts de faim !

— Dieu a entendu ton serment, dit Beaumont avec un accent solennel. C'est assez. Maintenant tu es mon ami ; pardonne-moi ma défiance.

— C'est assez pour vous, mais non pour moi !... A mon tour, qui êtes-vous ?

— Qu'importe ?

— Mais ces liaisons avec l'infâme Malisset et les autres accapareurs...

— Ne faut-il pas jouer de ruse jusqu'à ce qu'on puisse agir ouvertement de force ? dit le secrétaire du clergé d'une voix sourde : crois-tu qu'on puisse s'emparer d'un secret d'État sans de longues et pénibles manœuvres ? J'ai besoin de preuves authentiques pour combattre nos ennemis. Ces preuves, j'en ai déjà eu par la ruse, il en faut arracher d'autres par la force ; tu m'aideras, si tu veux, dans cette dernière partie de mon noble projet... Quant à ces misérables, je les hais plus que toi, parce que je les connais mieux.

— Eh bien ! donc, que faut-il faire ?

— Viens ce soir, à la nuit, dans le faubourg du Roule, près de la petite maison de Malisset. Tu y trouveras beaucoup d'autres personnes ; on te demandera ce que tu veux, tu répondras : « *Du pain !* »

— C'est bien ; j'y serai.

— Tu auras des armes.

— Oui.

Une poignée de main silencieuse termina l'entretien, et Prévot de Beaumont s'éloigna sans se retourner.

Quand il eut disparu à l'angle d'une rue, Jérôme Picot, ou du moins celui qui avait pris ce nom, releva la tête et aspira une longue bouffée d'air, comme un acteur qui vient de jouer un rôle pénible. Puis il regarda autour de lui. Deux hommes de figures suspectes, le chapeau enfoncé sur les yeux et armés de gros bâtons, le suivaient à quelque distance. Sitôt qu'ils le virent seul, ils accoururent.

— Tout va bien, camarades, leur dit-il en argot d'un ton joyeux. Allons boire ; nous avons dix minutes à nous.

III

LE CONSEILLER AU PARLEMENT.

Pendant que le secrétaire du clergé poursuivait ainsi l'accomplissement de quelque périlleux projet, on l'attendait avec impatience dans sa demeure de la rue de la Barillerie. Au second étage d'une maison d'assez belle apparence, dans une pièce meublée avec élégance, deux personnes étaient assises devant une vaste cheminée de marbre, où brillait un feu vif à cause de la rigueur de la saison. A la place d'honneur, un vieillard d'un aspect vénérable, presque octogénaire, occupait un fauteuil de damas à grandes fleurs. Ses jambes, immobiles et étendues douillettement sur un tabouret, annonçaient un goutteux. Cependant les traits de ce vieillard avaient conservé une sévérité de lignes, indice d'une âme forte et inflexible ; ils portaient l'empreinte de cette dignité solennelle dont les magistrats français gardèrent si longtemps les traditions. L'autorité accordée par le droit romain aux pères de famille sur leurs enfans et sur les personnes de leur maison semblait revivre dans ce personnage austère. La raideur et la majesté de son attitude, sa perruque à la Louis XIV, dont les longues boucles flottaient sur ses épaules, achevaient de donner à sa personne un caractère de commandement qui inspirait le respect. Un peintre l'eût pris pour modèle s'il eût voulu personnifier la paternité, dans une époque où la paternité et la vieillesse étaient une religion.

Ce vieillard était monsieur Anselme de Beaumont, ancien conseiller au parlement de Paris et père de Prévot de Beaumont, le héros de cette histoire ; il paraissait très-occupé à lire un de ces volumes in-folios qui ne peuvent être que des ouvrages ecclésiastiques ou des livres de jurisprudence ; calme et silencieux, il ne faisait d'autre mouvement qu'un geste machinal pour tourner de temps en temps une page du massif volume, arrangé convenablement sur un pupitre près de son fauteuil. Cependant on eût pu deviner à ses lèvres légèrement pincées, au regard rapide qu'il jetait de côté par intervalles, qu'il ne donnait pas réellement à sa lecture une attention absolue. Un sentiment de curiosité, d'inquiétude même, se faisait jour à travers cette dignité que le vieillard paraissait avoir tant à cœur de conserver.

Sur un pliant, de l'autre côté de la cheminée, était une jeune femme, d'une figure mélancolique mais régulièrement belle. Son costume ne se distinguait que par une simplicité de bon goût ; elle n'avait ni paniers ni poudre, comme une maîtresse de maison dans son intérieur ; elle tenait à la main un ouvrage de tapisserie. Mais son ouvrage l'occupait moins encore que le livre de droit n'occupait l'ancien magistrat ; car elle se levait à chaque instant pour aller coller son front aux vitres d'une fenêtre donnant sur la rue ; puis elle revenait à son siège en soupirant, pour se relever un moment après. Parfois aussi elle calmait d'un signe les écarts un peu vifs d'un joli petit garçon de trois ou quatre ans qui jouait sur le tapis aux pieds de monsieur de Beaumont ; l'enfant, tout jeune qu'il était, semblait déjà comprendre ce respect pour le vieillard dont sa mère lui donnait l'exemple, et il se taisait aussitôt.

Enfin la jeune dame, après une dernière et infructueuse promenade à la fenêtre, vint s'asseoir près d'un guéridon de laque, et murmura avec accablement :

— Voici la nuit... il n'est pas encore de retour !

Monsieur de Beaumont releva lentement la tête et fixa ses yeux gris sur la jeune femme : elle restait penchée sur son ouvrage, comme si elle venait de se parler à elle-même.

— Angèle, dit le magistrat en éloignant doucement son pupitre, je ne vois pas pourquoi le retard de votre mari vous préoccupe aujourd'hui plus qu'à l'ordinaire... C'est encore l'heure où il remplit les devoirs de sa charge à l'archevêché. — Angèle laissa tomber une larme sur son ouvrage. Le vieillard s'en aperçut. — Qu'y a-t-il donc, ma fille ? demanda-t-il en tressaillant : pourquoi pleurez-vous ? Depuis quelques jours on semble se cacher de moi. Mon fils et vous, vous avez des secrets que je ne connais pas ; depuis quand donc ne mérité-je plus la confiance de mes enfans ? — Angèle ne répondit pas et donna un libre cours à ses sanglots. Monsieur de Beaumont reprit avec autorité ; — Parlez, Angèle, j'exige la vérité... Pourquoi ces larmes ? Je vous prie, je vous ordonne de répondre...

La jeune femme essuya ses yeux, s'appuya sur le fauteuil du vieux magistrat, et essaya de sourire. Puis elle lui dit, en faisant une petite moue câline et en joignant les mains d'un air suppliant :

— Mon excellent père, promettez-moi de ne pas le gronder...

— Mon fils a donc commis quelque faute ? Si cela est,

pourquoi, moi qui suis son père et son juge naturel, ne lui adresserais-je pas des reproches?... S'il n'y a rien à lui reprocher, pourquoi demander son pardon?

Cette logique rigoureuse brisa l'assurance factice de la pauvre petite femme; elle s'éloigna avec une sorte d'effroi, et retomba sur son siège en pleurant toujours.

— Allons, ma fille, reprit le vieillard d'un ton radouci qui cette fois commandait la confiance, c'est mal de me tourmenter.

Angèle emprisonna les deux mains ridées et chargées de bagues de monsieur de Beaumont dans ses petites mains blanches et potelées.

— Eh bien! oui, mon père, dit-elle avec chaleur, vous saurez tout, vous me conseillerez, vous m'éclairerez. Depuis bien longtemps ce secret enfermé dans mon cœur veut s'épancher dans le vôtre, car je sais combien vous êtes prudent, juste et bon!

— Mais tout cela, petite folle, reprit le vieillard d'un ton moitié grondeur, moitié affectueux, ne m'explique pas pourquoi le retard de votre mari...

— Mon mari, depuis huit jours, n'a pas paru dans les bureaux de l'archevêché! dit Angèle tout d'une haleine.

Aucune émotion ne se trahit sur les traits du vieux légiste.

— Et pourquoi mon fils, demanda-t-il d'une voix austère, néglige-t-il ainsi les devoirs d'une charge qui le fait vivre lui et sa famille?

— Pourquoi, monsieur? Dieu seul le sait.... N'avez-vous pas vu combien il est sombre et contraint avec nous depuis plusieurs jours? La nuit il écrit continuellement ou il prononce des mots entrecoupés comme s'il avait la fièvre.. Ensuite, avez-vous remarqué ces hommes aux figures hâves, aux costumes misérables qui l'attendent dans la rue quand il monte ici quelques momens pour vous saluer et embrasser son enfant? Ce que signifie ceci, mon père, c'est ce que je me demande tout le jour quand je l'attends sans le voir venir, toute la nuit quand je pleure en silence ; c'est ce que je vous demande, à vous qui connaissez si bien son cœur, à vous qui l'avez élevé, qui devez deviner ses pensées...

Monsieur de Beaumont opposa un calme, peut-être apparent seulement, aux plaintes douloureuses d'Angèle.

— Eh bien! ma fille, qu'y a-t-il là pour tant vous effrayer? Ne savez-vous pas que votre mari s'est passionné pour les idées des économistes, et qu'il les soutient secrètement par ses écrits?... Ces études n'auraient rien que de louable si elles ne l'empêchaient pas de remplir ses fonctions de secrétaire du clergé... Ne vous effrayez pas, encore une fois; je parlerai à Prévot, je le gronderai...

— Et il ne vous écoutera pas! dit Angèle d'un ton bref, comme en désespoir de se faire comprendre.

— Il ne m'écoutera pas, moi? s'écria le mrgistrat en se redressant. Angèle, ce serait alors pour la première fois.

— Oh! pardon! pardon! monsieur; mais ne jugez-vous pas à ses yeux ardens, à son front pâle, à cette expression triste et rêveuse de son visage, que mon mari nourrit secrètement quelque projet terrible devant lequel seront impuissantes les larmes d'une femme et les volontés d'un père?

Monsieur de Beaumont se laissa aller dans son fauteuil d'un air abattu.

— Allons, dit-il avec un profond soupir, Angèle, je le vois, vous avez conçu les mêmes craintes que moi; je cherchais à me dissimuler la gravité du mal ; mais, puisque ce mal est réel, nous pouvons parler de notre funeste découverte... Jusqu'ici je n'ai pas voulu presser Prévot de mes questions; car, je vous l'avouerai, malgré sa soumission à mes volontés, j'ai senti cette fois combien je pourrais compromettre ma dignité de père, qui doit toujours être sainte et respectée... Mais il n'y a plus ni hésitations ni faiblesses possibles... il faudra que mon fils s'explique, Angèle ; il faudra qu'il m'apprenne dans quel but il compromet son avenir, celui de son enfant, le vôtre et le mien; car lui, c'est nous, et s'exposer au péril c'est nous y exposer tous !—Après un moment de silence il reprit : —D'où vous vient cette pensée, Angèle, que votre mari songe à exécuter quelque projet... illégal?

L'ancien magistrat n'avait pas trouvé d'expression plus énergique pour caractériser ses craintes.

— Ce qui m'a donné cette pensée? reprit la jeune femme ; ses actions, ses paroles, ses gestes ; son exaltation quand il parle des misères du peuple, son indignation quand on prononce devant lui les noms de ceux qu'on accuse d'en être les auteurs, ses relations avec des gens d'une classe inférieure... Tenez, mon père, ajouta-t-elle en baissant la voix, il y a là, dans la chambre de mon mari, une cassette toujours parfaitement close, qui doit jouer un grand rôle dans cette affaire ; j'ai vu Prévot en tirer des papiers et les examiner avec une satisfaction enthousiaste; il les méditait, il les commentait; dans ces momens de contemplation, ses yeux brillaient comme des charbons ardens... Mon père, cette cassette contient notre sort à tous !

— Vous croyez? répondit monsieur de Beaumont dominé par l'énergie de la jeune femme ; mais enfin quel projet lui supposez-vous?

— Il veut arracher le masque aux accapareurs de grains, dénoncer dans le plein parlement le *pacte de famine*, et présenter aux juges les preuves authentiques de cette exécrable convention, dit Angèle en pâlissant.

— C'est-à-dire, reprit le vieux magistrat comme entraîné par ses prévisions, attaquer en face le gouvernement ; et, s'il ne réussit pas, ou même s'il réussit, tomber dans les cachots de la Bastille, qui se refermeront sur lui comme un tombeau !

Un morne silence suivit cette explication. Le vieillard était pensif, Angèle pleurait toujours.

— Vous allez trop loin, ma fille, dit enfin monsieur de Beaumont de son ton austère et majestueux; laissez-moi éclaircir cette affaire avec Prévot... Il aime son enfant, il nous aime tous deux... s'il voulait s'engager dans quelque entreprise insensée, vous verriez ce que peut un père sur un fils respectueux.

Comme il achevait ces mots, des pas précipités se firent entendre dans l'escalier, et presque au même instant Prévot de Beaumont entra dans la salle.

IV

LA MALÉDICTION.

Le vieux goutteux se redressa pour prendre une attitude imposante. La jeune femme sourit et s'élança vers son mari en lui présentant son enfant. Prévot était encore plus animé qu'à l'ordinaire ; sa démarche avait quelque chose de vif et d'impétueux qui annonçait une profonde préoccupation.

— Bonjour, Angèle, dit-il en déposant rapidement un baiser sur le front de sa femme; bonjour, mon père, ajouta-t-il en pressant affectueusement la main du vieillard. Je suis venu bien tard, et cependant je ne peux vous accorder un instant... je vais faire un peu de toilette.. une affaire importante me réclame...

Et, sans attendre de réponse, il entra dans la chambre voisine pour changer de costume.

— Vous voyez, mon père ! dit Angèle avec désespoir.

Prévot ne tarda pas à reparaître ; il était en brillante toilette, quoique toujours vêtu de noir. Avant de partir, il s'approcha de madame de Beaumont.

— Angèle, dit-il en s'efforçant de paraître calme, je vais à un bal, à une fête ; peut-être reviendrai-je bien tard, peut-être même ne rentrerai-je pas avant le jour... Ne vous effrayez pas, et surtout ne m'attendez pas.

La jeune dame regarda tristement son père, comme pour lui faire entendre que leurs prévisions s'accomplissaient déjà. Prévot, sans remarquer ce mouvement, ajouta plus bas :

— Ma bonne amie, je vous demande un service sans importance, mais dont je vous expliquerai le motif demain... Si, lorsque le jour paraîtra, je ne suis pas de retour, vous prendrez une cassette qui est dans ma chambre, et vous la cacherez en lieu sûr...

— Prévot ! Prévot ! murmura Angèle avec angoisse en se laissant aller sur un fauteuil, vous me faites trembler !

Mais son mari ne l'avait pas entendu. Il allait sortir sans lui dire un dernier adieu, sans embrasser son enfant qui lui tendait ses petits bras, sans saluer son vieux père infirme, quand la voix sonore et imposante du vieillard éclata comme la foudre.

— Où allez-vous, monsieur ? restez... je le veux.

Prévot de Beaumont s'arrêta tout à coup et se retourna. Il pâlit en voyant l'expression de majesté et de résolution répandue sur les traits de l'ancien magistrat. Il prévit une lutte, et il se hâta de répondre avec une respectueuse déférence :

— Je crois vous l'avoir dit, mon excellent père : je vais à un souper chez le contrôleur général des greniers du roi. Il y aura nombreuse société, et nous devons causer d'affaires... Pardonnez-moi, ajouta-t-il en faisant un mouvement pour sortir, l'heure me presse, et l'on m'attend en bas... Demain je vous expliquerai ma conduite... demain sans doute mes vœux seront comblés, et alors, mon père, je ne vous laisserai plus seul si souvent, non plus que ma bonne Angèle... Je serai toujours près de vous, comme autrefois... Adieu, adieu.

— Restez ! — répéta monsieur de Beaumont avec un geste impérieux qui cloua le jeune secrétaire à sa place. — Mon fils, reprit-il d'un ton plus doux, après un moment de silence, pour la première fois de votre vie vous vous défiez de moi, pour la première fois vous vous cachez de votre père comme d'un ennemi... mais je vous ai deviné... vous tramez quelque chose qui épouvanterait sans doute un pauvre vieillard maladif et une faible femme... Mon devoir, monsieur, est, s'il le faut, de vous imposer les conseils de mon expérience, de vous éclairer, de vous sauver de vous-même... Vous êtes ici devant un tribunal bien plus auguste, bien plus sacré que les tribunaux institués par les lois humaines. Votre famille vous demande, monsieur, sur quel coup de dé vous jouez son existence et son bonheur ? Prévot de Beaumont resta immobile et les yeux baissés, comme un écolier qui d'un bon naturel, mais opiniâtre, qui reçoit une réprimande de son précepteur. Il était impatient d'échapper à cette torture morale, mais il n'osait s'y soustraire brusquement. — Et d'abord, monsieur, continua le rigide vieillard après une pause, dites-moi sans détours pourquoi ces liaisons avec des hommes méprisables tels que ce Malisset ?...

— Mon père, je traite en ce moment une affaire grave qu'il serait trop long de vous expliquer. Demain vous saurez tout, je vous le jure ; demain est bien proche. L'heure où je suis attendu va sonner, pardonnez-moi si je vous quitte... Oh ! mon père, vous ne pouvez pas comprendre...

— Répondez, répéta le vieillard avec force ; comment mon fils, élevé dans des principes sévères, ose-t-il se mêler aux fêtes de ces débauchés, prendre part à leurs orgies, quand il néglige sa bonne et honnête femme, la mère de son enfant ?

Prévot saisit avidement l'occasion de prendre le change.

— Ah ! je vois de quoi il s'agit ! dit-il en jetant un regard terrible sur la pauvre Angèle ; on vous a fait des plaintes sur mon peu d'assiduité auprès de ma femme ; la jalousie...

— Oh ! ne crois pas cela ! ne crois pas cela ! s'écria madame de Beaumont toute tremblante ; je ne doute pas de toi, Prévot ; je crois à ton amour.

— Vous ne me tromperez pas avec ces subterfuges ! s'écria l'ancien magistrat ; vous oubliez que je suis habitué à interroger des coupables... Répondez ; qu'allez-vous faire ?

Toutes ces adjurations, ces prières, ces menaces, vinrent se briser contre la volonté énergique de Prévot, comme les vagues d'un torrent contre un pic de granit. Renonçant à la ruse, il montra cette fermeté indomptable qui semblait être le fond de son caractère.

— Adieu, mon père, adieu, Angèle, répéta-t-il d'un ton bref en se dirigeant vers la porte ; demain vous me bénirez...

Alors le vieillard fit un effort désespéré. Oubliant ses souffrances et ses infirmités, il se dressa de toute sa hauteur par un mouvement convulsif, s'élança vers la porte, et se plaça sur le passage de son fils ; celui-ci recula avec une terreur religieuse.

— Ainsi donc tout ce que je craignais est vrai ! s'écria l'aïeul d'un ton solennel ; voulez-vous que je vous dise où vous allez, moi ? Vous allez à la Bastille, malheureux, et peut-être... à l'échafaud !

Un cri s'échappa douloureusement de la poitrine d'Angèle ; elle tomba presque évanouie aux pieds de son mari.

— Je vais où un grand devoir m'appelle, dit Prévot de Beaumont avec un regard sublime ; si je dois être martyr, eh bien ! mon père, souvenez-vous qu'il y a là-haut une palme brillante pour les martyrs !

— Mais vous n'avez pas le droit d'aspirer à cette palme, s'écria le vieillard immobile à son poste, vous ne vous appartenez pas. Vous ne sortirez d'ici qu'en nous foulant sous vos pieds !

— Tu ne sortiras pas ! éclata Angèle en saisissant avec frénésie les vêtemens de son mari.

Prévot hésita quelques secondes. Son père, ce vieillard en cheveux blancs était toujours là, obstacle vivant et infranchissable, sur son passage ; sa jeune et belle femme, pâle, oppressée, se traînant à ses pieds en prononçant des paroles suppliantes. Son petit enfant blond et rose était là aussi, pleurant de voir pleurer sa mère, élevant ses petites mains pour implorer une faveur dont l'instinct lui faisait presque comprendre le prix. Certes, il y avait dans ce tableau de quoi émouvoir un homme bon et généreux par nature, quelle que fût d'ailleurs l'inflexibilité de sa volonté ou l'impérieuse conscience de son devoir.

Pendant cette lutte intérieure, dont les péripéties se trahissaient énergiquement sur le visage du jeune enthousiaste, un bruit singulier retentit tout à coup dans la rue comme un signal ; au même instant une voix, qui devait sortir de quelque poitrine vigoureuse, fit entendre avec un accent plaintif ces deux seuls mots : « *Du pain!* »

Alors une nouvelle ardeur sembla passer dans les membres de Prévot de Beaumont. Son œil brilla.

— L'entendez-vous ? s'écria-t-il ; mon père, il y a quelque chose de plus puissant encore que la voix de la famille, c'est la voix d'un grand peuple qui souffre et qui a faim ; cette voix m'appelle, je dois lui obéir sans retard.

Il enleva le vieillard dans ses bras, avec autant de facilité qu'il eût fait de l'enfant lui-même, s'ouvrit passage, et s'enfuit rapidement sans regarder derrière lui.

— Sois maudit ! sois maudit ! s'écria monsieur de Beaumont en fureur, comme s'il eût voulu poursuivre son fils de ses imprécations.

— Mon Dieu ! ayez pitié de lui et de nous ! murmura Angèle.

Prévot de Beaumont, en fuyant le théâtre de cette scène déchirante, descendit dans la rue obscure et solitaire, où l'homme grossièrement vêtu qu'il avait appelé Boyrel l'attendait depuis longtemps. Il lui fit signe de le suivre, et ils commencèrent à longer les quais presque déserts pour gagner le faubourg Saint-Honoré. Beaumont marchait en silence, la tête penchée sur sa poitrine, en proie à ses tumultueuses pensées. Mais bientôt son énergique volonté domina les sentimens de son cœur ; l'air frais de la nuit

en glissant autour de son front contribua à calmer l'effervescence de son sang. Il passa la main sur ses yeux, regarda autour de lui, et dit enfin à son robuste compagnon, qui marchait à ses côtés avec une sorte d'insouciante intrépidité :
— As-tu une famille, Boyrel ?
— Oui, répondit l'homme du peuple brusquement ; une femme qui gronde quand je ne lui rapporte pas le soir l'argent de ma journée, et des enfans qui pleurent quand il leur faut s'étendre sur leur paille sans avoir soupé.
Prévot de Beaumont redevint pensif.
— Boyrel, dit-il enfin, quand donc la famille égoïste comprendra-t-elle que l'intérêt de tous doit passer avant celui de quelques-uns ?

Pendant cette conversation, ils avaient franchi la barrière du Roule, et ils étaient arrivés, en suivant les rues désertes et à peine éclairées, à l'endroit où sont à présent les rues de Montaigne et du Colisée. Ce quartier, aujourd'hui si peuplé, était alors un vaste terrain nu, marécageux, où les voleurs avaient beau jeu par une soirée aussi noire. Cependant, sur cette vaste étendue de terrain vague, qui s'étendait d'un côté jusqu'à l'avenue de Neuilly et de l'autre jusqu'à la plaine de Monceaux, on voyait s'élever çà et là d'élégantes et mystérieuses habitations, à demi cachées dans des massifs de feuillages, entourées de grilles et de murailles pour tenir les curieux à distance respectueuse. Le jour, ces *petites maisons*, comme on appelait ces luxueuses demeures, semblaient entièrement désertes. Un grand silence régnait à l'entour, les volets en étaient fermés, rien n'annonçait qu'elles eussent d'autres habitans que de vieilles femmes à mine discrète ou des domestiques sans livrée. Mais la nuit cette solitude se peuplait ; des lumières brillaient à toutes les fenêtres ; le son doux et lointain des instrumens de musique arrivait jusqu'au passant attardé dans ces quartiers dangereux. On voyait çà et là glisser dans l'ombre, sur ces terrains non pavés, des équipages sans fanaux et sans écussons ; les grilles dorées s'ouvraient comme d'elles-mêmes ; puis, un moment après, commençait quelque bruyante orgie qui durait jusqu'au lendemain.

Ce fut vers une de ces petites maisons que se dirigèrent Prévot et son compagnon en quittant les quartiers fréquentés. Cependant, à mesure qu'ils avançaient, on eût pu voir qu'il se passait quelque chose d'extraordinaire dans ce lieu écarté. Des ombres noires se montraient çà et là par petits groupes, avec des chuchotemens mystérieux. Plus les deux amis approchaient de l'habitation que Prévot venait de montrer à son compagnon par un geste muet, et dont les fenêtres rayonnaient de lumière, plus ces groupes devenaient nombreux. Enfin, quand ils furent arrivés à une muraille dont l'ombre augmentait encore l'obscurité, ils s'arrêtèrent ; un homme, qui les suivait depuis un moment, leur demanda avec un accent singulier :
— Que voulez-vous ?
— Ne me reconnaissez-vous pas ? demanda Prévot de Beaumont.

L'inconnu ôta son chapeau et fit signe à d'autres personnes qui erraient à quelque distance. Bientôt une foule de gens, dont on devinait les traits menaçans rien qu'à entendre leurs voix, et la vigueur rien qu'au bruit de leurs pas, se rapprochèrent du lieu où Prévot s'était arrêté.
— Tout est prêt, mes amis ? demanda le secrétaire du clergé.
— Oui, répondit-on.
— Nos gens sont-ils à leur poste pour agir au coup de dix heures ?
— Oui... les bureaux sont déjà cernés.
— C'est bien ; notre tâche à nous est de nous emparer de tous les misérables réunis dans cette infâme maison... A l'heure convenue, je vous donnerai le signal, de cette fenêtre que vous voyez d'ici... Courage, braves gens, demain vous aurez du pain et vous serez vengés !

NOUV. CHOISIES.

Un murmure sourd, produit par des imprécations étouffées, des menaces, des plaintes, témoigna des sentimens de haine dont la foule était animée contre les accapareurs. Prévot de Beaumont s'approcha de la porte de la petite maison.
— Encore un mot, dit-il ; n'y a-t-il pas ici un ouvrier tisserand nommé Jérôme Picot ?
Le nom circula dans la foule, mais personne ne répondit, personne même ne connaissait celui qui le portait.
— C'est étrange ! dit le secrétaire du clergé d'un ton rêveur.
Mais ne voyant rien qui pût exciter sa défiance, il salua de la main, et s'élança vers la grille en disant :
— Au moment où dix heures sonneront, soyez prêts.

V

LA PETITE MAISON.

La petite maison du financier Malisset tenait à l'intérieur ce que promettait son apparence coquette et somptueuse. Les escaliers dérobés, en bois de citronnier, chefs-d'œuvre de menuiserie et de sculpture, étaient couverts de tapis moelleux qui étouffaient le bruit des pas. Des portières de damas s'abaissaient et se soulevaient en silence devant les habitans de cette opulente demeure ; des domestiques alertes et muets, comprenant à demi-mot, obéissant à un signe, allaient et venaient pour satisfaire les plus frivoles caprices de leurs maîtres voluptueux. Des fleurs qu'on ne voyait pas embaumaient l'air tiède de ce séjour féerique ; une musique, invisible comme les fleurs et douce comme leur parfum, se faisait entendre par intervalles. Une prodigieuse quantité de bougies étincelait dans des candélabres d'argent et de cristal, répandant des flots de lumière.

Mais c'était surtout dans le salon où se tenaient en ce moment les hôtes de Malisset, que le luxe avait épuisé tous ses raffinemens. L'œil ne rencontrait que des tentures de soie, des coussins de velours, des bronzes, des marbres, des broderies, de l'or. Les consoles étaient chargées de ces petites bagatelles sans nom dont chacune vaut la fortune d'une honnête famille. Des fresques peintes par les plus grands maîtres offraient partout des images gracieuses. Au plafond, une Vénus, enlevée dans un char de saphir par deux colombes blanches, semblait laisser tomber sur les assistans un sourire et une pluie de roses. Sur les lambris, Boucher avait représenté des scènes d'amour dans le goût de l'époque. De beaux bergers poudrés, ornés de rubans, étaient à genoux devant des pastourelles en paniers et en talons rouges ; celles-ci, appuyées sur leurs houlettes, les regardaient sans colère, tandis que des amours aux traits malins voltigeaient autour d'eux, en laissant flotter au zéphyr une bande de gaze sur laquelle un vers de Gentil-Bernard servait de devise. De grandes glaces reflétaient ces merveilles et les multipliaient à l'infini.

La société réunie dans ce boudoir en était en quelque sorte le complément indispensable. D'épais financiers, couverts de bijoux et de dentelles, riaient d'un gros rire, en agitant leurs breloques de perles sur leurs ventres arrondis. Un petit abbé, frisé, musqué et insolent, disait tout haut des impertinences graveleuses qui ne faisaient rougir personne et dont il ne rougissait pas. Deux ou trois femmes, en tuniques de satin, à la taille mince et élancée, assises languissamment autour du feu dans des fauteuils dorés, minaudaient en causant modes, opéra et cachemires.

Dans un coin du salon, Malisset s'entretenait chaleureusement avec Rousseau, l'un de ses associés les plus importans.

14

tans. C'était un homme d'une cinquantaine d'années, aux manières sèches et hautaines, qui fronçait le sourcil d'un œil opiniâtre en écoutant le maître du logis.

— Malisset, dit-il enfin en se levant, vous le voulez, j'y consens; mais certainement vous nous faites faire une sottise... Cet homme à qui vous allez livrer nos secrets s'est toujours montré notre ennemi...

— Mais, mon cher Rousseau, s'écria Malisset avec impatience, puisque je connais parfaitement Prévot de Beaumont, que je réponds de lui corps pour corps!

— Bon! bon! reprit le financier en hochant la tête; cependant votre protégé nous a attaqués devant les parlemens de Rouen et de Grenoble; il a écrit contre nous plusieurs de ces pamphlets qui finiraient par nous faire égorger par la populace quelque beau jour, si Sartines n'y prenait garde... Il y a bien là de quoi nous mettre en défiance.

— Ces pamphlets ne sont pas de lui! s'écria Malisset.

— Oui, vous pouvez le nier... en effet, on ne signe pas ces choses-là... mais nierez-vous aussi qu'il ait composé avec Turgot ce fameux mémoire...

— Je vous ai expliqué tout cela, reprit Malisset. Cela prouve seulement que Beaumont a voulu se faire craindre pour se faire payer plus cher... Maintenant il vient à nous franchement, accueillons-le à bras ouverts; sa conversion nous fera le plus grand bien auprès du public; on le croira de bonne foi dans son amitié comme dans ses attaques... Qu'en dites-vous, messieurs? ajouta-t-il en se tournant vers les autres assistans, qui jouaient au trictrac en attendant le souper.

— Vraiment, dit l'un d'eux, ce Beaumont est un aigrefin qui a manœuvré très adroitement pour en venir à compter avec nous, et, ma foi! puisque Malisset s'est tant avancé, le plus court est de nous exécuter... Il faut jeter un gâteau à Cerbère quand on ne peut l'enchaîner.

— Oui, reprit Rousseau d'un ton d'humeur, et ce sera un gâteau de moins dans la part des autres...

— Voilà ce qui le blesse, ce cher ami, dit Malisset en riant et en frappant sur l'épaule de son associé; la plus minime fraction en moins dans ses dividendes mensuels lui donne la fièvre... Mais songez donc, ajouta-t-il en baissant la voix, que les recettes du mois se sont élevées à trois millions, et que pour une bagatelle...

— Trois millions! trois millions! grommela Rousseau. C'est pardieu un beau denier, avec un ministre des finances qui nous pressure continuellement, et une cour gourmande qui avalerait tout si nous les laissions faire! trois millions!...

— A l'amende! messieurs, dit gaiement une femme qui partageait avec Malisset le soin de faire les honneurs de la maison. Monsieur le surintendant, pour avoir parlé de millions avant le souper, malgré vos promesses, vous me donnerez cet attelage gris pommelé dont vous me leurrez depuis si longtemps!

— Vous l'aurez, Fanny! s'écria Malisset en riant; je suis pris en flagrant délit, je l'avoue.

— Et vous, monsieur le conseiller du roi, dit une autre femme d'un ton mignard en s'adressant à Rousseau, vous me donnerez enfin les boucles de diamans que je veux porter dans mon rôle nouveau... vous êtes coupable aussi, vous devez être puni.

— Vous demandez toujours, Cydalise, gronda l'avare financier.

— Un bon mouvement, Rousseau, dit Malisset, faites comme moi... D'ailleurs la canaille payera tout cela; nous haussons demain le prix du blé.

— Vive la canaille! dit l'abbé.

— Vive la canaille! répétèrent les autres assistans en riant.

— Monsieur Prévot de Beaumont! annonça un domestique.

Ce nom produisit un effet magique sur l'assemblée. Les femmes relevèrent vivement la tête; les financiers se turent tout à coup; au milieu de cette attention générale entra le secrétaire du clergé.

Il salua avec aisance, sans forfanterie comme sans humilité. Son maintien ne décelait aucun embarras en présence de ce monde nouveau pour lui. Un sourire poli errait sur ses lèvres; ses manières indiquaient l'intention d'être parfaitement convenable avec ces gens qu'il avait tant de raisons de ne pas considérer comme des amis.

Le brusque sans façon de Malisset ne contribua pas peu en ce moment à faire disparaître la froideur causée par la présence de Prévot de Beaumont dans cette réunion intime. Le financier s'approcha de lui, le prit par la main et le présenta à ses invités, en s'écriant d'un ton jovial :

— Le voilà, messieurs, ce philosophe farouche qui nous a fait si longtemps la guerre! il a heureusement fini par comprendre qu'une bonne paix avec nous lui serait plus lucrative... Félicitez-moi tous de cette excellente conquête, messieurs, car c'est à moi, à moi seul que vous la devez!...

Prévot de Beaumont salua de nouveau, et cette fois avec une effronterie marquée, comme s'il eût voulu justifier par sa contenance les paroles peu mesurées de son introducteur. Les autres financiers, habitués à ce langage du monde avec lequel on pallie si bien les infamies, semblaient déconcertés par cette présentation passablement cynique. L'un d'eux cependant adressa au nouvel arrivé quelques mots de politesse.

— Allons, allons, laissons les complimens! reprit Malisset avec sa bonhomie de bas lieu; si j'ai engagé monsieur de Beaumont à venir nous joindre ici préférablement à tout autre endroit, c'est qu'ici nous pourrons nous entendre sans phrases, sans détours, en petit comité... Après souper nous dirons deux mots d'affaires sérieuses... en attendant, mon cher de Beaumont, permettez-moi de vous présenter à ces aimables dames.

Il l'entraîna vers le canapé, où les femmes chuchotaient entre elles, sans doute au sujet du nouveau-venu. Le premier mouvement du jeune homme fut de se détourner avec dégoût; mais il regarda la magnifique pendule en rocaille qui ornait la cheminée : elle ne marquait encore que neuf heures.

Il adressa à ces coquettes fardées, au regard effronté, la contenance hardie, des complimens ampoulés, comme c'était la mode alors, sur la fraîcheur de leur teint, la douceur de leurs yeux et la candeur de leur maintien.

Bientôt le souper fut annoncé, et on passa dans une salle à manger resplendissante d'argenterie, de cristaux et de porcelaines. Les hommes avaient repris toute leur confiance, les femmes toute leur gaieté. Au moment où l'on allait se mettre à table, une demi-heure sonnait à la pendule du boudoir.

— Ils n'achèveront pas ce souper! pensa Beaumont en offrant galamment la main à Cydalise.

Le repas était délicieux; les mets les plus rares, les plus exquis fumaient dans les plats de vermeil. Les vins les plus généreux pétillaient dans les verres artistement ciselés. La musique cachée se faisait entendre toujours, légère et sautillante. La joie se montrait sur tous les visages; les propos égrillards et les épigrammes s'échangeaient d'un bout à l'autre de la salle.

— Buvons à nos amours! dit un des convives en élevant son verre au-dessus de sa tête.

— A nos amours! répétèrent les autres en chœur.

Prévot de Beaumont écouta si le timbre de la pendule résonnait dans la pièce voisine. Les modulations de la musique, les rires argentins des femmes, vinrent seuls frapper son oreille. Il prit tranquillement son verre et but, en souriant comme les autres, aux amours de ses compagnons de table.

Un moment après, ce fut le tour de Malisset de porter un toste.

— A la santé du peuple de Paris, s'écria-t-il, ce bon peuple que nous nourrissons si mal et qui nous nourrit si bien!

— A la santé du peuple de Paris ! répéta-t-on avec de grands éclats de rire.

Prévot de Beaumont écouta encore : dix heures sonnèrent.

Il lança son verre à l'autre bout de la salle, et se leva en s'écriant d'une voix tonnante :

— Le peuple de Paris portera sa santé lui-même, avec votre vin et dans vos verres, messieurs !

VI

LE PEUPLE.

Cette action et ces paroles, quoiqu'elles n'eussent pas encore un sens précis pour tous les assistans, attirèrent sur Prévot l'attention générale : les uns le regardaient avec effroi, les autres avec étonnement.

— Eh bien ! monsieur, qu'avez-vous donc ? demanda Malisset. Êtes-vous déjà ivre ? Pourquoi quitter la table si tôt ?

— Je quitte cette table, reprit le jeune homme avec une profonde expression de haine, et en se rapprochant de la fenêtre, parce que dans ce vin délicieux il y a les larmes d'une nation entière, parce que ces rires, ces tostes, cette musique ne peuvent m'empêcher d'entendre les malédictions d'un million de familles qui manquent de pain ; parce que vous êtes des infâmes, et que l'heure de la vengeance est venue pour vous !

— Cet homme est fou, balbutia un des financiers. Il faut envoyer prier Sartines...

— Vous n'y avez donc jamais songé ? continua le secrétaire du clergé debout près de la fenêtre, de laquelle il pouvait plonger son regard dans la plaine environnante ; vous n'avez donc jamais pensé, pendant que vous vous livriez à vos orgies nocturnes, prodiguant à vos maîtresses l'or extorqué à la misère publique, qu'une nuit peut-être, pendant quelqu'une de vos fêtes de grands seigneurs, ce pauvre misérable peuple, si honni, si foulé aux pieds, viendrait tout à coup demander sa part à votre table somptueuse, briser dans vos dents votre coupe de cristal, faire taire vos rires et votre musique, en vous disant de sa voix menaçante : « Du pain ! du pain ! »

Ce cri se prolongea jusqu'à la campagne voisine ; mille voix s'élevèrent tout à coup du dehors au milieu du silence et répétèrent, semblables à un écho formidable : « Du pain ! du pain ! »

En même temps les portes de la maison furent enfoncées, la foule se répandit d'abord dans la cour avec des vociférations et des menaces ; puis des pas précipités retentirent dans l'intérieur de la maison même. Les femmes étaient évanouies dans leurs fauteuils ; les financiers, pâles et tremblans, se regardaient avec terreur.

— Fuyons ! fuyons ! s'écria Malisset en s'élançant vers une issue cachée ; nous sommes trahis !

Mais l'impitoyable de Beaumont avait prévu cette tentative ; il tira son épée et vint se placer devant la porte secrète.

— Par ici, mes amis ! cria-t-il aux gens du dehors.

Malisset, éperdu, tomba à ses pieds :

— Sauvez-nous, dit-il rapidement ; nous avons assez d'or pour en remplir cette salle du plancher au plafond ; tout sera pour vous.

— Sauvez-nous, répétèrent les autres en entendant les cris de la foule qui se rapprochaient toujours ; notre fortune...

— Cette fortune revient aux pauvres, à qui vous l'avez extorquée par vos coupables manœuvres, dit Prévot avec un sourire insultant ; d'ailleurs, insensés que vous êtes, aurais-je maintenant le pouvoir d'arrêter le torrent impétueux dont j'ai brisé les digues ?

— Oh ! je suis perdu ! balbutia Malisset ; c'est moi qu'ils haïssent surtout ; je vais être massacré...

— Ils ne toucheront pas un seul cheveu de votre tête, dit le jeune secrétaire en étendant sur lui son épée nue ; vous et les autres, vous appartenez à la justice !

En ce moment, la foule se rua dans le salon avec des hurlemens de joie. Cependant, en dépit de la haine qui animait ces hommes du peuple, un embarras involontaire vint se mêler au désir de la vengeance, quand ils se virent, eux avec leurs vestes grossières, leurs haillons, leurs figures sauvages, dans cet asile somptueux de la mollesse et du plaisir. Ces crépines d'or, ces mille bougies, ce service éblouissant, ces belles femmes évanouies, ces riches seigneurs pâles d'effroi, tout les frappa d'une sorte de stupeur ; mais Prévot de Beaumont les rappela aussitôt au sentiment de la réalité.

— Approchez, mes amis ! s'écria-t-il avec un accent de triomphe ; notre œuvre est bien commencée... nous avons pris dans un même coup de filet tous ces hommes odieux qui depuis tant d'années font la ruine de la France... Tenez, ajouta-t-il en montrant un des prisonniers qui se couvrait les yeux avec la main pour ne pas voir les figures menaçantes qui l'entouraient, celui-ci est Perruchot, régisseur général des blés du roi... il a été chargé d'affamer le Berri, le Perche, la Picardie, l'Artois, la Normandie, la Bretagne, le Maine, la Touraine et l'Anjou. Cet autre, continua-t-il, c'est Rousseau, conseiller du roi ; il a eu pour tâche de causer la famine dans la Brie, la Beauce, le pays chartrain, la Bourgogne, la Champagne. Cet autre, c'est Trudaine de Montigny, l'insolent qui se vante de savoir le mieux faire suer le peuple... Cet autre encore, c'est Cromot, le premier commis du contrôleur général ; voilà Goujet, le directeur-caissier de l'horrible entreprise ; enfin celui qui se roule à nos pieds avec tant de lâcheté, c'est Malisset, l'exécrable Malisset, le premier signataire, l'agent responsable, le provocateur du pacte de famine. Je vous les ai tous promis, les voilà !

— A mort ! à mort ! s'écrièrent quelques hommes exaspérés par cette longue énumération de crimes.

— Non, s'écria Prévot de Beaumont en faisant de son corps un rempart aux financiers ; souvenez-vous de vos promesses. Si j'avais pu arrêter le fléau qui désole mon pays sans avoir recours à la force, j'aurais agi différemment. Mais quoiqu'on n'ait pas voulu prendre les mesures légales que je proposais, nous n'en devons pas moins nous rappeler que c'est à un tribunal régulier de juger ces coupables ! Nous les garderons cette nuit ; demain nous les conduirons à la barre du parlement.

— Allons donc ! dit un des assistans d'un ton farouche ; le roi Louis est du complot... il donnera l'ordre au parlement de renvoyer ces coquins, et le parlement obéira... Il vaut mieux nous venger de suite.

Cet avis parut un moment sur le point de prévaloir. Les yeux caves, les physionomies maigres et livides de ces hommes souffrans, rongés par la misère, n'exprimaient aucune pitié. Mais le chef de la conspiration se hâta d'effacer l'impression produite par cette proposition.

— Vous vous trompez, dit-il d'une voix ferme à celui qui venait de parler. Le roi, au milieu de sa puissance, n'oserait pas avouer qu'il a donné l'ordre de vendre le pain du peuple au poids de l'or... Ces misérables sont de ceux qu'on désavoue toujours quand ils n'ont pas réussi. Le parlement contient des hommes courageux et justes qui, vous le savez, ne reculeront pas devant une lutte avec le roi lui-même. Demain, quand nous présenterons solennellement la preuve du crime, le parlement condamnera les coupables. Du moins on ne dira pas que le peuple s'est vengé de ses persécuteurs en les assassinant !

Un murmure approbateur accueillit ces paroles. Quelques-uns des accapareurs avaient repris un peu de courage en voyant quel système de légalité suivaient les révoltés. L'un d'eux dit avec timidité à Prévot de Beaumont, peut-être afin de connaître toute l'étendue du danger :

— Ces preuves dont vous parlez, monsieur, n'existent pas. Ce pacte qu'on nous reproche si amèrement est une invention de nos ennemis ; vous vous repentirez de votre précipitation.

Le chef des conjurés jeta un regard de dédain sur son interlocuteur.

— Insensé ! reprit-il, aurais-je joué ma vie dans une pareille entreprise sans savoir ce que je faisais, sans m'être assuré de l'existence des preuves qui peuvent seules expliquer et excuser ma rébellion ? Ce traité existe, monsieur Perruchot, ajouta-t-il avec une ironie foudroyante ; il est daté du 28 août 1765 ; il est signé de votre nom et du nom de quatre autres encore... Oh ! depuis longtemps je travaille aussi, moi, pour la cause du peuple ! j'ai eu ma police aussi ; j'ai semé l'or, moi aussi, tout humble que je suis, et je possède des preuves claires, positives, dont j'aurais pu me servir pour tenter de vous écraser. Mais elles ne me suffisaient pas encore ; ce n'est pas seulement le déshonneur d'une suspicion que je demande contre vous, mais une flétrissure entière, une condamnation capitale. Je veux présenter à vos juges ce pacte abominable signé de vous, exécuté par vous, et dont vous avez encore dépassé la lettre sacrilége ; au moment où je vous parle, messieurs, le peuple est en marche pour saisir tous les papiers relatifs à vos infernales spéculations. Une troupe s'est portée chez vous, monsieur Cromot ; une autre chez vous, rue de la Jussienne, monsieur Perruchot ; une autre chez vous, monsieur de Caumont, rue Notre-Dame-des-Victoires ; une autre chez vous, monsieur Malisset, dans la rue Saint-Laurent ; chez vous tous, tant que vous êtes ici, qui avez pris part à cet agio parricide. Et dans une heure, dans une heure, entendez-vous, ces preuves, que vous avez cru enfouies dans les entrailles de la terre, seront dans mes mains, à moi, dans les mains du peuple que vous avez honteusement dépouillé ; et, demain, elles passeront sous les yeux de vos juges. Oh ! toutes les mesures ont été bien prises !

— Nous sommes perdus, dit un des financiers à ses compagnons d'infortune.

— Je l'avais prévu, murmura Rousseau, ce Beaumont est pour nous le génie du mal.

VII

LA TRAHISON

En ce moment, un homme hors d'haleine et tout en sueur entra précipitamment dans la salle. Il vint dire quelques mots à l'oreille de Prévot de Beaumont, qui pâlit involontairement.

— Êtes-vous bien sûr de cette nouvelle ? demanda le secrétaire du clergé.

Le messager fit un signe affirmatif.

Beaumont lui recommanda le silence par un geste suppliant.

— Mes amis, reprit-il en s'adressant aux gens du peuple qui avaient pris sans façon quelques morceaux sur la table et mangeaient avec avidité, je vais donner du courage à nos camarades en leur apprenant le succès de notre entreprise... Pour vous, vous répondrez sur vos têtes à vos familles, à votre patrie, des personnes que je laisse à votre garde. Si le pacte de famine, renouvelé de nos jours, existe depuis dix-huit ans, c'est que le peuple a eu trop de patience... il faut cette fois un exemple !... Ces hommes, ajouta-t-il en tendant la main vers les financiers, vous les devez à la vengeance du pays.

— Ils ne nous échapperont pas ! dit-on de tous les points de la salle.

— Et ces femmes, demanda un des insurgés en montrant les malheureuses créatures tremblantes d'effroi, qu'en ferons-nous ?

— Ce sont peut-être des filles du peuple que le luxe a corrompues, dont le mauvais exemple a flétri le cœur !... Disons-leur comme le Christ : Allez, et ne péchez plus !

Les femmes sortirent en silence, sans oser regarder derrière elles.

Prévot de Beaumont prit à part Boyrel, qui lui servait d'aide de camp.

— Je reçois de mauvaises nouvelles, lui dit-il ; il est urgent que je m'assure par moi-même si nos gens ont réussi dans Paris... Boyrel, tu as de l'influence sur tes compagnons ; veille à ce qu'ils ne se rendent coupables d'aucun excès et qu'ils ne laissent pas échapper nos ennemis.

— Comptez sur moi, lui fut-il répondu d'un ton ferme.

— A demain donc ! dit Prévot de Beaumont avec enthousiasme à ses compagnons ; vous serez vengés et vous aurez du pain !

— Du pain ! du pain ! s'écria la foule comme pour le saluer.

Prévot de Beaumont sortit brusquement avec l'homme qui venait de lui apporter des nouvelles.

Le calme et la confiance que le secrétaire du clergé avait montrés à ses gens n'étaient pas dans son cœur. Sitôt qu'il fut hors de la petite maison, sa physionomie changea tout à coup, et il demanda tristement à son compagnon :

— Il est donc vrai, tout va mal...

— Je le crains, monsieur. Je commandais la troupe qui s'est rendue chez le grand maître des eaux et forêts, rue Notre-Dame-des-Victoires. Je me suis approché en silence du côté de la place des Petits-Pères, pendant qu'une autre troupe de cent hommes environ débouchait du côté de Feydeau. Nous nous croyions sûrs d'atteindre sans encombre la maison que nous devions attaquer, lorsque tout à coup nous avons vu des baïonnettes briller dans l'ombre ; des sentinelles nous ont crié : Qui vive ! Toute la rue était pleine de soldats.

— Cela est impossible, répliqua Prévot avec précipitation, vous vous êtes trompés ; la peur aura grossi les objets... Nous ne sommes pas trahis, nous ne pouvons pas être trahis ! aucun homme du peuple ne serait assez lâche, assez insensé pour déserter ainsi sa cause, celle de ses frères, et cependant... — Il réfléchit un moment, et songea à Jérôme Picot ; mais il abandonna aussitôt cette pensée. — Allons, cela est impossible encore, répéta-t-il en doublant le pas ; un père de famille si malheureux, un ouvrier sans ouvrage... son fils mort de faim... Convenez que vous en avez peur, continua-t-il en serrant avec force le bras du messager ; vous avez vu tout simplement le guet, et vous avez pris pour de véritables soldats les pauvres diables toujours battus qui le composent. Car enfin, continua-t-il avec énergie, si nous étions trahis, serais-je libre, moi l'instigateur et le chef de ce coup de main ? ne m'aurait-on pas arrêté dans la maison de Malisset, autour de laquelle sans doute on a répandu une foule de gens de police. Vous voyez pourtant que je puis encore leur tailler de l'ouvrage.

Tout en causant, on était entré dans Paris. Prévot heurtait et coudoyait les passans, entraînant avec lui son compagnon, honnête père de famille, prudent et posé, que la misère seule avait jeté dans ce périlleux complot.

— Ecoutez, monsieur, dit cet homme avec le bon sens de ceux qui ont l'éducation de l'expérience, la police aura reçu sans doute l'avis de la conspiration un peu tard, et aura couru d'abord au plus pressé. Or, comme je crois, ajouta-t-il en baissant la voix, qu'il valait mieux, pour elle et pour ceux qui lui donnent des ordres, sauver les pièces accusatrices dont nous voulions nous emparer...

Un mouvement brusque de Prévot apprit à l'interlocuteur combien cette supposition lui semblait probable. Cependant le chef de cette généreuse entreprise ne voulait pas croire au renversement de ses projets.

Ils n'échangèrent plus une parole jusqu'à la place des Petits-Pères. Les lanternes ayant été brisées, une obscurité profonde y régnait. Au moment où ils approchaient de l'entrée de la rue voisine, une voix s'éleva qui criait d'un ton impérieux :

— Qui vive ? au large !

— C'est le guet, répétait de Beaumont refusant toujours de se rendre à l'évidence.

Il essaya de passer outre, et répondit d'un air tranquille par la formule d'usage.

— Au large ! au large ! cria la sentinelle.

Prévôt résista : un coup de feu partit. A la lueur de la détonation, le jeune homme, qui n'avait pas été blessé, vit, comme on le lui avait annoncé, la rue pleine de soldats.

Il n'y avait plus moyen de se faire illusion ; les troupes venaient de prendre les armes et s'ébranlaient déjà pour s'emparer de ceux qui étaient la cause de cette alerte. Prévôt et son compagnon s'enfuirent rapidement : ils s'engagèrent dans les rues étroites et obscures où ils pouvaient braver toute poursuite. Au bout d'un instant, Prévôt s'arrêta.

— Eh bien ! je n'ai pas encore perdu tout espoir, dit-il avec une obstination courageuse. Nous avons encore les bureaux de la rue Saint-Laurent, ceux de la rue de la Jussienne et les autres... et si nous avons eu le bonheur de prévenir cette abominable police sur un seul de ces points, nous pouvons nous relever... Frère, courons à la maison de Rousseau, rue du Petit-Bourbon..... Là doit se trouver cette copie du pacte que je voudrais acquérir au prix de tout mon sang..... Si l'on a réussi de ce côté, la victoire est encore à nous.

L'homme du peuple secoua la tête en murmurant :

— C'est inutile ; on m'a assuré qu'un régiment entier de cavalerie gardait les abords du quartier Saint-Sulpice.

— Allons toujours ! s'écria Prévôt se raidissant avec désespoir contre une vérité incontestable ; allons toujours ! si nous ne faisons d'autre bien, nous empêcherons du moins quelques honnêtes gens de se compromettre inutilement.

Le père de famille se laissa conduire ; mais il obéissait à un sentiment de pitié pour cet héroïque jeune homme, car il n'avait plus aucune espérance de succès.

Un moment après, ils débouchaient sur la place Saint-Sulpice. Elle était noire, et de loin semblait déserte ; mais un piétinement de chevaux, des cliquetis d'armes, un bruit confus de voix en disaient assez. Il y avait là en effet tout un régiment de cavalerie.

— C'est donc vrai ! murmura Prévôt de Beaumont en laissant tomber ses bras d'un air accablé.

Des gens du peuple qui rôdaient dans l'ombre lui firent signe de les suivre à l'angle de la place.

— Eh bien ! quelle nouvelle ? demanda Prévôt haletant.

— Tout est perdu à l'égard des bureaux, répondit un des rôdeurs tristement ; nous avons complétement échoué. Les maisons des accapareurs sont protégées par des troupes nombreuses.

— Mais les accapareurs eux-mêmes sont en notre pouvoir ! s'écria Prévôt avec chaleur. Malisset et ses complices sont nos prisonniers ; nous pouvons encore gagner la partie...

— Expliquez-vous, dirent ceux qui l'entouraient.

— Est-il possible de réunir encore une centaine d'hommes courageux et dévoués ?

— Oui ; au premier appel beaucoup de nos amis vont accourir ici.

— Eh bien ! profitons du moment de stupeur de la police pour mettre en sûreté nos prises... Ces soldats ont été purement passifs jusqu'ici ; mais, si je ne me trompe, ils ne tarderont pas à prendre l'offensive pour nous disperser et opérer des arrestations... Prévenons-les... Un de vous va courir à la petite maison de Malisset, faubourg du Roule ; il portera l'ordre à Boyrel de conduire les prisonniers dans ma maison, rue de la Barillerie... Là, Boyrel nous trouvera tous, car vous allez me suivre, mes amis... Ces papiers dont la possession est si importante à la cause du peuple, j'en possède quelques-uns, et s'ils ne suffisent pas demain pour faire condamner par le parlement les accapareurs, ils suffiront, du moins je l'espère, pour les flétrir et nous faire absoudre.

L'effet de ces paroles fut prompt et décisif. Quelques-uns des émeutiers hésitèrent pourtant et se retirèrent, afin de ne pas courir les hasards de cette nouvelle entreprise. Mais le plus grand nombre se rapprocha du secrétaire du clergé et lui dit avec détermination :

— Nous vous suivrons !

Prévôt sembla retrouver sa confiance, qui avait fléchi un instant.

— Marchons donc, mes amis, dit-il avec une ardeur nouvelle. Venez tous, et veillez bien sur moi, car je suis maintenant votre seul espoir.

Il prit le chemin des quais, entraînant à sa suite la foule électrisée.

VIII

LA CASSETTE.

Comme Prévôt de Beaumont l'avait prévu, les troupes, qui d'abord se tenaient sur la défensive, reçurent bientôt des ordres pressans pour attaquer à leur tour et disperser les rassemblemens. La bande nombreuse qui accompagnait le secrétaire du clergé fut obligée de se fractionner plusieurs fois et de prendre des détours, afin d'éviter les patrouilles qui déjà se montraient dans toutes les directions Les réverbères, assez mal entretenus à cette époque, éclairaient d'une lueur douteuse cette marche précipitée ; à chaque instant on rencontrait d'autres groupes qui s'enfuyaient avec défiance. Les bourgeois paisibles, effrayés de ces bruits sinistres d'émeute, s'étaient renfermés dans leurs maisons. Cependant des lumières brillaient à presque toutes les fenêtres, malgré l'heure avancée de la nuit ; et sans doute derrière les vitres bien des yeux cherchaient à apercevoir furtivement ce qui se passait à l'extérieur, bien des oreilles écoutaient les *qui vive* des patrouilles ou les protestations des malheureux qu'on arrêtait.

Prévôt de Beaumont, grâce à ses précautions et à sa prudence, parvint à éviter les partis armés qui sillonnaient la ville, et on arriva à la rue qu'il habitait. Cette rue semblait encore plus sombre et plus déserte que les autres. Un inconnu, arrêté sous une porte cochère, semblait être seul debout dans ce quartier isolé ; il s'éloigna rapidement à la vue de cette bande tumultueuse.

Le chef des conjurés, sans faire attention à ce léger incident, s'arrêta devant sa maison. Puis, levant la tête, il aperçut de la lumière aux fenêtres de la salle où avait eu lieu le soir même sa douloureuse scène de famille.

— Attendez-moi ici, dit-il à demi-voix à ses compagnons ; votre présence effrayerait une pauvre femme timide et un vieillard qui n'a plus le courage du patriotisme... D'ailleurs, toute réflexion faite, ma maison ne convient pas pour l'exécution de nos plans ; elle doit être étroitement surveillée et entourée d'espions... il nous faudra conduire ailleurs nos prisonniers... mais il importe, avant tout, de nous munir des importans papiers que je vous ai promis ; un moment de patience.

Il tira de sa poche une clef avec laquelle il ouvrit la porte, et il laissa dans la rue la foule inquiète, après avoir fait signe à l'un de ses compagnons de prendre garde à quelque surprise. Alors il monta l'escalier d'un pas égal et tranquille, comme s'il eût craint, par une précipitation trop grande, de jeter l'alarme dans la maison.

Le calme qui y régnait lui sembla de favorable augure. Cependant il chercha à rasséréner son visage pour augmenter encore la sécurité des personnes chères qui l'attendaient sans doute. Il traversa l'antichambre sans bruit, et il entra dans la pièce où se tenait d'ordinaire la famille.

Tout était tranquille; à la lueur d'une bougie qui brûlait sur la table, il vit son père endormi dans son fauteuil, la main encore étendue sur un in-folio, comme si ce sommeil eût résulté d'une assoupissante lecture autant que de l'épuisement de l'âme et du corps. Son fils dormait aussi dans un berceau entouré de rideaux de gaze; la douce haleine de l'enfant, l'haleine oppressée du vieillard s'alternaient au milieu du silence de l'appartement. Angèle veillait seule, assise devant le foyer presque éteint; son front était appuyé sur sa main; la pâleur de ses joues faisait ressortir encore l'état fiévreux de son regard. Quand Prévot entra, elle poussa un cri de joie et se précipita dans ses bras.

— C'est lui, mon père! s'écria-t-elle avec transport; le voilà! il nous est rendu! Nos alarmes étaient fausses: voyez, mon père, c'est bien lui; il ne nous quittera plus maintenant!... Mon Dieu, je vous remercie!...

Et en parlant ainsi, elle riait, elle pleurait, elle pressait son mari dans ses bras. Prévot était profondément ému de tant d'affection; une grosse larme tomba de ses yeux.

— Calme-toi, Angèle, dit-il, pourquoi ces craintes, ma bien-aimée? ne dois-je pas toujours revenir près de toi, près de notre père, près de notre enfant?

Angèle l'embrassa mille fois; elle était folle de bonheur.

Cependant monsieur de Beaumont s'était éveillé lentement, et écartait les cheveux qui couvraient en partie sa figure vénérable; ses yeux s'arrêtèrent d'abord sur Prévot, qui était à quelques pas de lui, et oubliant, dans ce premier mouvement, les événemens de la soirée, il lui sourit avec bonté.

— C'est vous, mon fils? — lui dit-il. Mais aussitôt la mémoire lui revint; son visage changea; un ton sévère remplaça cette douceur d'un instant. — C'est donc vous, monsieur? reprit-il. Après être resté sourd aux prières de votre femme, aux ordres de votre père, après avoir joué leur bonheur et leur vie en même temps que les vôtres, vous venez sans doute réclamer indulgence et pardon.

— Oui, oui, pardonnez-moi comme elle l'a dit Prévot de Beaumont en désignant Angèle. Monsieur, ajouta-t-il avec une profonde tendresse, savez-vous combien est lourde la malédiction d'un père?

Ces mots, dits avec mélancolie, semblèrent toucher vivement monsieur de Beaumont. Il tendit la main à son fils.

— Soit, reprit-il d'une voix altérée, je révoquerai cette malédiction funeste échappée dans un moment de colère et de désespoir, si vous voulez désormais vivre pour nous, pour nous seuls, si vous renoncez à ces projets insensés qui, j'en suis sûr maintenant, auraient des suites terribles.

— Je ne puis encore promettre ceci, mon père; demain peut-être je reviendrai à vous pour toujours; mais en ce moment... des devoirs impérieux m'appellent.

— Qu'est-ce à dire? dit le vieillard en retirant sa main.

— Mon Dieu! toujours ces inexorables volontés! s'écria Angèle éperdue; pourquoi m'avoir donné tant de bonheur pour me le retirer si vite! Mais où vas-tu, Prévot, à cette heure, par cette nuit noire? Paris n'est pas tranquille; il y a des émeutes, des soldats dans les rues... Mon ami, mon bien-aimé, serais-tu donc du nombre des conspirateurs?

— Vous oubliez, ma fille, qu'il n'est pas prudent de vouloir le retenir, dit monsieur de Beaumont avec une amère ironie.

Prévot baissa la tête tristement, sans répondre, et entra dans la chambre voisine pour y chercher les papiers dont il avait besoin. Au bout d'un moment il reparut, pâle, tremblant, les cheveux hérissés comme s'il venait de voir un spectre se dresser devant lui.

— La cassette, la cassette! s'écria-t-il sans pouvoir s'expliquer davantage.

— Prévot, mon ange, mon mari, pardonne-moi, s'écria Angèle en tombant à genoux.

— Eh bien! ces papiers...

Elle désigna du doigt le foyer, où se voyait encore la forme légère des papiers réduits en cendres.

— Je les ai brûlés pour que tu renonces à tes projets de rébellion, pour que tu restes toujours auprès de ta famille, dont le bonheur dépend de toi.

— Malheureuse, qu'as-tu fait?

— Elle a agi par mon ordre, s'écria le vieux magistrat en se levant avec autorité.

Mais cette fois Prévot regarda son père en face, et lui dit d'un ton hardi:

— Vous avez commis un crime, monsieur; ces papiers appartenaient au pauvre peuple, qui avait fondé sur eux sa dernière espérance... Ah! si vous n'étiez pas mon père, ce serait mon tour de vous maudire!

Il retomba épuisé dans un fauteuil; il resta absorbé dans sa douleur, et quelques sanglots sortirent de sa poitrine. Mais cet abattement ne fut pas de longue durée; bientôt il releva la tête; son visage exprimait la plus sublime résignation, il dit avec un calme mélancolique à sa femme agenouillée devant lui:

— Relève-toi, Angèle; votre punition à tous les deux sera bien cruelle; vous avez voulu me sauver, vous m'avez précipité dans l'abîme...

— Oh! non, non, mon bien-aimé, laissez-nous croire...

Un triste sourire se joua sur les lèvres de Prévot.

— Je suis gravement compromis dans les événemens de cette nuit, reprit-il. Ces papiers devaient être demain sous les yeux du parlement, et ils eussent suffi peut-être pour me justifier... Maintenant je n'aurai pas de juges, on étouffera ma voix entre les murailles d'une prison, comme celle d'un obscur agitateur. On n'eût pas osé faire disparaître sans une apparence de légalité un citoyen qui protestait particulièrement contre un abus.

— Il a raison! s'écria le vieillard frappé d'une idée subite, tout recours à un tribunal est impossible maintenant, la preuve des griefs populaires étant anéantie... Mon Dieu! ajouta-t-il avec un cri du cœur, n'ai-je vécu si longtemps que pour causer la perte de mon fils?

Ils se jetèrent dans les bras l'un de l'autre, et demeurèrent étroitement embrassés.

— Prévot, s'écria la jeune femme, ils vont venir t'arrêter; fuis, au nom du ciel! fuis pendant qu'il est temps encore...

— Le peuple est en bas qui m'attend pour me flétrir sans doute du nom de traître, dit le secrétaire du clergé de la même voix triste et résignée; d'ailleurs où me cacher que mes ennemis puissans ne sachent me trouver?

— Oh! fuyez, fuyez! reprit à son tour monsieur de Beaumont; fuyez, mon fils, cherchez à échapper quelques jours seulement à la captivité... Pendant ce temps, nous travaillerons à obtenir votre grâce; nous irons nous jeter aux pieds du roi, nous l'implorerons, nous le supplierons...

— Il est trop tard, murmura Prévot en faisant signe d'écouter.

En effet, la rue, jusque-là silencieuse, retentit tout à coup de mille bruits divers. On entendit d'abord les pas précipités d'une foule de gens qui s'enfuyaient, des cris de détresse, puis un galop de chevaux, des cliquetis d'armes, le roulement d'une voiture. On approcha avec grand fracas, on s'arrêta devant la maison même, et bientôt une voix forte prononça du dehors ces terribles paroles:

— Ouvrez, au nom du roi !

Quelques minutes après, une nuée de gens de police et de soldats se précipitait dans la salle où étaient Prévot de Beaumont et sa famille. A leur suite entra Malisset, dont la figure bouleversée rayonnait pourtant d'une joie infernale ; il était assisté d'un commissaire et d'un inspecteur de police.

— Vous êtes mon prisonnier, dit le commissaire au secrétaire du clergé ; rendez-moi votre épée.

Prévot obéit sans résistance.

— Montrez-moi la lettre de cachet, dit le pauvre vieux magistrat, qui ne voyait que la légalité pour défendre son fils.

Le commissaire exhiba un papier timbré de la griffe royale, et signé de Duval, secrétaire de monsieur de Sartines. Pendant ce temps, Malisset disait à l'infortuné jeune homme d'un ton insultant :

— Eh bien ! chacun son tour, monsieur le philanthrope ! Tout à l'heure c'était à nous de trembler devant vos goujats et votre canaille ; maintenant nous prenons notre revanche... Vous payerez cher, je vous jure, le quart d'heure que vous nous avez fait passer. Imprudent ! ajouta-t-il plus bas, vous oubliiez que si nous sommeillions, nous, notre ami le lieutenant de police avait les yeux ouverts... quoique, en vérité, ajouta-t-il avec amertume, comme s'il se parlait à lui-même, il ait été bien lent à nous secourir.

— Nous n'avons connu que fort tard tous les détails du complot, monsieur, dit respectueusement l'inspecteur qui avait entendu ces dernières paroles ; il nous a fallu obtenir des ordres pour faire marcher les troupes, puis courir aux bureaux menacés, avant d'aller vous délivrer des mains de cette populace... Je vous l'assure, nous n'avons pas perdu de temps.

Le son de cette voix fit tressaillir Prévot ; il regarda l'inspecteur avec attention.

— Jérôme Picot ! s'écria-t-il enfin.

L'agent de police sourit ironiquement.

— Oui, reprit-il, ce matin j'étais Jérôme Picot, le pauvre tisserand, le père de famille dont l'enfant est mort de faim ; mais, ce soir, je suis l'inspecteur Marais, qu'on veut bien appeler, ajouta-t-il avec modestie, la plus fine mouche de la police de sûreté.

Prévot se détourna avec dégoût et dit seulement :

— Au moins ce n'est pas un homme du peuple qui a trahi la cause du peuple.

— Marchons, s'écria le commissaire, à qui monsieur de Beaumont venait de rendre la lettre de cachet avec un geste de désespoir.

— Je veux le suivre, dit Angèle en se précipitant dans les bras de son mari ; au nom du ciel, messieurs, ne nous séparez pas !

— Et votre fils ! et moi ! dit le vieillard douloureusement.

Le commissaire et l'inspecteur Marais lui-même semblaient émus de pitié à la vue de cette scène déchirante ; mais un signe de Malisset les rappela à leur devoir. On repoussa brutalement la pauvre femme, qui alla tomber dans les bras de son père, et on entraîna Prévot de Beaumont.

— Adieu, mon père ; adieu Angèle ; adieu, mon enfant ! s'écria-t-il d'une voix brisée ; que Dieu et le peuple vous pardonnent comme je vous pardonne moi-même.

Angèle trouva encore assez de force pour s'élancer vers son enfant, que le bruit de cette scène avait éveillé ; elle le prit dans ses bras.

— Il te vengera ! s'écria-t-elle d'une voix perçante en l'élevant au-dessus de sa tête.

Un éclat de rire de Malisset lui répondit. Monsieur de Beaumont reçut l'enfant dans ses bras ; la mère tomba évanouie de toute sa hauteur.

Quand elle revint à elle, des personnes de la maison lui prodiguaient les soins les plus affectueux. Monsieur de Beaumont sanglotait et tenait encore sur ses genoux le petit garçon, qui observait avec étonnement ce désespoir de son aïeul. Malisset et quelques gens de police étaient encore là occupés à fouiller dans les papiers du secrétaire de clergé...

— Allons ! il n'y a rien, dit enfin le surintendant d'un ton de regret ; on nous aura trompés...

Il se préparait à sortir, sans même jeter un regard sur ses malheureuses victimes, quand Angèle se leva tout à coup avec cette vigueur passagère que donne une fièvre ardente.

— Où est-il ? s'écria-t-elle.

— A la Bastille, et pour toujours ! dit le financier durement.

IX

LA MANSARDE.

Le soir du 13 juillet 1789, Paris était en alarmes. Le tocsin sonnait à toutes les églises, les tambours battaient le rappel ; de moment en moment, on entendait les coups de canon que l'on tirait pour tenir le peuple en éveil ; on voyait passer des troupes de bourgeois bizarrement armés et courant vers la Bastille.

C'était en effet ce vieux rempart, solide encore, de la féodalité que l'on allait attaquer. Ces bataillons, mal alignés, mal vêtus, mal disciplinés des faubourgs s'avançaient vers la formidable prison d'État en poussant des cris de liberté. Plus d'un, parmi les révoltés, sentait encore son cœur se glacer rien qu'à entendre ce terrible nom de *la Bastille*. On se souvenait de tous les hommes énergiques engloutis, depuis quelques années, par la lugubre forteresse. On prononçait presque en tremblant le nom des martyrs qui avaient gémi derrière ces murs de douze pieds d'épaisseur. Le pauvre peuple ne savait ni les souffrances du masque de fer, ni les tortures de tant de grands seigneurs, victimes mortes et oubliées des siècles précédens ; mais il déplorait, en regardant ses armes, les douleurs de l'infortuné Masers de Latude, le sort affreux d'un de ses braves défenseurs, Prévot de Beaumont, qui, disait-on, était mort depuis vingt-deux ans à la Bastille, après une courte incarcération à Vincennes.

Or, pendant que la ville entière était en rumeur, pendant que les femmes, les enfans, les vieillards suivaient, en marchant au pas du tambour, leurs maris, leurs pères, leurs fils enrégimentés pour la cause populaire, les habitans d'une mansarde de la rue du Temple semblaient prendre une vive part aux événemens qui se préparaient. La propreté, ce luxe du pauvre, donnait au simple et modeste mobilier de la petite pièce où ils étaient réunis un caractère d'élégance et de bon goût.

Deux portraits en pied, richement encadrés, ornaient ce réduit. L'un représentait un vieillard en robe rouge de conseiller au parlement ; l'autre un jeune homme vêtu de noir, à l'œil inspiré, au regard grave et fier à la fois. Au bas de cette dernière toile, on pouvait encore lire sur un petit écusson à demi effacé, peut-être par des larmes : *Hommage à mon Angèle, le jour de sa fête, le...* 1761. Évidemment, ces tableaux avaient pour leurs propriétaires un prix inestimable. C'était vers eux qu'on devait tourner les regards résignés dans la tristesse ; c'était à eux qu'on devait sourire dans les momens de bonheur. Les âmes de ceux qu'ils représentaient semblaient être les génies tutélaires de ce pauvre foyer.

L'aspect des habitans de la mansarde, où l'on devinait que le froid se faisait vivement sentir en hiver, quoiqu'en ce moment l'air embrasé d'une soirée d'été circulât lourdement sous les combles, présentait le même contraste de noblesse et de pauvreté. C'était, d'abord, une femme de quarante-cinq ans environ ; ses traits distingués, mélancoliques, disaient qu'elle avait été belle. Les souffrances, plus encore que l'âge, avaient dû creuser les rides profondes de cette figure douce et résignée. Quoique le costume de cette dame fût d'une étoffe commune et peu coûteuse, son extérieur trahissait une personne née pour le monde et l'opulence. Assise en face du portrait qui représentait un homme vêtu de noir, elle regardait les nobles traits reproduits sur la toile, comme la Madeleine devait regarder le Christ du pied de la croix. Son visage était pâle; des larmes silencieuses coulaient sur ses joues, et ses lèvres murmuraient une prière. Debout près d'elle, et silencieux comme elle, un beau jeune homme contemplait aussi avec recueillement la peinture sacrée. Il portait l'uniforme des bas officiers des gardes françaises, et sûrement il ne devait qu'à son mérite le grade dont il était revêtu, car ce grade ne s'achetait pas. Son épée, jetée négligemment sur une table voisine, semblait attendre d'être tirée du fourreau pour le peuple. Enfin un vieillard en veste grossière et en tablier de cuir se tenait à quelques pas, dans l'attitude du plus profond respect ; il s'appuyait d'une main sur un vieux fusil rouillé, et retournait dans l'autre son chapeau orné d'une large cocarde tricolore.

Cette contemplation pieuse semblait durer depuis quelques instans, quand la dame abaissa sur le jeune garde française ses yeux remplis de larmes.

— Jules, s'écria-t-elle avec exaltation, te souviendras-tu que tu es le fils de Prévot de Beaumont, et que tu as à venger ton père?

— Oh ! je m'en souviendrai, ma mère ! dit le jeune homme avec orgueil.

Madame de Beaumont, car c'était elle, sourit doucement. Puis elle fit signe à son fils de se rapprocher, et elle lui dit d'un air solennel :

— Avant de te laisser partir pour défendre une sainte cause, je te dois compte des motifs qui me poussent, moi pauvre femme, à te mettre les armes à la main, à t'exposer peut-être au sort du héros dont tu es le fils.—L'émotion la força de s'arrêter pendant quelques instans. Jules saisit ses deux mains qu'il couvrit de baisers. Elle reprit :

— Je t'ai parlé bien souvent, mon fils, de cette épouvantable nuit où je te vis pour la dernière fois. Tu étais encore presque au berceau, tu n'as pu en garder le souvenir; mais en ce moment terrible où l'on entraînait Prévot, je lui dis en te prenant dans mes bras : « Ton fils te vengera. » Ce vœu que j'ai fait en ton nom, Jules, c'est à toi de l'accomplir... Quand je le prononçai, j'étais riche encore, je ne savais pas qu'un jour cette cause du peuple deviendrait la mienne, que j'aurais aussi, et pour toi et pour moi, à déplorer la cherté du pain... Quoi qu'il en soit, ton père, en m'entendant prononcer ces paroles, nous regarda avec une suave espérance, sourit et s'abandonna à ses gardes... Depuis ce temps, Dieu et les pierres de quelque cachot savent seuls ce qu'il est devenu !—Jules de Beaumont essaya d'interrompre Angèle, dont les souvenirs déchiraient le cœur, mais elle continua : — Ce n'est pas tout, mon enfant, je te dois l'aveu d'une faute dont j'ai bien des fois demandé pardon à Dieu et à la mémoire de ton noble père. J'ai été bien coupable, le jour où voulant conserver à sa famille l'honneur qui avait une haute mission à remplir, j'anéantis les papiers dont la perte a causé tant de maux. Peut-être un pauvre vieillard, mort depuis en gémissant des suites de ma faute (et Angèle jeta un regard sur un des portraits), pouvait-il réclamer une part dans la responsabilité de cet acte insensé, car il eût été trop hardi pour une femme ignorante et soumise aux ordres de son mari, comme je l'étais... Mon fils, c'est toi qui es chargé d'acquitter la dette de ton aïeul et la mienne envers ce malheureux peuple, qui depuis si longtemps souffre de la faim !

— Et je l'acquitterai, ma mère, je l'acquitterai, je vous le jure.

— Tu sais le reste, Jules ; à cette époque, déjà si éloi-gnée de nous, je voulus plusieurs fois aller me jeter aux pieds du roi pour lui demander la grâce de mon infortuné mari ; je ne pus jamais pénétrer jusqu'au trône. Je me disposais à renouveler mes tentatives, quand on vint brutalement m'annoncer que ton père était mort en prison. On s'empara de tout ce qu'il possédait ; on nous chassa de cette maison où tu étais né. Je fus forcée de me retirer dans cette mansarde, avec une modique rente qui est toute ma fortune, et ces deux portraits, arrachés au prix de mes derniers bijoux à la rapacité de nos persécuteurs... Ce fut alors, mon fils, continua la pauvre femme en levant les yeux sur le vieil ouvrier d'un air affectueux, que cet excellent Boyrel, l'ami et le compagnon de ton père, vint nous trouver et nous offrit ses secours... Il nous a aidés du travail de ses mains quand nos ressources ne pouvaient suffire à nos besoins, lui père de famille, et qui avait aussi de son côté à lutter contre la misère !—Boyrel voulut parler ; mais la voix de madame de Beaumont était si vibrante et si plaintive, sa douleur avait un tel caractère de grandeur et de majesté, qu'il n'osa l'interrompre. — J'ai dû te rappeler ces faits, mon fils, reprit-elle, afin qu'au moment de combattre les persécuteurs de ton père, tu comprennes bien tous tes devoirs, et aussi, Jules, pour que tu saches par quel douloureux sacrifice je veux expier mes anciennes fautes... Je n'ai que toi, mon fils, pour tout bien, pour toute gloire et toute espérance, et je t'envoie peut-être à la mort !

Cette fois son courage de femme spartiate se brisa ; elle laissa échapper des sanglots.

— Non, ma mère, non, je ne mourrai pas ! s'écria le jeune garde française en la pressant sur son cœur ; Dieu serait injuste de vous priver ainsi un à un de tous ceux que vous avez aimés sur terre... Je reviendrai près de vous, je reviendrai bientôt... et cependant j'aurai vengé mon père, j'aurai purifié de mes larmes la pierre du cachot où il a rendu le dernier soupir.

— Allons, courage, morbleu ! dit à son tour le vieux Boyrel d'un ton cordial quoique rude, toutes les balles et tous les boulets n'arrivent pas à leur destination, que diable ! D'ailleurs, madame, ajouta-t-il en baissant la voix et en se rapprochant d'Angèle avec mystère, monsieur Jules ne manquera pas d'amis. Pour ma part je sais combien il est bouillant et emporté, je veillerai sur lui, soyez-en sûre.

— Oh ! oui, veillez sur lui, dit Angèle en joignant les mains ; mettez le comble à vos bienfaits en le protégeant dans les combats comme vous l'avez protégé dans les misères de son enfance. N'oubliez pas qu'il est le denier de la veuve dans cet impôt d'enfans généreux que chaque mère paye aujourd'hui à la patrie. N'oubliez pas...

— Je n'oublierai rien, interrompit Boyrel, qui sentait combien ces épanchemens affadissaient le courage. Allons, monsieur, continua-t-il en prenant son fusil et en se tournant vers Jules de Beaumont, il est temps d'aller retrouver nos camarades ; ils sont si impatiens, ils pourraient commencer sans nous... et vous, madame, bon espoir ! Qui sait, ajouta-t-il, comme entraîné par une idée dominante, quels secrets nous découvrirons derrière les vieilles murailles de cette prison d'État ? qui sait si des morts ne se lèveront pas comme par miracle du fond de ces cachots obscurs ? On raconte d'étranges choses sur la Bastille, et peut-être...

— Que voulez-vous dire ? s'écria la garde française avec précipitation.

— Eh bien ! reprit le vieillard en étudiant l'effet de ses paroles, si l'on croit certains bruits répandus depuis peu, il serait possible que l'on trouvât dans les caveaux de la Bastille des gens des vivans qui ont disparu depuis longtemps, et dont les familles ont reçu les extraits mortuaires. Sans vouloir donner des espérances peut-être vaines...

— Malheureux, vous allez la tuer avec vos récits incroyables ! s'écria Jules en courant pour soutenir sa mère qui chancelait ; et moi, ajouta-t-il en portant la main à sa poitrine, vous voulez donc que mon cœur se brise à force de battemens ?

— En effet, ceci est un conte absurde, dit brusquement le vieillard, je suis un fou de vous rapporter de semblables propos; cependant... partons, partons ! interrompit-il précipitamment.

Il allait entraîner Jules quand un nouvel événement vint attirer son attention.

Pendant que le jeune de Beaumont faisait ses adieux à sa mère, une grande rumeur s'était élevée dans la rue en face de la maison. Bientôt ce furent des imprécations, des menaces proférées par mille voix irritées; enfin un hourra terrible monta jusqu'à la mansarde où se passait la scène mélancolique que nous venons de raconter. Boyrel connaissait de loin le bruit de l'émeute comme le marin connaît le bruit de la mer; il courut à la fenêtre.

— Un rassemblement, dit-il, vient d'arrêter en face même de cette maison une magnifique voiture... un homme, un vieillard en descend... il est bien vêtu, mais son chapeau m'empêche de voir ses traits.

— A mort l'aristocrate ! A la lanterne l'accapareur de blés ! hurla la foule avec rage.

Boyrel se retourna vivement vers madame de Beaumont et vers son fils.

— Vous l'entendez ! dit-il avec une joie cruelle ; un de ces misérables vient de tomber entre les mains du peuple; on l'aura reconnu sans doute pendant qu'il fuyait... Eh bien que justice se fasse, puisque le jour de la justice est venu !

— Oui, que justice se fasse ! répéta Jules.

Et il cherchait à éloigner sa mère de la rue.

— Cependant, dit Angèle en frémissant, si l'on s'était trompé, si l'on avait pris pour un accapareur de blés quelque paisible bourgeois...

Elle n'avait pas achevé ces mots, que des pas précipités se firent entendre dans l'escalier de la mansarde. Tout à coup la porte s'ouvrit; un homme s'élança, pâle et hors d'haleine, dans la petite chambre, en s'écriant d'une voix suppliante :

— On me poursuit ! sauvez-moi ! sauvez-moi !

Comme l'avait dit Boyrel, c'était un vieillard dont l'extérieur annonçait l'opulence. Son air égaré, ses vêtemens en désordre, attestaient l'effroi dont il était saisi ; il n'avait plus d'épée, et une cocarde tricolore qui ornait son chapeau montrait jusqu'à quel point il était disposé à céder aux exigences du moment.

X

LA RÉVÉLATION.

Quoique cet ennemi ne parût pas bien redoutable, Boyrel attacha sur lui pendant quelques secondes un regard magnétique, puis tout à coup il porta rapidement son fusil à l'épaule, on eût dit d'un chasseur surpris un moment, ajustant une bête fauve qui vient de se lever sous ses pas.

Madame de Beaumont poussa un cri d'effroi.

— Boyrel, ce serait une lâcheté ! dit Jules en avançant le bras pour détourner le coup.

Il n'en eut pas besoin. Une réflexion aussi rapide que l'éclair avait fait changer de détermination au vieil ouvrier. Il laissa tomber son fusil, se précipita sur l'étranger, et le saisit avec violence par le collet de son habit.

— Tu ne nous échapperas pas cette fois ! cria-t-il d'une voix tonnante en le secouant comme un roseau.

Le malheureux tomba sur ses genoux.

— Boyrel, dit le garde française en cherchant à dégager le suppliant des mains de l'ouvrier, vous êtes trop cruel dans votre haine !... Si cet homme est un de nos ennemis, comme vous paraissez le croire, livrez-le au peuple qui le cherche ; mais que son sang ne coule pas sous les yeux et dans la demeure de ma mère !

— Ce sang, versé ici, serait une juste et légitime expiation ! s'écria Boyrel avec autorité. Jeune homme, savez-vous pour qui vous demandez grâce.

— Oh ! je suis un honnête homme, un bon patriote, je vous le jure ! s'écria l'inconnu ; on m'a pris pour un autre... je suis un ami du peuple, moi... Ils viennent, continua-t-il en désignant l'escalier où se faisait déjà entendre un bruit confus de voix et de pas ; ils me tueront ! sauvez-moi, je vous suis un honnête homme.

— Infâme ! vous, un honnête homme ? Mais vous ne savez donc pas chez qui vous êtes, monsieur Pierre Malisset ?

Ce nom retentit comme un éclat de la foudre sur la tête des assistans. Madame de Beaumont se leva tout à coup, et désigna du doigt le financier prosterné :

— C'est lui, mon fils, s'écria-t-elle ; que ton père me pardonne de n'avoir pas reconnu d'abord un de ses assassins !

Mais, effrayée de la sentence qu'elle venait de porter par ce geste et ces paroles, elle retomba sur son siège en se couvrant les yeux.

— Pierre Malisset ! répéta Jules de Beaumont.

Il bondit et tira son épée, qui flamboyait moins encore que ses yeux.

Mais au même instant la foule qui cherchait Malisset se rua dans la chambre. Des hommes armés de leur seule colère, des femmes aux cheveux épars, des enfans même, envahirent cette étroite mansarde pour s'emparer de l'ennemi commun.

— Le voilà ! disait-on ; c'est Malisset ! C'est ce brigand qui a si longtemps affamé le peuple ! A mort ! à la lanterne !

Des mains crispées par la rage se tendirent vers le financier.

Mais Boyrel n'avait pas lâché son prisonnier ; il repoussa par un effort énergique le jeune de Beaumont qui voulait frapper l'assassin de son père, la foule qui voulait mettre en pièces un de ses plus cruels ennemis. Il traîna Malisset jusqu'au pied du portrait de Prévot de Beaumont, comme pour le mettre sous la sauvegarde de cette sainte image.

— Silence et arrière tous ! s'écria-t-il d'une voix qui domina le tumulte et les vociférations ; si je n'avais besoin que cet homme vécût encore quelques instans, aurais-je laissé à d'autres le soin de me venger.

— Non, non, pas de retards ! répondit-on de tous côtés ; vous êtes des traîtres, vous voulez le sauver !

— Qui ose appeler traîtres, dit Boyrel d'une voix imposante, le fils et l'ami de Prévot de Beaumont, dans la maison de Prévot de Beaumont, en présence de la veuve de Prévot de Beaumont ?

A ce nom révéré, la foule se recula avec respect. L'ouvrier jouit un moment de ce triomphe.

— Mes amis, reprit-il avec chaleur, j'ai conservé la vie de ce misérable parce que j'attends de lui de grandes et importantes révélations... J'ai voulu apprendre de sa bouche ce qu'il a fait, lui et ses infâmes complices, de l'homme sublime dont vous voyez ici le fils et la femme.

Cette question produisit sur Malisset l'effet d'une pile galvanique sur un cadavre. Il se releva, et s'appuyant contre la muraille, il demanda timidement :

— Et si je réponds avec sincérité, si je vous apporte de bonnes nouvelles au sujet de celui dont vous me parlez, dites, me ferez-vous grâce ?

La foule resta immobile et muette ; mais Angèle, dans un élan d'enthousiasme, se précipita aux genoux du financier. Le peu de mots qu'il venait de prononcer lui avait donné de bien douces espérances.

— Oh ! oui, oui, parlez, monsieur, s'écria-t-elle, dites-moi qu'on m'a trompée, qu'il existe encore, dites cela, monsieur, et, je vous le jure, vous serez libre ; je me traînerai, à deux genoux s'il le faut, devant ces braves gens pour leur demander votre vie, et ils ne me la refuseront pas.

— Et moi, dit le jeune garde française en élevant son épée, je pourrais, je crois, vous défendre jusqu'à la dernière goutte de mon sang contre une nation entière, si vous m'apprenez que mon père est encore vivant !...

— Il est encore vivant, dit Malisset en relevant la tête, et il osa pour la première fois regarder la foule.

Des cris de joie et d'étonnement s'échappèrent de toutes les bouches. Angèle tomba évanouie dans les bras de son fils.

Le premier mouvement de trouble et d'agitation passé, Boyrel, qui faisait les fonctions de juge-instructeur devant le tribunal populaire, reprit en s'adressant à Malisset :

— No nous trompez pas, monsieur; malheur à vous si vous mentez !... Où est à présent Prévot de Beaumont ?

Malisset se tut pendant quelques secondes. Il semblait hésiter entre deux écueils également redoutables; mais il pensa sans doute qu'en face d'une révolution les secrets d'Etat les plus importans ne pouvaient plus être des secrets : le danger le plus pressant l'emporta.

— Monsieur Prévot de Beaumont est encore à la Bastille, dit-il enfin.

— Vous l'entendez ! s'écria Jules en courant vers la porte, mes amis, à la Bastille !

Boyrel l'arrêta au moment où il allait sortir entraînant une partie des assistans avec lui.

— Vous ne savez pas encore si cet homme ne vous trompe pas, afin de se sauver, dit-il; laissez-moi l'interroger encore.

Le jeune homme revint près de sa mère; elle le remercia par son sourire divin d'avoir été oubliée dans cet élan d'amour filial.

— Monsieur, reprit Boyrel en se tournant vers Malisset, il nous faut la vérité et la vérité entière... Prenez-y garde ! Nous voulons connaître le sort de notre défenseur à partir du jour de son arrestation. Parlez avec franchise, puisqu'on vous a promis de vous pardonner à ce prix. Nous le savons bien, on n'a pas eu de pitié pour l'ennemi des accapareurs; nous ne vous croirions pas si vous disiez qu'on l'a traité avec douceur.

Malisset promena des regards inquiets sur ceux qui l'entouraient. Comme l'avait dit Boyrel, un mensonge n'aurait pu tromper le peuple; d'un autre côté, la vérité nue était peut-être de nature à soulever contre lui quelque nouvel orage. Il se résigna pourtant à dire la vérité; d'ailleurs, dans l'état de désordre d'esprit où il était, il n'avait pas le temps de préparer un mensonge.

— Monsieur Prévot de Beaumont, balbutia-t-il, avait commis un de ces crimes que certaines gens haut placés ne pardonnent pas. Sans se douter peut-être de l'importance de son entreprise, il avait menacé une institution sans laquelle, malheureusement, l'Etat ne pouvait plus se soutenir à cause du déplorable état de ses finances. Le traité des blés du roi...

— Le pacte de famine ! hurla le peuple.

— Le pacte de famine donc, puisqu'il vous plaît d'appeler ainsi cet acte financier, reprit Malisset tremblant, était un de ces secrets auxquels on ne doit pas toucher sous peine de haute trahison... Or on avait acquis la certitude que Prévot de Beaumont savait tout ce qui était relatif à ces vastes spéculations. Il n'avait pas besoin de fournir par un appel aux armes un prétexte à son arrestation; le jour où il avait laissé seulement soupçonner l'hostilité contre ces manœuvres, il était perdu. Aussi ne faut-il pas s'étonner des rigueurs exercées contre lui dans les cinq prisons qu'il a successivement traversées.

— Cinq prisons! répéta Angèle en levant les mains au ciel.

— Dites tout ! s'écria Jules d'une voix retentissante.

— Oui, cinq prisons, reprit Malisset de plus en plus convaincu que la vérité dans toute son horreur pouvait seule le sauver parce qu'elle ne serait pas suspecte à ses auditeurs; d'abord il a été transporté à Vincennes. Là, on l'a enchaîné par le milieu du corps, dans un cachot obscur; il couchait sur une planche; sa nourriture se composait de deux onces de pain et d'un verre d'eau. — Un cri d'horreur s'éleva dans l'assemblée. — Oh ! je repousse la responsabilité de semblables cruautés, continua le financier. Je vous l'ai dit, braves gens, d'autres plus puissans et plus vindicatifs ont accompli cette épouvantable vengeance... Je suis un homme paisible, et depuis que je me suis retiré des affaires, je vis tranquille et sans passion dans ma retraite.

— Et vous jouissez en paix des richesses que vous nous avez extorquées liard à liard, dit une voix menaçante.

Malisset feignit de n'avoir pas entendu cette interpellation.

— Depuis, reprit-il, en cherchant à abréger ce pénible interrogatoire, monsieur de Beaumont a été transporté à la Bastille, où il a souffert les mêmes traitemens qu'à Vincennes... De là, il a été envoyé à Charenton, et confondu avec les malheureux fous de cette maison, puis à Bicêtre, où il a été confondu avec les assassins, enfin il a été ramené à la Bastille, et il a été oublié.

— Mais, demanda madame de Beaumont en faisant un effort pour prononcer quelques paroles, que signifie cet extrait mortuaire, cette confiscation de nos biens ?...

— On savait, madame, que vous aviez le projet d'aller vous jeter aux pieds du roi pour lui demander la grâce de votre mari; il fallait à tout prix prévenir cette démarche; elle eût été un scandale public.

— Ou plutôt les ennemis implacables de Prévot craignaient que le roi ne fît grâce.

— Le roi ne le pouvait pas, madame, dit Malisset comme entraîné par la force de la vérité; le roi savait tout, et tout se faisait par son ordre.

— Vous l'entendez ! s'écria Boyrel en regardant la foule.

On entendit des imprécations contre le feu roi Louis XV. le Bien-Aimé.

— Eh bien ! comment Turgot et Necker, qui dit-on étaient des ministres probes et honnêtes, n'ont-ils pas rendu la liberté à l'infortuné Prévot ? demanda un des assistans.

— Turgot et Necker avaient annoncé en arrivant au pouvoir qu'ils *feraient pendre* les accapareurs, qu'ils déchireraient le pacte de famine... Mais il y a quelque chose de plus puissant que les ministres et même que les rois, c'est la nécessité d'Etat. Le pacte existe encore et Prévot de Beaumont est encore à la Bastille.

Malisset s'arrêta et sembla attendre avec inquiétude de nouvelles questions.

— Voyez-vous cet homme ?... s'écria Boyrel d'un ton exalté en désignant le financier, il vient de faire pour la révolution le plus beau plaidoyer qui soit jamais sorti d'une bouche humaine. Avec de semblables récits un peuple peut reculer des montagnes.

— Laissez moi donc me retirer, demanda Malisset timidement.

— Qu'il parte ! dit une voix dans la foule; sa franchise l'a sauvé pour aujourd'hui ; nous verrons plus tard.

Une demi-heure après, Boyrel, qui venait d'accompagner Malisset jusqu'à sa voiture pour le défendre contre les émeutiers, rentra dans la mansarde. La foule s'était retirée; madame de Beaumont et son fils, agenouillés devant le portrait de Prévot, priaient toujours et pleuraient, mais cette fois de bonheur et d'espérance.

— Enfant, dit-il de sa voix rude, votre père vous attend à la Bastille.

— Mon père ! s'écria le jeune homme ; je croyais avoir à le venger, j'ai à le sauver.... marchons !

Il embrassa sa mère et suivit Boyrel.

XI

LE COMBAT.

Le lendemain, dès le matin (14 juillet 1789), une foule immense était réunie devant la porte principale de la Bastille. Le temps était beau, le ciel pur ; le soleil brillait dans tout son éclat. Ce chaud soleil des jours caniculaires, qui brûle les cerveaux et fait fermenter dans les âmes les passions destructives, n'avait pas cette fois encore manqué son effet sur la population parisienne ; elle s'agitait menaçante et terrible autour de la forteresse.

Cependant le vieil et noir édifice ne s'était pas encore ému du bruit de cet orage prochain. Ses neufs tours s'élevaient toujours fièrement, avec leur couronne de créneaux gigantesques, avec leur ceinture de murailles et de fossés. Pas un soldat ne se montrait aux petites fenêtres ouvertes çà et là comme des meurtrières ; on eût dit que la Bastille voulait se défendre seulement par l'épaisseur de ses murs, par la masse imposante de sa construction, *mole sud.* Son pont-levis était levé, ses canons bourrés de mitraille dormaient immobiles au haut des plates-formes ; elle attendait.

A midi, pas un seul coup de fusil n'avait encore été tiré. Le peuple et la Bastille, comme deux adversaires géans, se mesuraient du regard sans qu'aucun d'eux osât attaquer l'autre le premier.

Tout à coup une nouvelle troupe déboucha bruyamment par la rue de la Cerisaie. Les arrivans étaient armés.

— Vingt-sept mille fusils et des canons sont au pouvoir du peuple ! dit l'un d'eux d'une voix joyeuse. Que ceux qui n'ont pas d'armes aillent en chercher à l'hôtel des Invalides.

Un hourra universel accueillit cette grande nouvelle ; aussitôt une partie de la foule se précipita vers le boulevard en poussant déjà des acclamations de triomphe.

Cependant une petite troupe de gens déterminés et bien pourvus d'armes s'étaient cantonnés près de la place ; elle ne sembla pas s'apercevoir de l'espèce de mouvement rétrograde occasionné par cette désertion momentanée. Jules de Beaumont et Boyrel, qui en étaient les chefs, s'entretenaient à demi-voix d'un hardi projet qu'ils méditaient, quand un de ces personnages importans, qui jouent dans les émeutes le rôle de la mouche du coche, s'approcha du jeune militaire et lui dit avec brusquerie :

— Est-ce ici votre place, monsieur ! ne devriez-vous pas être avec vos camarades, les gardes françaises ?... en ce moment ils conduisent ici les canons que nous venons de prendre aux Invalides !

Jules de Beaumont lui jeta un regard de dédain et de colère.

— Moi m'éloigner un seul instant ! s'écria-t-il, oubliant dans sa préoccupation filiale que l'étranger n'était pas dans la confidence de ses secrets ; moi perdre de vue une minute ces murailles derrière lesquelles gémit mon père!... Monsieur, ajouta-t-il avec chaleur en montrant une des grosses pierres sur lesquelles s'abattait le pont-levis, j'ai passé la nuit sur le seuil de la Bastille pour qu'on ne me ravisse pas le trésor qu'elle renferme... mon poste est là, au premier rang, et vous allez voir que je ne reculerai pas.

Un jeune ouvrier de la bande de Boyrel parut tenant à la main deux de ces lourdes haches dont se servent les charpentiers pour équarrir les poutres.

Boyrel en prit une, Jules de Beaumont s'empara de l'autre. Le meneur les regarda avec étonnement, sans comprendre leur projet.

En avant du pont-levis, sur les bords extérieurs du fossé, s'élevait un corps de garde abandonné par la garnison, qui s'était retirée dans l'intérieur de la forteresse ; le toit de ce corps de garde pouvait être atteint facilement, et de là on pouvait se trouver à portée d'abattre les chaînes du pont. Ce fut vers cet édifice que se dirigèrent Boyrel et son pupille. Jules, leste, ardent, eut promptement escaladé le toit, et il s'élança vers le point le plus rapproché des chaînes, en brandissant sa pesante hache. La foule attentive ne savait encore dans quel but ces deux hommes s'exposaient à recevoir à bout portant le feu des assiégés.

Boyrel allait ainsi frapper la chaîne du pont ; Jules de Beaumont le retint par le bras.

— Au nom de mon père ! s'écria-t-il avec solennité, laissez-moi porter le premier coup à la Bastille.

Et sa hache s'abattit lourdement sur les énormes anneaux de fer ; Boyrel l'imita. Les coups des deux audacieux se firent entendre, à intervalles égaux, par-dessus le tumulte, et se prolongèrent dans les vastes cours de la vieille prison d'État.

En ce moment, une terreur panique s'empara de la foule. On venait de voir des fusils sortir des meurtrières ; des artilleurs se montraient au haut des tours, tenant des mèches allumées au-dessus de leurs pièces. La plupart des assaillants prirent la fuite, épouvantés par cette terrible démonstration.

— Ces gens-là sont fous ! dit le meneur en jetant loin de lui son beau fusil neuf afin de courir plus vite ; par leur précipitation, ils vont nous faire massacrer tous.

D'autres, plus généreux, poussèrent de grands cris pour avertir Jules et Boyrel du péril ; mais Jules et Boyrel ne semblaient rien entendre. Les soldats qui venaient d'apparaître tout à coup aux fenêtres, aux meurtrières, derrière les créneaux, proférèrent des menaces et des imprécations en leur ordonnant de descendre de leur poste au plus vite ; mais les téméraires, sans se déranger, sans même tourner la tête pour savoir ce qu'ils avaient à craindre, continuaient leur bruyante besogne, frappant en cadence sur les chaînons de fer qui commençaient à céder.

— Retirez-vous, ou vous êtes morts ! cria une voix terrible du haut d'une tour.

Jules et Boyrel frappèrent à la fois un coup plus terrible que les autres ; les chaînes se rompirent, le pont tomba avec un fracas épouvantable, livrant aux assiégeans l'entrée de la première enceinte de la Bastille.

— Vive la liberté ! cria le peuple en s'avançant avec impétuosité au milieu du nuage de poussière que cette chute venait d'élever.

— Mon père ! mon père ! dit Jules de Beaumont.

Il jeta sa hache devenue inutile, et s'élança dans l'avant-cour, où déjà se ruait la foule. Une effroyable décharge de mousqueterie se fit entendre ; Jules s'empara du fusil d'un homme blessé mortellement à ses côtés, et quand Boyrel vint joindre son pupille, le combat était définitivement engagé entre la garnison de la Bastille et la population parisienne.

On connaît la suite des événemens de cette mémorable journée ; à cinq heures la Bastille était prise.

Pendant la lutte, ni Boyrel ni Jules de Beaumont ne reculèrent d'un pas. Entourés de quelques ouvriers, parens du vieux Boyrel, on les vit continuellement charger et décharger leurs armes, sans s'inquiéter de ceux qui tombaient autour d'eux ; ils semblaient puiser une ardeur toujours nouvelle dans le nom magique de Prévôt de Beaumont, qu'ils prononçaient parfois en jetant aux échos de la prison féodale le bruit d'une explosion nouvelle. Cependant Boyrel n'avait pas oublié les prières de la mère de Jules ; souvent il le prit par le bras pour lui faire éviter une balle, souvent il couvrit de son corps le jeune soldat que son courage emportait trop loin. L'homme du peuple continuait d'acquitter la dette du peuple envers la courageuse famille de Beaumont.

Jules fut le premier à pénétrer dans l'intérieur de la forteresse, aussitôt que le second pont-levis fut baissé ;

mais Boyrel, encore tout échauffé par le combat, s'arrêta sur le revers extérieur du fossé. Il appela le jeune ouvrier qui avait précédemment apporté des haches, et il lui donna une mission pour madame de Beaumont, qui était en proie sans doute à de mortelles inquiétudes.

Jules, entraîné par son impatience filiale, avait traversé la grande cour sans faire attention à la scène de terreur et d'extermination dont elle était le théâtre ; il ne voyait rien dans ce moment suprême où il allait enfin apprendre le secret de l'impitoyable Bastille à l'égard de ce père qu'il vénérait comme Dieu sans avoir jamais vu que son image. Un vaste escalier était devant lui ; il le franchit avec rapidité, fit tourner lourdement sur ses gonds rouillés une porte en chêne de vingt pieds de haut ; alors une longue suite de corridors humides et obscurs se montra devant lui.

Sans s'arrêter pour réfléchir ou pour chercher un guide, il s'élança dans ce dédale sans fin de galeries et de cachots. A mesure qu'il s'éloignait de la porte par laquelle il était entré, l'obscurité et le silence devenaient plus complets. Bientôt il n'entendit plus ces cris effrénés, ces coups de fusil continuels qui retentissaient encore dans le lointain ; les murs de la Bastille étouffaient le tumulte du dehors, comme ils avaient si longtemps étouffé les soupirs du dedans.

— Prévôt de Beaumont ! Prévôt de Beaumont ! cria-t-il d'une voix forte.

Il s'arrêta pour écouter si quelque plainte, quelque gémissement répondrait à cet appel. Sa voix se prolongea dans la profondeur des corridors, un écho sec répéta encore quelques instans le bruit de ses pas ; puis tout retomba dans un silence morne et sépulcral.

XII

LE CACHOT.

Tout à coup, à l'angle d'une galerie basse plus effrayante que les autres, le jeune garde française aperçut une porte donnant accès dans les souterrains du château. Une petite lampe, à demi éteinte faute d'huile, éclairait faiblement les premières marches d'un escalier qui semblait descendre dans les entrailles de la terre. Son cœur se serra à cette vue ; on eût dit l'entrée d'un tombeau. Mais le souvenir de son père vint lui rendre la force et le courage.

— Il est là ! murmura-t-il en courant vers les souterrains.

Il s'enfonçait déjà dans ce gouffre méphitique et ténébreux, quand un bruit confus se fit entendre à l'autre bout de la galerie. Bientôt il reconnut Boyrel, accompagné de quelques-uns de ses compagnons qui s'étaient munis de flambeaux. Au milieu d'eux marchait un porte-clefs qu'ils avaient amené de force pour leur servir de guide. Boyrel courut avec joie vers son pupille, et il voulut lui faire des reproches de l'avoir quitté un moment.

— Boyrel, interrompit précipitamment l'impétueux Beaumont, un seul mot : mon père...

— Il vit ; il est là, répondit le vieil ouvrier en désignant l'entrée du souterrain.

— C'était Dieu qui me conduisait ! s'écria Jules en tombant dans les bras de son ami.

On se mit à descendre l'escalier tortueux et glissant des cachots. Tout en marchant sous ces voûtes noircies par le temps et la fumée des lampes, Jules trouva assez de force pour demander au porte-clefs dans quel état ils allaient trouver son père.

— Oh ! il se porte bien, celui-là ! dit le geôlier d'un ton bourru, et adouci néanmoins par la terreur que lui inspirait la victoire du peuple : c'est un de ces corps de fer qui usent les prisons... Cependant, ajouta-t-il avec un geste expressif, quelquefois la raison...

— Oh ! mon Dieu ! serait-il devenu insensé ?

Le geôlier, sans s'expliquer davantage s'arrêta devant une porte basse, dont il chercha longtemps la clef dans l'énorme trousseau suspendu à sa ceinture. La minute qui s'écoula pendant cette recherche parut un siècle aux assistans. Quand la porte s'ouvrit, tous se précipitèrent dans le cachot ; Jules s'avança les bras tendus vers le prisonnier, il s'arrêta aussitôt frappé d'horreur.

A la lueur des torches que portaient ses compagnons, car le jour pénétrait seulement dans ce souterrain par un étroit soupirail qui brillait à la voûte comme une étoile près de s'éteindre, il aperçut, gisant sur un peu de paille, une pauvre créature écrasée sous le poids de ses chaînes. C'était un vieillard maigre, jaune, aux membres raidis par l'humidité du cachot. Il était vêtu d'un de ces sarreaux de toile grossière, costume ordinaire des prisonniers de la Bastille. Une longue chevelure blanche, et une barbe blanche presque aussi longue que la chevelure, empêchaient de voir son visage profondément sillonné de rides. Il porta péniblement ses yeux sa main décharnée, comme si l'éclat subit des lumières eût blessé sa vue.

— Qui est là ? demanda-t-il d'une voix cassée et traînante.

Jules, revenu de son premier mouvement de surprise et de terreur, allait s'élancer vers le vieillard et lui prodiguer les noms les plus doux, mais Boyrel, qui voyait quels ménagemens nécessitait la faiblesse physique et morale du malheureux prisonnier, retint par le bras l'impétueux jeune homme et lui fit signe de se taire. Jules obéit avec effort à cette injonction, dont il sentait l'importance. Tout le monde se tut à son exemple.

Alors Boyrel, dont les yeux étaient pleins de larmes, se mit à genoux devant le vieillard.

— Ami, soupira-t-il, c'est la liberté.

Le prisonnier ne répondit pas ; mais une expression de béatitude céleste se montra sur son visage, comme si un ange se fût penché sur lui pour glisser à ses oreilles des consolations divines.

— Vos sens ne vous trompent pas, Prévôt de Beaumont, continua Boyrel, devinant sa pensée ; c'est un homme qui vous parle, c'est un frère...

— Qui êtes-vous donc ? demanda le vieillard après un nouveau silence.

— Je suis, dit Boyrel avec plus de force et avec un accent solennel, je suis un envoyé du peuple que vous avez tant aimé, et je viens vous dire : Prévôt de Beaumont, levez-vous, vous êtes libre !

Le prisonnier sembla retrouver une partie de ses facultés ; il s'agita sur la paille.

— Cet appel, je l'ai attendu bien des heures, dit-il ; il ne s'est pas fait entendre... Maintenant il est trop tard ; ils ont épuisé ma force et mon courage ; ils ont tué avant le temps, et l'âme qui pense et le corps qui agit... Voyez, je ne peux plus me lever... Vive le peuple, et puis mes souvenirs se sont éteints... Oh ! aidez-moi donc, aidez-moi donc ! continua-t-il en s'agitant comme s'il eût voulu réveiller son intelligence engourdie par tant d'années de souffrances.

Boyrel ordonna au geôlier d'ôter les fers du prisonnier, et pendant que Jules, tout palpitant d'émotion, l'aidait dans cette pieuse occupation, il fit boire au vieillard quelques gouttes d'une potion cordiale qu'il avait eu soin d'apporter. Pendant cette opération, Prévôt, qui jusque-là avait tenu sa main devant ses yeux pour les garantir de l'éclat des lumières, la laissa tomber un moment et poussa un grand cri. Il venait de voir les nombreux spectateurs de cette scène lugubre.

— Ces hommes, qui sont-ils ? demanda-t-il avec une terreur d'enfant.

Jules ne pouvait plus se contenir ; mais Boyrel sentit qu'il n'était pas prudent d'éprouver sitôt le malheureux prisonnier par une forte émotion.

— Prévôt de Beaumont, reprit-il, ne connaît-il plus les enfans de ce peuple pour lequel il s'est si noblement dévoué autrefois ?... ne vous souvient-il plus de cette vie passée, de cette vie si pleine de grands projets, de riches espérances et d'actions héroïques ?

Le vieillard parut réfléchir, et dit en s'animant à mesure qu'il parlait :

— Attendez, oui, je commence à me souvenir... les pauvres avaient faim, n'est-ce pas ? partout la misère, des figures hâves, des haillons, des cris de rage... moi j'eus pitié de ces souffrances : oui, c'est cela. Il y avait une ligue entre quelques méchans; moi je voulus briser cette ligue. Oh ! j'y suis maintenant : le pacte de famine ! je voulais anéantir le pacte de famine !...

Prévôt de Beaumont s'arrêta encore; Boyrel lui donna quelques gouttes de cordial, et le martyr sembla retrouver peu à peu les forces nécessaires à la continuation de ce douloureux entretien.

— Vous souvient-il aussi, reprit Boyrel en soulevant avec précaution la tête de Prévôt, tandis que Jules frictionnait en silence les bras et les jambes de son père endoloris par les fers, vous souvient-il aussi d'un pauvre ouvrier qui vous aidait de son crédit auprès des petites gens comme lui ? cet ouvrier, cet ami, c'était Boyrel le charpentier... c'était moi...

Le vieillard chercha dans sa tête une idée vague et presque effacée; il dit au bout d'un moment :

— J'ai oublié votre nom, frère, mais je me souviens de votre personne.

Il tendit sa main tremblante à Boyrel ; ce fut Jules de Beaumont qui la couvrit de larmes et de baisers. Le vieil ouvrier lui fit signe de prendre patience encore quelques instans. Il allait recommencer ses questions, quand le vieillard, qui, pendant cette pose avait balbutié quelques paroles inintelligibles, se dressa tout à coup sur son séant :

— Attendez, s'écria-t-il en se pressant le front comme pour aider l'effort de la mémoire, je me souviens encore... Mon père ? qu'avez-vous fait de mon père ?... et Angèle, cette douce et belle créature qui m'est apparue si souvent dans mes rêves du cachot, au temps où je rêvais encore, qu'est-elle devenue ?... et mon fils, cet enfant si blond et souriant qui devait me venger ?...

— Le voici, mon père ! s'écria le jeune de Beaumont en s'élançant dans ses bras, il a tenu le vœu que sa mère avait fait en son nom.

Pendant cette scène, plusieurs assistans avaient éteint leurs flambeaux, dont l'éclat fatiguait la vue de l'infortuné Prévôt; une seule torche était restée allumée, et cette lueur douce lui permettait de distinguer tout ce qui l'environnait. Il put donc contempler ce fils que le ciel lui rendait. Quand il eut envisagé ce noble et beau jeune homme dont les traits exprimaient tant de bonheur, de vénération et d'amour, un cri d'orgueil et de joie s'échappa de sa poitrine; il le pressa dans ses bras, et une larme, la dernière peut-être, coula lentement sur ses joues osseuses, comme pour annoncer que, dans ce vieillard presque mourant quelques minutes auparavant, le cœur venait de se réveiller après l'intelligence et la mémoire.

Tout à coup le prisonnier repoussa son fils.

— Enfant, qu'as-tu fait de ta mère ? demanda-t-il.

Jules allait répondre, quand madame de Beaumont, prévenue par les soins de Boyrel, entra dans le cachot; elle se jeta à genoux sur la paille où gisait le martyr.

— Je viens vous demander pardon pour votre père qui n'est plus ! s'écria-t-elle. Prévôt de Beaumont, ayez pitié de moi, car depuis plus de vingt ans j'ai cruellement expié ma faiblesse... Mon fils, ajouta-t-elle en s'adressant à Jules, intercédez pour votre mère.

Le prisonnier les regarda tous deux à genoux; une ineffable expression de félicité se montra sur son visage. Il leur tendit la main; mais, comme si cette dernière émotion eût été trop violente pour son organisation défaillante, il s'affaissa sur la paille en prononçant des mots inarticulés.

— Le voilà retombé dans ses accès, dit le geôlier avec indifférence. Maintenant vous ne pourrez de longtemps tirer de lui une parole...

— Portons-le en haut, dit Boyrel, l'air de la liberté le ranimera peut-être.

Il le prit dans ses bras ; Jules souleva avec de religieuses précautions la tête de son père, tandis qu'Angèle soutenait en pleurant ses mains glacées. Puis ils montèrent lentement l'escalier du souterrain, accompagnés de leurs amis ; ce triste cortége s'avança vers la grande porte qui donnait dans la cour principale de la Bastille.

Cette cour présentait en ce moment un aspect grandiose et terrible. Le soleil couchant dorait encore les créneaux des hautes tours, mais l'obscurité commençait déjà dans l'enceinte profonde qu'entouraient ces bâtimens lugubres. Les ponts-levis baissés laissaient apercevoir dans le lointain la foule bruyante, les batteries de canons dirigées par le peuple contre la forteresse. Un nuage de poussière et de fumée planait dans une atmosphère tiède et immobile au-dessus de toutes ces têtes flottantes. Des gardes françaises avec leurs brillans uniformes, des gens du peuple en vestes grises, ou demi-nus, des clercs de la basoche avec leur costume écarlate, et même des ecclésiastiques en soutane noire, mais tous armés, tous glorieux de leur cocarde tricolore, la poitrine encore haletante de la fatigue du combat, allaient et venaient, faisant entendre des cris de triomphe et de menace, de haine et de liberté. Çà et là des cadavres étaient foulés aux pieds ; à l'écart, dans les angles obscurs de cette cour, gémissaient quelques blessés qu'on ne regardait pas. On avait aussi transporté là des prisonniers, arrachés comme Prévôt de Beaumont aux impitoyables souterrains de la Bastille. La foule se pressait alentour pour voir ces victimes des passions politiques, ces squelettes vivans qui avaient oublié leur nom et leur histoire, et dont plusieurs moururent de saisissement à la vue de la lumière du ciel.

Sans doute cet éclat lumineux, cet air libre et léger, ce mouvement et ce bruit, au sortir d'un cachot où tout était silencieux, immobile et noir, produisit sur Prévôt de Beaumont une impression non moins profonde. Il s'agita convulsivement entre les bras de ses libérateurs ; son organisation débile et maladive fut sur le point de se briser sous l'action d'une vivacité surabondante. On le déposa sur le perron, exposé aux regards de la foule, et il resta quelques instans sans mouvement et sans voix.

Cependant les gens du peuple qui remplissaient la cour, à la vue de cette humaine effrayant de vieillesse et de maigreur, à la vue des soins respectueux et pleins d'amour que lui prodiguaient ce jeune militaire, cette femme en pleurs, ces jeunes gens attentifs et empressés, accoururent avec empressement pour savoir quelle était cette triste victime des vengeances du pouvoir. Bientôt le nom de Prévôt de Beaumont fut sur toutes les bouches ; on se rappelait son dévouement, ses souffrances. Dans ce moment d'enthousiasme, il n'en fallait pas tant pour exciter l'admiration jusqu'au fanatisme ; chacun voulait contempler les traits flétris de celui qui avait fait jadis une si terrible guerre aux accapareurs et au pacte de famine.

— Vive Prévôt de Beaumont ! crièrent mille voix.

— Portons-le en triomphe autour des remparts de la Bastille ! proposa l'orateur du matin.

— Oui, oui, en triomphe ! répéta-t-on de toutes parts.

On voulut élever le prisonnier sur quelques bras entrelacés ; mais Boyrel se jeta au-devant des enthousiastes, et s'écria d'une voix de tonnerre en les repoussant :

— Insensés ! ne voyez-vous pas qu'il va mourir ?

Cependant cette vigoureuse constitution, qui avait résisté aux privations et aux tortures du cachot, n'avait pas cédé tout à fait sous l'influence dévorante d'un air trop vif et trop pur. Bientôt elle sembla reprendre le dessus. Le vieillard, le premier moment de crise passé, respira plus librement; on redoubla de soins pour le rappeler à lui, et on eut enfin la joie de lui voir rouvrir les yeux.

Le peuple salua par un redoublement de vivats et de cris de liberté ces symptômes favorables, et cette fois les acclamations ne semblaient pas frapper inutilement l'oreille de Prévot de Beaumont. Il écouta un moment : sa physionomie prit une expression de méditation profonde; puis tout à coup il fit un violent effort, se leva debout, au grand étonnement des spectateurs, et prononça quelques paroles qu'on ne put entendre.

Aussitôt un profond silence s'établit dans cette vaste cour ; les blessés eux-mêmes retinrent leurs plaintes et leurs gémissemens. Tous les regards se tournèrent spontanément vers ce cadavre vivant, à la longue barbe blanche, aux membres tordus comme s'il sortait d'une tombe étroite. Debout sur le perron, du haut duquel il dominait la foule, appuyé d'un côté sur un jeune homme plein de force et de vigueur, de l'autre sur une femme vieille et courbée comme lui, il tendit son bras décharné vers la foule attentive :

— Le grand peuple qui a conquis la liberté, dit-il d'une voix faible et cependant distincte, le peuple qui me fait revoir la lumière du jour, ce peuple a-t-il du pain?

Un silence morne et solennel régna encore pendant quelques minutes. Puis, du milieu de la foule, sortit une voix lamentable qui répondit :

— Non !

Prévot de Beaumont resta un moment immobile, comme s'il n'avait pas compris cette parole. Puis son œil s'anima, il fit un geste sublime de colère et de pitié :

— Pourquoi donc avez-vous pris la Bastille? s'écria-t-il.

Huit jours après (le 22 juillet), madame de Beaumont et Jules veillaient sur l'infortuné prisonnier, qui depuis cette scène n'avait pas eu un moment lucide. On l'avait transporté dans un petit appartement de la rue du Temple et, d'un moment à l'autre, on s'attendait à le voir expirer. Cependant on eût dit que son âme ardente ne pouvait quitter ce corps usé avant quelque grand événement dont l'espérance la rattachait à la terre. Elle errait sur ses lèvres pâles et contractées, prête à s'envoler vers le ciel aussitôt qu'un signal inconnu lui serait donné.

La mère et le fils pleuraient en regardant cet infortuné qui ne leur avait été rendu que pour leur être enlevé si vite, quand tout à coup Boyrel, les vêtemens en désordre et haletant d'une course rapide, entra dans la chambre; il s'approcha du lit où gisait le moribond :

— Prévot de Beaumont, s'écria-t-il, réjouissez-vous : le pacte de famine est anéanti ! Foulon et Bertier, les chefs des accapareurs, viennent d'être mis à mort par le peuple ; les frères Leleu sont en fuite, et Pinié, le caissier de cette bande exécrable, s'est brûlé la cervelle dans la forêt du Vésinet...

A cette nouvelle, Prévot se souleva sur son lit, et dit avec une douceur ineffable, en exhalant son dernier soupir :

— Adieu, mes amis ; je puis mourir maintenant, le peuple aura du pain.

Le martyr mourut et la famine continua. Que la honte en retombe sur les véritables auteurs ! La postérité saura leurs noms.

FIN DU PACTE DE FAMINE.

UNE PASSION

I

Au commencement de ce siècle on voyait, sur les bords de la Loire, à peu de distance d'Orléans, une petite maison de campagne située dans une position pittoresque et délicieuse. Les voyageurs, en passant sur une grand'route voisine, s'arrêtaient avec complaisance pour admirer de loin cette habitation proprette et élégante, avec ses encoignures de briques rouges, sa vigne joyeuse s'étalant sur la façade comme un éventail de verdure, ses fenêtres encadrées de liserons pourpres, et ses deux girouettes jadis dorées qui la surmontaient d'une manière toute féodale. On eût dit d'une de ces retraites heureuses que rêve le sage, où le vieillard voudrait mourir.

Cependant, vers la fin de l'automne de 1804, si quelqu'un de ces passans enthousiastes eût suivi l'étroite avenue de cerisiers rabougris qui conduit aux Herbages (ainsi s'appelait cette petite propriété), il eût bien vite reconnu combien les apparences sont trompeuses. Le toit était en mauvais état, et ceux qu'il abritait devaient redouter les orages; les volets, autrefois peints en vert, tombaient en pièces. Le jardin, attenant à la maison, était en friche, hérissé d'orties, de mercuriales, de chardons et d'autres plantes sauvages; sa haie d'aubépine, abandonnée à elle-même, projetait çà et là des branches parasites. Enfin on n'eût su s'il fallait attribuer ce désordre et cet état de dégradation à l'insouciance profonde ou à la misère du propriétaire; mais une large affiche, intimement adhérente à la porte principale, et qu'une main impatiente avait cherché à arracher dans un transport de colère, laissait lire en grosses lettres noires, sur un fond rouge, cette fatale inscription : A VENDRE PAR EXPROPRIATION FORCÉE.

Cette maison appartenait alors à un hobereau peu fortuné, le chevalier de Menneville, qui avait eu autrefois une modique charge dans les chasses de Louis XVI. Telle était son obscurité, son peu d'influence dans le pays qu'on n'avait pas même songé à l'inquiéter pendant la Terreur, à propos de son titre de noble dont il n'était pas moins fier. Le chevalier était un homme simple, bon, affable avec tout le monde; ce fut ce qui le sauva.

Les Herbages étaient d'un rapport très modique; cependant le chevalier avait à pourvoir sa femme et sa fille Octavie; celle-ci, charmante enfant de seize ans, grandissait dans cette campagne solitaire comme une plante précieuse et ignorée. Sans faire une dépense qui aurait pu attirer l'attention sur lui, il avait voulu tenir un rang un peu plus élevé que les simples paysans des alentours; de plus, comme nous allons le voir, il avait une passion dominante, une sorte de monomanie qui absorbait son temps, ses pensées et son misérable revenu. Aussi, pendant plusieurs années, Menneville avait-il vendu séparément et par petits lots les terres labourables, les vignes, les prairies productives dépendantes de cette propriété; bientôt il ne lui resta plus que la petite maison que nous venons de décrire.

A quelque distance des Herbages se trouvait une autre habitation, d'une apparence moins attrayante sans doute que celle du chevalier, mais dont l'aspect aurait plu davantage à un utilitaire de notre époque. C'était une ferme aux abords fétides et repoussans, mais ses vastes granges regorgeaient de foin, ses greniers de blé; de gras pâturages, des forêts, des champs fertiles en dépendaient; de magnifiques troupeaux rentraient le soir dans ses étables : tout y respirait l'abondance et la prospérité.

Monsieur Simon, le propriétaire de cette habitation, avait reçu dans le pays le surnom tant soit peu trivial de Rogne-Liard, à cause de son avarice bien connue; c'était un ancien fermier qui avait su profiter des circonstances pour amasser une grande fortune. C'était lui qui avait acheté morceau à morceau les terres que Menneville avait été forcé de vendre; c'était lui qui avait prêté de l'argent sur hypothèque; malgré tout cela, telle avait été sa finesse, son apparente bonhomie, que le chevalier s'était cru son obligé.

Aussi Menneville avait-il cherché à oublier quelle était l'origine de la fortune de l'ancien fermier. Il avait reçu amicalement son voisin chez lui; la famille du noble et celle du parvenu avaient paru un moment, malgré la différence des conditions, vivre dans une parfaite intimité.

Simon avait un fils unique, âgé alors de vingt ans, à qui il avait fait donner à Paris une éducation brillante; Charles, c'était le nom de ce fils, avait dignement répondu à l'attente de son père. Quand, après avoir terminé ses études, il revint à la ferme avec le titre d'avocat, il fut accueilli avec affection par le chevalier; madame de Menneville se montra pleine de bienveillance pour ce jeune homme poli et aimable, qui lui rappelait sa société d'autrefois, et Octavie, innocente enfant qui s'abandonnait naturellement à ses impressions, aima sans s'en douter d'abord le fils du fermier.

Charles aimait aussi Octavie, et la fortune immense dont il était l'héritier présomptif semblait devoir combler l'abîme qui existait entre et elle lui. Quand il parla à son père de cette passion naissante, le vieux Rogne-Liard se frotta les mains avec satisfaction, comme s'il voyait enfin approcher la réalisation d'un rêve favori. Il sourit à son fils, endossa son habit des dimanches, et se mit en route pour les Herbages, en disant gaiement :

— Attends-moi, mon garçon ; notre voisin n'est pas un Turc, et malgré les *de* du monde, l'affaire sera bientôt bâclée. Il **y** a longtemps que j'y travaille.

Mais Simon avait compté sans son hôte ; le hobereau reçut très mal la demande du fermier. Le fermier se fâcha ; des mots piquans furent échangés ; les deux voisins se séparèrent avec des menaces d'une part et des défis injurieux de l'autre.

Dès ce moment commença entre eux une de ces haines de campagnards si vives, si profondes, si envenimées. Simon réclama les sommes qui lui étaient dues ; le chevalier ne pouvait payer ; il y eut des exploits d'huissiers, des saisies, à la suite desquels cette redoutable affiche rouge dont nous venons de parler se trouva un beau matin collée à la porte de la maison.

Cependant, si l'on en croyait les rapports des paysans du voisinage, Charles et Octavie n'avaient pas cessé de s'aimer, malgré l'inimitié mortelle de leurs parens.

Voilà donc où en étaient les choses au moment où commence cette histoire. Le chevalier et sa famille se trouvaient réduits à la dernière misère par suite des procès que leur avait suscités l'implacable fermier ; madame de Menneville, malade de chagrin, ne pouvait plus quitter le lit.

Mais quelle était la cause d'une ruine aussi complète ?

Par une belle matinée de septembre, Menneville, revêtu d'un vieil habit dont les nombreuses reprises attestaient plus de misère que de négligence, se promenait tristement dans son jardin. A l'extrémité de l'allée principale était une immense volière, divisée en un grand nombre de compartimens inégaux ; chacun d'eux était occupé par des oiseaux d'espèces différentes, dont plusieurs semblaient rares et curieuses.

Quand le chevalier s'approcha, la petite colonie sembla s'animer tout à coup.

Menneville regarda avec douleur les mangeoires vides ; deux grosses larmes coulèrent sur ses joues.

On devine à présent quelle était la passion ruineuse du pauvre campagnard.

— Rien, plus rien ! disait-il en se frappant le front ; mon Dieu, que l'indigence est une chose horrible ! — Ramenant sous ses bras les basques râpées de son vieil habit, il sourit à regarder autour de la volière ces grains que les oiseaux jettent à droite et à gauche en prenant leur nourriture ; quand il en avait trouvé il s'empressait de les porter aux pauvres affamés ; mais c'était si peu ! Tout à coup il se leva ; il venait de prendre un parti. — Puisque je ne puis les nourrir, dit-il, je rendrai au moins la liberté à ceux qui trouveront leur vie dans la campagne... Les retenir plus longtemps captifs serait une barbarie inutile.

Il s'approcha de la partie de la volière où se trouvaient les oiseaux pêcheurs, auxquels il n'avait plus de petits poissons à donner ; il ouvrit la porte avec une sorte de recueillement solennel et en détournant les yeux.

D'abord les pensionnaires semblaient douter de sa sincérité ; ils regardaient avec étonnement leur prison ouverte. Le premier qui profita de cette faveur fut un robuste héron ; il allongea hardiment son cou moucheté hors de la cage et s'élança d'un bond dans le jardin. Là il fit claquer son bec, hérissa ses plumes sous cet air libre, puis tout à coup, étendant ses ailes puissantes, il s'éleva rapidement jusqu'aux nuages ; les oiseaux qui étaient dans le **même compartiment** de la cage s'élancèrent après lui.

Pendant quelques minutes, le chevalier les suivit du regard dans les vastes plaines de l'air, qu'ils parcouraient en poussant de rauques cris de joie.

Après ce sacrifice douloureux, Menneville s'avança lentement vers l'autre extrémité de la volière. Il s'arrêta devant un magnifique oiseau, de la grosseur d'un dindon, au plumage bleu ardoisé, dont la tête était surmontée d'une large huppe blanche. C'était le pigeon couronné des Indes, le plus rare et le plus précieux de tous ceux que possédait le chevalier. Pour le payer, il avait vendu jusqu'à ses bijoux de famille. Il le regarda plus longtemps que les autres ; l'oiseau n'avait pas touché au morceau de pain grossier placé près de lui.

— Cette nourriture ne lui convient pas, murmura-t-il ; mon pigeon couronné va mourir de faim... O mon Dieu ! que faire pour le sauver ?

En ce moment, une voix plaintive se fit entendre dans le jardin. On appelait Menneville ; mais absorbé dans sa douleur il ne répondait pas.

— Mon père ! mon père ! répéta la voix.

Une jeune fille pâle et défaillante s'approcha de la volière. C'était Octavie.

L'extérieur de la pauvre enfant attestait comme celui du chevalier un profond dénûment.

— Qu'y a-t-il donc ? dit le chevalier sans cesser de regarder avec douleur le superbe oiseau des Indes.

— Mon père, monsieur le curé est venu voir ma bonne maman, et il désire vous parler.

— J'y vais, ma fille. Et il ajouta, après quelques secondes : — Regarde, Octavie, mon beau pigeon est malade.

— Maman est bien malade aussi, dit la jeune fille avec une tristesse angélique où il n'y avait pas même de reproches pour la folie de son père.

— Il a faim ! — reprit le chevalier. Octavie tourna la tête sans répondre. Son père la comprit et la pressa dans ses bras en murmurant avec des sanglots étouffés : — Et nous aussi, n'est-ce pas, ma fille ?

II

Il entra dans une chambre dépouillée de meubles et sans rideaux ; le curé, respectable vieillard en cheveux blancs, était assis sur une chaise à côté du lit de la malade. Madame de Menneville, pâle et amaigrie, répondait d'une voix faible aux consolations du pasteur.

— Soyez le bienvenu aux Herbages, monsieur le curé, dit le chevalier en affectant une gaieté qui n'était pas dans son cœur. Tant que je serai maître de ce petit domaine, et malheureusement je ne le serai pas longtemps, il recevra avec respect les hommes de Dieu.

— Vos ennemis sont bien punis de leur injustice, monsieur le chevalier, répondit le curé ; je viens de la ferme... monsieur Simon a été pris d'un mal subit, et peut-être n'existe-t-il plus au moment où je vous parle...

— Que Dieu ait pitié de lui !

— Toute réconciliation est-elle donc impossible entre vous deux ? Ne lui pardonnerez-vous pas à son lit de mort le mal qu'il vous a fait ?

— Avez-vous mission de tenter un rapprochement ?

— Eh bien ! si je l'avais, monsieur le chevalier, seriez-vous inexorable ?... Je connais l'indigne conduite de Simon envers vous, et pourtant je ne l'ai pas jugé indigne de pardon.

— Que je pardonne à ce misérable ! s'écria le chevalier avec une explosion de colère ; pardonner à cet infâme usurier qui m'a arraché pouce à pouce mon héritage, qui a réduit ma femme au désespoir, qui demain, aujourd'hui, dans quelques momens peut-être, va me chasser, ma famille et moi, de notre dernier abri !

— Ne le maudissez pas, s'écria le prêtre, je vous **ai dit** qu'il allait mourir !

— Ah ! il voulait unir son fils à ma fille! reprit Menneville en se promenant avec vivacité dans la chambre ; lui, ce paysan, cet homme repoussant, enrichi par le vol et l'usure !... Ma fille, cette noble, cette pure enfant aurait porté le nom flétrissant de Rogne-Liard !

A ce mot, prononcé avec une ironie méprisante, Octavie, qui venait de rentrer, se cacha le visage.

— Mon ami, dit la malade doucement, ne confondez pas Charles avec son père ; c'est un bon jeune homme, d'un caractère loyal et généreux.

— Et qu'importe le fils de la vipère ! interrompit impétueusement son mari. Qu'on ne m'en parle plus...

— Est-ce là votre dernier mot ? dit le curé avec tristesse. Ne ferez-vous donc aucune concession, aucun sacrifice, sinon à votre position personnelle, du moins à celle de madame de Menneville, de votre fille ?

— Mon ami, si Octavie venait à nous perdre, dit la malade, que deviendrait-elle ?

— Si elle épousait le fils de cet homme, s'écria le chevalier, je sortirais du tombeau pour la maudire !

Octavie se jeta dans les bras de sa mère en poussant un cri d'effroi.

Menneville ajouta après un moment de silence :

— Est-ce là tout ce que vous aviez à m'apprendre ?

— Monsieur, dit le curé en cherchant à imiter son ton froid et posé, j'ai encore une proposition à vous adresser... Un de mes amis de la ville, grand amateur d'oiseaux comme vous, m'a chargé de vous offrir cinq cents francs de votre pigeon couronné...

— Cinq cents francs ! répéta le chevalier ; il m'en a coûté plus de mille, et j'ai fait tout exprès le voyage de Paris pour me le procurer... Cinq cents francs ! un oiseau unique en France, l'espèce la plus estimée, la plus recherchée de toute la famille des pigeons !

— On ira à mille francs, et plus haut si cela est nécessaire ; mais cédez-moi cet oiseau, l'argent vous sera compté ce soir, quel que soit le prix.

Menneville hésita un moment.

— Non, je ne le puis, s'écria-t-il enfin avec un effort douloureux.

— Quoi ! vous refusez ?

— Mon beau pigeon couronné ! dit le chevalier en se promenant d'un air égaré ; oh ! je ne veux pas le vendre. Madame, Octavie, pardonnez-moi... mais je ne puis vendre mon pigeon couronné.

Il se pencha sur le lit de sa femme et la pressa dans ses bras.

— Ayez pitié de lui, dit madame de Menneville au curé d'un ton suppliant.

— Oh ! oui, ayez pitié de moi, continua le chevalier, car ce goût funeste, après m'avoir réduit à la misère, est plus puissant encore que mon amour pour elles deux... Je les vois là mourantes, manquant de tout, et je ne puis adoucir leur infortune au prix que vous me demandez !

— Eh bien ! monsieur, reprit le curé en se rapprochant de lui, si ce marché vous est trop pénible, n'en parlons plus... mais alors acceptez comme prêt la somme que je vous propose... J'ai des amis riches... on ne vous gênera pas pour le payement, et peut-être...

— Une aumône, dit le chevalier avec un accent de fierté blessée ; oh ! je travaillerai à la terre s'il le faut, mais je n'accepterai jamais ce que je ne suis pas sûr de pouvoir rendre... Je suis gentilhomme !

Il y eut là un intervalle de silence.

— Notre chère malade, reprit enfin le curé d'une voix altérée, me permettra du moins de lui offrir quelques gâteaux légers... je les ai apportés de la ville à son intention.

Et il déposa deux biscuits sur un vieux guéridon qui était près du lit.

— Oh ! pour cela, merci, dit le chevalier, dont les yeux brillèrent de plaisir.

Le prêtre, au moment de se retirer, adressait quelques paroles consolantes à madame de Menneville. Tout à coup Octavie, qui s'était approchée de la fenêtre, poussa un cri de terreur.

— Qu'y a-t-il, ma fille ? demanda la malade en tressaillant.

— Maman, des hommes à figures sinistres s'avancent dans l'avenue ; ils viennent ici ; mon Dieu ! que nous veulent-ils ?

Le curé courut à la fenêtre.

— Ce sont des huissiers et des recors ! s'écria-t-il. Sans doute la propriété est vendue... Ils viennent pour prendre possession ou pour saisir... Monsieur le chevalier, je vous supplie... — Il regarda autour de lui, le chevalier n'était plus là ; des deux biscuits offerts à la malade, un seul se trouvait encore sur le guéridon. — Mesdames, reprit le curé avec précipitation sans s'arrêter à cette circonstance étrange, il faut que je parte sur-le-champ... Dites à monsieur le chevalier de retenir ces gens le plus longtemps possible aux Herbages... Surtout qu'il ne porte à aucune violence... Moi je vais trouver quelqu'un qui s'intéresse à vous... peut-être quand je reviendrai les choses auront-elles changé de face.

— Monsieur le curé, s'écria Octavie, vous nous abandonnez dans ce terrible moment ; qu'allons-nous devenir ?

— Il le faut, ma fille ; ayez bonne espérance, je serai de retour dans une heure... puisse Dieu amollir les cœurs secs et impitoyables !

Peu d'instans après, le bon vieillard s'éloignait de la maison au grand trot de son cheval.

Octavie traversa le jardin et courut à la volière. Ses pressentimens ne l'avaient pas trompée : son père était là, debout, devant le beau pigeon couronné, auquel il avait apporté le biscuit dérobé à sa femme.

— Il est malade, Octavie, il ne mange pas ; oh ! s'il allait mourir !...

Des coups violens frappés à la porte ébranlèrent la maison.

— Qu'est-ce donc ? demanda Menneville d'un air distrait.

— Ce sont des gens de justice... Ils viennent nous chasser d'ici. De grâce, chargez-vous de les recevoir. Moi je retourne près de ma pauvre mère... ce dernier coup pourrait lui être fatal.

Et elle s'enfuit.

III

Quand le chevalier ouvrit la porte, quatre à cinq hommes d'un aspect repoussant se précipitèrent brusquement dans sa demeure. Leur chef salua profondément.

— C'est à monsieur le chevalier de Menneville que j'ai l'honneur de parler ? demanda-t-il d'un ton doucereux.

— Oui, répondit le gentilhomme en toisant ce personnage avec dégoût.

— Alors, monsieur, j'ai le regret de vous signifier d'avoir à vider cette maison dans les vingt-quatre heures... elle vient d'être vendue aux enchères au sieur Simon, dit Rogne-Liard, pour le prix de...

— Vendue ! répéta Menneville en chancelant ; vendue ! la maison où je suis né...

— Ce n'est pas tout ; j'ai le regret d'annoncer à monsieur le chevalier, que moi, Anselme Rondeau, huissier-audiencier près le tribunal civil d'Orléans, je suis chargé de réclamer la somme portée aux pièces que voici, payable sur-le-champ entre mes mains, en francs et centimes, à la requête du même, à défaut de quoi je vais procéder immédiatement à la saisie des meubles appartenant à monsieur le chevalier...

— Entrez, dit le malheureux propriétaire.

— J'ai le regret.

Menneville fit un geste menaçant, rempli de haine et de colère ; l'huissier s'arrêta au milieu de sa formule ordinaire de politesse, et ordonnant aux recors de le suivre, il accompagna le chevalier à la chambre où étaient la mère et la fille.

A la vue de cette sinistre compagnie, les pauvres créatures se jetèrent dans les bras l'une de l'autre en silence.

Menneville se laissa tomber sur un siége et se couvrit le visage de ses deux mains.

— J'ai le regret de vous déranger, mesdames, dit l'huissier timidement, car il se souvenait de la manière peu encourageante avec laquelle Menneville l'avait reçu; mais, ajouta-t-il en promenant autour de lui un de ces regards qui valent un inventaire écrit et paraphé, nous ne vous importunerons pas longtemps. — Et il dit tout bas à l'un de ses recors : — Il n'y aura pas même de quoi payer les frais.

— Le vieux Rogne-Liard a les reins bons, répliqua l'autre avec un sourire bête et méchant; allons toujours!

Un clerc s'assit devant le guéridon, étala son papier, et on commença la saisie des objets de ménage que la misère avait encore laissés à cette infortunée famille.

On eut bientôt fini. L'huissier jeta un coup d'œil de convoitise sur ce lit de douleur que la loi lui interdisait de prendre, puis il ouvrit une porte voisine donnant dans la petite chambre d'Octavie. L'enfant tressaillit en voyant ces hommes ignobles pénétrer dans ce sanctuaire virginal et porter leurs mains grossières sur ce qui lui appartenait.

— Ecrivez, reprit l'huissier en s'approchant du scribe : *item*, une robe garnie de valenciennes...

— La robe de première communion de ma fille, s'écria douloureusement madame de Menneville, sa robe des jours de fête ! ne la touchez pas, messieurs, c'est une profanation !

— Madame, répondit l'huissier avec sa politesse doucereuse, l'article 592 du code de procédure civile dit qu'on ne laissera au saisi que « les habits dont il est vêtu et couvert, » et j'ai le regret...

— Monsieur le chevalier, s'écria la malade en retombant sur son lit, c'est à vous de défendre le chaste vêtement de votre fille chérie !

Le chevalier se redressa; une vive indignation brillait sur son visage. Puis tout à coup une pensée secrète sembla refouler cette colère; son bras déjà levé se baissa, sa bouche ouverte pour menacer se referma sans proférer une parole; sa tête retomba lentement sur son sein.

Quand tout fut inventorié dans les deux pièces, Rondeau promena encore autour de lui son regard de furet pour s'assurer qu'il n'avait rien oublié. Tout à coup il fit un saut de joie; un portrait en médaillon, enrichi de perles et de pierres fines, était suspendu à la cheminée. Madame de Menneville et Octavie poussèrent un sourd gémissement.

— *Item*, un portrait orné de pierreries...

— Monsieur, monsieur ! s'écria la malade, au nom du ciel, laissez-moi ce bijou ! Ce portrait est celui de mon père, qui me l'a légué en mourant...

Rondeau, sans s'émouvoir, continua de dicter :

— Dix-huit perles, trois brillans d'un poids approximatif de...

— Oh ! monsieur, dit Octavie presque aux genoux de l'huissier, je vous en supplie, n'enlevez pas à ma mère ce bijou qui lui est si cher !

— D'un poids approximatif de vingt grains, continua Rondeau sans faire attention aux prières de la jeune fille ; plus un rubis...

— Mon Dieu ! qui nous protègera ? s'écria Octavie en levant les mains vers le ciel.

Son père bondit convulsivement sur son siége; une légère écume souillait les coins de sa bouche, ses dents étaient serrées; il se leva et s'empara du portrait :

— Ce qu'il vous faut à vous, dit-il à Rondeau, c'est l'or et les diamans, n'est-ce pas? Prenez le médaillon et laissez la peinture...

— Non pas, non pas, répondit l'impitoyable vieillard ;

ce portrait m'a paru peint par un grand maître... Il a une valeur intrinsèque que je ne puis abandonner.

— Gardez donc tout, dit Menneville d'une voix étouffée en allant se rasseoir.

Les deux femmes, connaissant le caractère fier et irritable du chevalier, ne savaient que penser de cette morne apathie. Il y avait dans l'expression de ses traits un bizarre mélange de colère concentrée et de terreur profonde. Il observait les mouvemens des gens de justice, il étudiait avec anxiété l'impassibilité de leurs visages; parfois seulement on voyait ses mains se crisper dans des transports terribles mais silencieux.

Enfin, quand il ne resta plus rien dont l'huissier rapace pût faire sa proie, il se leva et dit flegmatiquement au scribe :

— Prenez votre plume et votre papier... Nous allons maintenant visiter les greniers, le jardin, et surtout la volière, où nous devons, m'a-t-on dit, trouver des oiseaux précieux.

Ce fut alors qu'on put comprendre la cause des angoisses du chevalier. A ce mot de volière, il s'élança vers la porte de la chambre comme pour empêcher de sortir les gens de justice.

— Mes oiseaux ! s'écria-t-il d'une voix retentissante; ah ! vous voulez encore mes oiseaux, misérables ! On vous a signalé ma volière, infâmes brigands !

— Monsieur le chevalier...

— Ah ! vous voulez mes oiseaux ! répéta le gentilhomme hors de lui : mais savez-vous qu'ils font ma joie, ma consolation, qu'ils sont mes seules distractions, mes seuls plaisirs, que pour eux je suis exposé aux affreuses disgrâces qui m'accablent aujourd'hui ?

— Monsieur, reprit l'huissier en s'inclinant, je suis fâché d'agir si rigoureusement avec vous, mais les ordres exprès du créancier...

— Ce n'est donc pas assez, s'écria le chevalier, que je vous aie laissé prendre tout ce qui reste dans cette maison ; que je sois demeuré calme, impassible quand vous ravissiez le vêtement sacré de ma fille, le portrait si cher à ma femme mourante ? Ce n'est donc pas assez que j'aie comprimé ma colère quand elles m'appelaient toutes les deux à leur secours ? Il vous faut encore mes oiseaux, mes chers oiseaux ! Oh ! non, vous ne me les enleverez pas, tant que je serai vivant pour les défendre !

— La résistance est inutile, monsieur, reprit Rondeau en répétant ses salutations avec son imperturbable sang-froid ; vous ne voudriez pas nous forcer à employer les moyens de rigueur. Je vous prie de réfléchir...

— Réfléchir ! quand vous me menacez de saisir ma volière... Oh ! prenez-y garde ! je périrai plutôt... je vous exterminerai tous...

Rondeau fit un signe. Deux recors vigoureux s'emparèrent de Menneville, le tinrent en respect pendant que les autres sortaient ; puis ils le lâchèrent en ricanant, et coururent tous ensemble au jardin.

Le chevalier saisit une épée suspendue à la muraille, la tira du fourreau, et se prépara à les poursuivre. Octavie l'arrêta par ses vêtemens et se traîna à ses genoux.

— Laissez-moi, mademoiselle ! dit-il d'un ton farouche.

— Madame de Menneville tendit vers lui ses deux mains jointes, lui adressa les plus touchantes instances. — Laissez-moi, mille démons !

Et il s'élança vers l'escalier.

On n'eût pu savoir à quels excès il se fût porté, si une autre voix ne s'était fait entendre derrière lui. Malgré son irritation, il tourna la tête ; le vieux curé accourait de toute la vitesse de ses jambes appesanties par l'âge. En reconnaissant cet homme vénérable, revêtu d'un caractère sacré, il commença à rougir de son emportement et ralentit son pas.

— Monsieur de Menneville, s'écria-t-il avec autorité, qu'allez-vous faire ? Pourquoi cette épée nue ? Malheureux, vous voulez répandre du sang ! — Le chevalier ne répliqua pas un mot et se laissa désarmer sans résistance.

Ses yeux se remplirent de larmes. Le prêtre ajouta vivement :
— J'apporte de grandes nouvelles... Mais, je vous en supplie, soyez calme et laissez-moi faire...

Ils s'approchèrent de la volière ; l'huissier dictait de sa voix monotone :
— *Item*, un oiseau qui a une collerette de plumes orangées maillée de noir...
— Mon faisan doré ! murmura le chevalier en sanglotant.
— Messieurs, dit le curé avec fermeté, il est inutile d'aller plus loin... Je vous invite à cesser sur-le-champ la saisie et à vider la maison au plus tôt.
— Nous n'avons d'ordre à recevoir que de monsieur Simon dit Rogne-Liard, le poursuivant, répondit Rondeau.
— Monsieur Simon ne vous donnera plus d'ordre, maître Rondeau ; il vient de mourir... Son fils et son héritier vous ordonne de laisser en paix ce brave gentilhomme.
— Mais quelles preuves légales ?
— En voici une, dit le prêtre en lui présentant un papier.

Rondeau y jeta un coup d'œil et dit à ses acolytes :
— La besogne est finie, enfans ; monsieur Charles Simon ne plaisante pas, et je tiens à conserver sa pratique.

Rondeau s'inclina jusqu'à terre, appela ses acolytes, et tous ensemble décampèrent lestement.

Aussitôt qu'ils furent partis, le chevalier s'approcha du curé :
— Mon ennemi n'existe donc plus ? demanda-t-il.
— Il vient d'expirer à l'instant, en priant Dieu de lui pardonner ses torts envers vous.
— Et son fils ?..
— Son fils n'a pas de plus cher désir que de regagner votre affection.
— Octavie, dit brusquement Menneville en se retournant vers sa fille qui les écoutait avec une émotion inexprimable, tu oublies d'aller rassurer ta mère.

Elle soupira et s'élança vers la maison, légère comme une hirondelle.
— Ne conservez aucune inquiétude, monsieur, reprit le curé. Charles Simon est propriétaire de cette maison depuis la vente de ce matin ; il vous supplie de l'habiter comme auparavant ; et, si vous le permettez, aussitôt qu'il aura rendu les derniers devoirs à son père, il viendra vous trouver pour arranger à l'amiable.
— Et tout cela parce qu'il aime ma fille et qu'il veut essayer de la générosité pour m'arracher mon consentement ! s'écria Menneville. Monsieur le curé, je n'accepterai aucune grâce du fils comme du père... Cette maison est à lui, je vais faire mes préparatifs pour la quitter... Vous serez chargé de mes intérêts ici, et j'irai chercher quelque emploi modeste avec lequel je pourrai nourrir ma famille.
— Toujours cette haine aveugle !
— Ce matin, monsieur le curé, vous m'avez proposé cinq cents francs de mon pigeon couronné... J'ai refusé comme un insensé... Maintenant j'accepte. Faites-moi compter cet argent ; il me servira pour quitter ce malheureux pays et commencer une nouvelle existence...
— Mais, monsieur, votre femme est dangereusement malade ; des difficultés de l'âge...
— Je ne veux pas être l'obligé de cette race de paysans et d'usuriers.

Ils étaient arrivés en face de la cage du pigeon couronné. Menneville poussa un cri.
— Qu'y a-t-il donc ? demanda le prêtre.
— Voyez. — Le magnifique oiseau était étendu sans mouvement au fond de la volière. — Mort ! s'écria le chevalier, mort de faim ! mon orgueil, ma fortune, ma dernière ressource !

IV

Quinze jours s'étaient écoulés.

Un soleil doux jetait ses premiers rayons sur l'habitation des Herbages ; c'était une de ces matinées fraîches, mais joyeuses, où la nature étale une fois encore les fleurs et la verdure que la gelée doit lui ravir le lendemain.

Il était de bonne heure, et cependant déjà les habitans de la petite maison étaient sur pied. Dans la chambre du chevalier on faisait des préparatifs de départ ; quelques petits paquets étaient jetés çà et là sur le plancher. Madame de Menneville, tout habillée, était assise dans un fauteuil ; mais on voyait à l'abattement répandu sur son visage, à la langueur de ses mouvemens, que le principe de cette maladie qui l'avait tenue si longtemps alitée existait encore. Le chevalier était sombre et silencieux ; Octavie pleurait.

Un cheval s'arrêta à la porte de la maison, et le curé ne tarda pas à paraître ; Menneville lui tendit la main :
— Vous venez voir, dit-il avec un sourire mélancolique, le départ d'une pauvre famille chassée de son toit héréditaire... Quel que soit notre malheur, vous n'entendrez aucun murmure. Vous le voyez, continua Menneville, nous n'emportons rien que nous n'ayons racheté avec la petite somme due à votre obligeance... Mon épée, mes titres de noblesse, la robe blanche de ma fille, un portrait de famille, voilà tout ce qui nous reste, tout ce qui nous appartient maintenant !
— Monsieur le chevalier, dit le vieux prêtre d'une voix altérée, pourquoi votre fierté vous oblige-t-elle de refuser les services d'une personne... ?
— Monsieur le curé, reprit celui-ci avec fermeté, le sort en est jeté : nous quittons les Herbages pour toujours... il ne nous reste plus qu'à dire adieu à ce modeste asile où nous avons passé des temps si heureux.
— Ne voulez-vous pas, dit le curé en baissant les yeux avec embarras, revoir encore une fois votre petit jardin, votre volière, vos oiseaux !
— Vous prévenez mes désirs, dit Menneville tristement ; oui, je veux revoir encore ces pauvres bêtes... elles ne sont pas coupables si leur maître les a préférées au bonheur de sa famille.

La malade s'appuya d'un côté sur le bras de son mari, de l'autre sur l'épaule de sa fille ; on descendit au jardin.

Il y avait quelque chose d'imposant et de religieux dans cette promenade dernière d'une pauvre famille obligée de quitter son modeste héritage. Il semblait que la nature se fît plus belle encore que d'ordinaire pour augmenter ses regrets. A mesure qu'on approchait de la volière, une vive anxiété se peignait sur le visage du curé et des deux dames. Le prêtre profita d'un moment où le chevalier, enfoncé dans ses tristes réflexions, était incapable de remarquer ce qui se passait autour de lui, pour montrer rapidement du doigt à madame de Menneville un épais cabinet de verdure en murmurant :
— Il est là ! — Puis il s'approcha de Menneville. — Voici le moment le plus cruel pour vous, lui dit-il ; ces oiseaux qui vous étaient si chers...
— Oh ! je suis bien changé, répondit le pauvre campagnard avec abattement, mes malheurs m'ont fait faire de tristes retours sur ma conduite passée.
— Nous allons voir, murmura le curé avec émotion.

Tout à coup Menneville, qui était un peu en avant du reste de la compagnie, parut frappé de la plus vive admiration. Un sentiment indéfinissable de joie et d'étonnement se peignit sur ses traits ; il voulait parler, il ne prononçait que des paroles entrecoupées ; le moment de crise était arrivé.

Menneville croyait trouver sa volière désolée et presque

vide, comme il l'avait laissée la veille : ô prodige ! la petite colonie était plus nombreuse, plus charmante que jamais. Elle était augmentée d'une foule d'espèces rares et curieuses que Menneville n'avait jamais possédées autrefois. Ces beaux hérons, ces bihoreaux, ces cormorans auxquels il avait rendu la liberté quelques jours auparavant, semblaient être revenus d'eux-mêmes à leur cage, et se promenaient gravement derrière leur grillage de laiton. Mais ce qui frappa surtout le chevalier, ce fut de voir à la place d'honneur un pigeon couronné, plein de vie et d'animation, gonflant avec orgueil sa gorge d'azur, étalant en éventail les plumes blanches qui ornaient sa tête, et faisant entendre un roucoulement majestueux.

Cet instinct de l'amateur que Menneville avait cru mort en lui-même se réveilla tout entier.

— Un pigeon couronné ! s'écria-t-il. Celui que je possédais n'était donc pas unique en France ? — Ce fut là sa première pensée. — Qui est venu ici ? reprit-il bientôt. Que tout cela est beau, que tout cela est précieux ! A qui appartiennent ces merveilles ?

— A vous, monsieur le chevalier, dit une voix humble derrière lui.

Un jeune homme vêtu de noir sortit d'une charmille.

— Monsieur Charles Simon ! s'écria Menneville au comble de l'étonnement.

— Oui, un fils qui vient vous conjurer de pardonner à la mémoire de son père !

Le chevalier restait muet. Le curé s'approcha à son tour.

— Monsieur le chevalier, dit-il, ne résistez pas aux prières de ce bon jeune homme... Il a toujours gémi de l'injustice dont vous avez été la victime; à votre insu il vous a comblé de bienfaits... Vous êtes encore légalement le maître de cette habitation ; monsieur Charles a anéanti l'acte de vente et la procédure... L'argent que je vous ai prêté, moi, pauvre prêtre vivant d'aumônes, venait de lui. Pendant que vous le maudissiez, il veillait sur vous et sur votre famille. Quand je lui ai appris le désespoir que vous ressentiez de la perte de votre oiseau le plus cher, il est parti sur-le-champ pour Paris, il s'est procuré à tout prix le seul invividu de cette espèce qu'on ait pu trouver... Dites, monsieur, pour tant de soins, de zèle, de désintéressement, d'affection, ne lui direz-vous pas que vous pardonnez à son père... à lui ? — Charles, à genoux devant le gentilhomme, couvrait ses mains de larmes. Madame de Menneville et Octavie s'approchèrent timidement. Le chevalier hésitait encore, l'orgueil se révoltait sourdement, mais un regard jeté sur le pigeon couronné fit pencher la balance. — Je pardonne, — dit-il enfin en pressant le jeune homme sur son cœur. Puis il regarda Charles et sa fille qui baissaient les yeux. — Non, je ne me laisserai pas vaincre en générosité, dit-il avec âme ; monsieur Charles, embrassez votre femme ! — Et pendant que les jeunes gens se livraient au plaisir de se revoir après une si longue absence, à l'espérance d'un bonheur prochain, il murmurait avec admiration : — Le plus beau pigeon de la terre, et cette fois l'unique en France !

FIN DE UNE PASSION.

LE DERNIER ALCHIMISTE

I

L'ATELIER.

Au fond du Marais, dans une des plus étroites, des plus sombres, des plus sales rues du quartier du Temple, on voit encore une grande maison laide, irrégulière, croulante ; la date de sa fondation importe peu pour l'intelligence de cette histoire, mais elle doit être nécessairement très vieille, à en juger par sa construction bizarre, par ses pignons noirs et délabrés, par cet air de vétusté que le temps seul peut donner et qu'un amateur de médailles appellerait le *vernis antique*.

Le rez-de-chaussée de cette maison, bouge obscur et sans air, qui s'ouvrait sur un cour fétide, était loué pour la modique somme de cent francs, il y a quelques années, à un vieillard mystérieux sur lequel les commères du voisinage avaient plus d'une fois exercé leur langue.

Cependant, comme il n'y avait ni portier ni portière dans la maison, on ne savait pas grand'chose de monsieur Robert, ainsi s'appelait l'habitant du pauvre réduit. On avait entendu dire qu'il était frère d'un célèbre joaillier, et qu'il avait longtemps lui-même exercé la même profession ; mais on n'avait aucune donnée positive à ce sujet.

Chaque fois que monsieur Robert, revêtu d'un antique habit noir, son costume d'hiver et d'été, traversait la rue pour aller à ses affaires, sa longue et sèche figure toujours pensive, son crâne chauve recouvert à peine d'un petit chapeau crasseux, ses grosses poches toujours pleines on ignorait de quoi, étaient successivement l'objet d'une foule de suppositions passablement hasardées.

Il avait une fille, mademoiselle Fanny Robert, jeune et jolie personne de vingt ans, timide, réservée, modeste dans ses allures et dans son costume. Elle travaillait habituellement à des ouvrages de dentelles, et elle avait disait-on dans ce genre d'industrie une grande habileté. Elle sortait seulement pour reporter son travail aux personnes qui l'employaient, ou pour faire dans le voisinage les petites acquisitions nécessaires au ménage ; elle se montrait alors douce, affable avec tout le monde, gaie quelquefois. Mais si une fruitière trop audacieuse, un épicier trop bavard, se risquaient à la questionner sur les occupations de son père, sur leur position, sur leur famille, la jeune fille soupirait, baissait tristement les yeux, et s'éloignait en faisant une réponse polie, qui n'expliquait absolument rien.

Sur des élémens aussi simples, on avait bâti une foule de contes. Ainsi le vieux Robert, ou l'homme à l'habit râpé, comme on l'appelait, était, au dire de certaines gens, un harpagon qui s'était retiré dans ce hideux logement pour dépenser le moins possible, conserver intacts des trésors fabuleux : on l'avait entendu parler de millions, d'immense dot pour sa fille. D'autres avaient observé que toute la nuit on voyait de la lumière au rez-de-chaussée de la vieille maison, que le bruit d'une forge se faisait continuellement entendre, et ils prononçaient tout bas les mots de *fausse monnaie*. D'autres concluaient tout simplement de ces renseignemens sur les occupations du vieil orfèvre, qu'il travaillait pour quelqu'un de ses anciens confrères, supposition d'autant plus probable qu'on l'avait vu plusieurs fois entrer dans les magasins de pierreries les plus en renom. Quant à Fanny, son âge, sa modestie, sa beauté, eussent dû sans doute la mettre à l'abri des caquets. Sa petite robe était toujours de l'étoffe la plus simple et la moins chère ; elle portait des bonnets de peu de prix qu'elle se brodait elle-même ; elle était irréprochable dans son langage, dans ses manières et dans ses habitudes. Cependant un grand et beau jeune homme, avec des moustaches noires et des gants jaunes, rôdait parfois dans le voisinage... On l'avait vu, et on tirait de cette circonstance des inductions fort peu charitables pour la pauvre fille.

Quoi qu'il en fût de ces bavardages, par une soirée froide et silencieuse, d'hiver, l'orfèvre et sa fille étaient réunis dans la pièce principale de leur pauvre appartement. Nous disons pauvre, mais non pas nu, car cette pièce était encombrée d'une prodigieuse quantité de fioles étiquetées, de creusets d'argile, de cornues de verre. Sur une vaste table de chêne s'entassaient des fragmens de métaux, des minéraux, des cristallisations de toute espèce. Dans un coin, une petite forge, munie de son soufflet bruyant, brillait en ce moment d'un feu vif et faisait pâlir la lumière d'une chandelle fumeuse fichée dans un pot cassé en guise de bougeoir. Cependant, au milieu de ce désordre, on n'apercevait pas un outil, pas un ouvrage d'orfèvrerie. A voir ce vieux Robert, maigre, pâle, asthmatique, dépouillé du misérable habit noir qui le couvrait d'ordinaire, se pencher de temps en temps sur le foyer de la forge, pendant que son bras étique agitait le soufflet sans relâche, on eût dit un de ces savans rêveurs du moyen âge, dont le nom se terminait en us, et qui consumaient leur vie à la recherche de la pierre philosophale, plutôt qu'un honnête artisan du dix-neuvième siècle travaillant à des bracelets et à des boucles d'oreilles pour les petites maîtresses de la Chaussée-d'Antin.

A l'autre bout de cette espèce de laboratoire, Fanny était assise sur une mauvaise chaise, devant une table exclusivement réservée à son usage et couverte de broderies. Elle travaillait à l'aiguille avec ardeur à côté de la triste chandelle dont nous avons parlé, s'interrompant de temps pour approcher du feu ses doigts engourdis par le froid. Son petit bonnet de gaze était déposé près d'elle sur la table, par la raison qui avait fait quitter au vieux Robert son habit noir, c'est-à-dire par économie ; ses jolis yeux ne se levaient de dessus son ouvrage qu'à de rares intervalles.

— Certainement, Fanny, quelqu'un est venu ici pendant mon absence, dit tout à coup le vieillard d'une voix cassée et haletante, en examinant un creuset qu'il venait de prendre sur la table ; certainement quelqu'un m'épie et cherche à me dérober mes secrets...

— Mon père, qui peut vous supposer cela ? dit la jeune fille en rougissant.

— On est entré ici, répéta Robert ; tu n'oserais pour rien au monde toucher à mes creusets, et cependant celui-ci a été ouvert... Ma fille, répondez : qui est entré dans mon laboratoire ?

Fanny rougit plus fort.

— Mon père, je vous assure...

— Ne mentez pas, — dit le vieillard d'un ton sévère.

Il promena autour de lui un regard soupçonneux, et il aperçut un gant jaune oublié sur la table.

— A qui est ce gant, mademoiselle ? demanda-t-il d'une voix foudroyante.

— Mon père, à moi sans doute.

— Ne mentez pas, vous dis-je ; il faut que je sache...

Fanny se jeta à ses genoux.

— Mon père, je vous en supplie, ne me grondez pas !

— Eh bien ? demanda le vieillard avec anxiété.

— C'était mon cousin Paul.

— Toujours lui ? dit l'orfèvre en jetant le gant à terre avec dépit ; mademoiselle, pourquoi recevez-vous votre cousin pendant mon absence et malgré mes ordres exprès ?

— Mon père, il est mon ami d'enfance. Souvenez-vous du temps où vous étiez associé avec mon oncle et où vous étiez si riche l'un et l'autre !... Paul n'a pas cessé de vous aimer, mon père, et il vous ne l'aviez pas deux fois chassé de votre présence...

—Si je l'ai chassé, n'avais-je pas de bonnes raisons pour cela ? répliqua le vieillard avec chaleur ; lui le fils d'un homme qui a voulu me faire passer pour fou et me faire interdire, le fils d'un homme assez insensé pour me repousser avec mépris quand je lui offrais des millions en échange de quelques bagatelles !... Croyez-vous, mademoiselle, que ce ne soient pas là des raisons suffisantes pour rompre à jamais avec cet indigne frère et ceux qui le touchent de près ? Ai-je besoin qu'ils viennent insulter par leur opulence à ma misère ? Mais patience ! le jour où j'aurai réussi dans mes travaux...

— Mon père, dit la jeune fille avec vivacité, Paul n'a pas la dureté de cœur de son père... Si vous saviez combien notre pauvreté le touche ! Il y a quelques jours, en voyant la simplicité de ma mise, il pleura longtemps... Il me demanda si nous avions réellement achevé d'épuiser nos ressources, lui, il m'offrit...

— Tu n'as rien accepté, j'espère ! s'écria le vieillard avec un nouvel éclat de colère.

— Rien, mon père ; vous aimeriez mieux mourir de faim que de recevoir quelque chose de votre famille, je le sais... moi, je dois mourir avec vous !

— Nous ne mourrons pas, ma fille, dit Robert avec douceur. Nous vivrons pour être aussi riches que les plus puissans rois du monde.

Fanny soupira et alla se rasseoir. Son père, plaçant le creuset dans la forge, se remit à souffler avec ardeur. On n'entendit plus que le bruit de la flamme et le pétillement du charbon.

— Fanny, reprit le vieillard en s'interrompant de nouveau, promets-moi de ne jamais revoir ton cousin...

— Mon père !...

— Tu veux donc que mes ennemis soient tes amis ?

— Ah ! mon père, si vous saviez !...

— Quoi donc ?

La jeune fille hésita un moment. Puis elle alla se jeter en rougissant dans les bras du vieillard.

— C'est que je l'aime, murmura-t-elle en sanglotant.

— Tu l'aimes, reprit Robert tout pensif en lâchant le cordon de la forge. Tu l'aimes, pauvre enfant ?... et lui ?...

— Oh ! il m'aime aussi... Vous oubliez donc qu'avant votre fatale querelle avec mon oncle, nous étions destinés l'un à l'autre ? Paul s'en est souvenu, mon père, et malgré notre pauvreté présente, si vous y consentiez encore...

— Non, non, s'écria l'orfèvre avec empressement ; Paul est riche, je ne veux pas qu'il croie te faire une grâce en te prenant pour femme... Seulement, ajouta-t-il d'un ton réfléchi et en pesant ses paroles, si jamais... ce que je veux dire... enfin nous verrons.

— Quoi, mon père, vous consentiriez à ce mariage ! dit Fanny en jetant ses bras autour du cou du vieillard ; je serais la femme de Paul... mais quand donc, mon père ? combien de temps faut-il attendre encore ?

— Il faut attendre, ma fille, dit le vieillard en s'animant, que tu puisses apporter à ton cousin une dot magnifique ; il faut attendre que tes richesses le fassent rougir de sa fortune bourgeoise ; il faut attendre que j'aie découvert ce secret que je cherche depuis si longtemps, et qui ne peut plus m'échapper ; il faut attendre que j'aie trouvé l'art de FAIRE DU DIAMANT.

Cette promesse paraissait au vieux Robert devoir se réaliser promptement, mais, aux yeux de la pauvre Fanny, elle équivalait à un refus complet.

Elle s'éloigna de son père, et se remit tristement à l'ouvrage. L'orfèvre, de son côté, ranima le feu de la forge, qui languissait depuis un moment, et tout en soufflant il disait à sa fille :

— Pourquoi douter du succès, Fanny, pourquoi désespérer d'une réussite certaine ? Presque tous les savans ont cru à la possibilité de faire du diamant.

— Mon père, soupira la pauvre enfant, Paul n'est pas de cet avis. Il dit que vous ressemblez à des gens qui vivaient autrefois et qu'on appelait des...

— Des alchimistes ! reprit le vieillard d'un ton dédaigneux ; monsieur Paul est aussi fou que ceux dont il parle... Ces alchimistes, Fanny, voulaient faire de l'or avec une foule de corps répandus en abondance sur la terre. C'était une utopie ; l'or est un corps simple ; par conséquent il échappe à l'analyse et à la synthèse... Une molécule de cuivre sera toujours une molécule de cuivre, et ne pourra être convertie en une molécule d'or... les anciens étaient vraiment des fous, ou des ignorans ! mais le diamant, Fanny, ce n'est pas un corps simple, c'est du carbone, du charbon, et tu aimes mieux, cristallisé... tout le problème pour le fabriquer consiste donc à opérer cette cristallisation, à découvrir de quel corps s'est servi la nature comme agent... Or, j'ai déjà combiné le carbone avec plus de huit cents corps tant simples que composés... il m'en reste à peu près autant pour avoir parcouru tout ce que la nature a probablement employé dans la formation des pierres précieuses... tu vois donc que j'approche d'une solution, et bientôt...

— Et combien d'années vous ont occupé ces premières recherches, mon père ? demanda Fanny en attachant sur lui son œil noir plein de mélancolie.

— Vingt années, ma fille, et vingt années bien rudes, tu le sais ! répondit Robert avec une quinte de toux qui témoignait de la perte de sa santé à la suite de ces immenses travaux.

— Et il vous faudra vingt ans encore pour reconnaître l'inutilité de vos efforts, dit la jeune fille baissant la tête.

— Non pas, Fanny, non pas, mon enfant ! s'écria le vieil alchimiste ; il ne faut pas raisonner aussi rigoureusement... Peut-être cette nuit, peut-être demain, en brisant mon creuset, trouverai-je au fond ce que je cherche avec tant d'ardeur. Tiens, vois-tu? ajouta-t-il avec vivacité, en montrant à sa fille le vase tout en feu dans la forge : notre fortune est là peut-être... J'ai là un morceau de carbone qui, s'il se cristallisait, donnerait un diamant deux fois plus gros que le mogol, le plus gros des diamans connus. Tous les empires de l'Europe seraient obligés de se cotiser pour nous en acheter un morceau... Et alors, ma fille, continua-t-il, les yeux brillans d'un éclat extraordinaire, tu pourrais épouser un prince si tu voulais, et moi, du haut d'une voiture royale, j'éclabousserais tous ceux qui m'ont méconnu et méprisé... Dans ce siècle d'argent, je commanderais, par mes incalculables richesses, au monde entier... — Il s'arrêta tout à coup au milieu de ces pompeuses rêveries et examina le feu avec inquiétude. — Fanny, dit-il, le charbon va me manquer, et mon expérience manquerait aussi... Va, mon enfant, me chercher ma provision pour ma nuit.

— Volontiers, mon père, dit la jeune fille avec hésitation ; mais...

— Qu'y a-t-il donc ?

— Mon père, la dame pour qui je travaille a refusé de me faire de nouvelles avances... et il me reste bien peu de chose.

— Combien ?

— Vingt sous au plus.

— Il y a assez pour acheter un boisseau de charbon.

— Mais demain, mon père, comment vivrons-nous ?

— Demain, ma fille, nous aurons peut-être à notre disposition tous les trésors de la terre.

Fanny, sans répondre, prit son bonnet de gaze et un petit fichu qui devait mal la garantir du froid. Elle sortit, et revint bientôt avec le charbon que son père attendait.

—Maintenant, ma petite, dit le vieillard, va prendre un peu de repos ; moi je ne puis quitter mes fourneaux et mes creusets ; va, ma bonne, et prie Dieu que je réussisse cette nuit.

Fanny, obéit en silence ; après avoir embrassé son père, elle se retira dans la modeste chambre où elle couchait, à côté du laboratoire. Vers le matin, elle dormait d'un sommeil paisible, rêvant peut-être au bonheur qui lui était promis, quand un grand bruit l'éveilla en sursaut. Robert l'appelait de toute la force de sa voix. Elle s'habilla à la hâte et accourut vers lui.

Le désordre ordinaire de l'atelier était encore augmenté. Les fioles, les minéraux sur les tables, tout était bouleversé. Le vieil orfèvre semblait frappé de folie ; il pleurait, il dansait autour de sa forge ardente encore.

— Qu'est-il donc arrivé, mon père ? demanda Fanny, au comble de l'étonnement.

— Ma fille, s'écria Robert d'une voix retentissante, j'ai réussi à faire du diamant !

— Cela est-il bien possible ? Etes-vous sûr que vous ne vous trompez pas cette fois comme tant d'autres ?

— Non, non, reprit le vieillard en lui montrant deux petites pierres noires qu'il retira des débris du creuset ; tic-t'en à mon expérience, Fanny, ce sont là des diamans, de vrais diamans, vois-tu, quoique la surface en soit un peu altérée... Je ne me trompe pas, je te le jure ! Le charbon que j'avais soumis à l'action du feu m'a donné deux diamans au lieu d'un... sans doute il se sera brisé dans l'opération... Qu'importe ! nous sommes riches, riches à jamais !

Fanny partageait avec défiance la joie de son père ; il s'était déjà si souvent trompé qu'elle n'osait croire à tant de bonheur. Cependant Robert paraissait sûr de la réalité de sa découverte. Il passa le reste de la nuit à faire les expériences nécessaires pour constater l'identité des pierres qu'il avait trouvées dans son creuset avec le véritable diamant. Toutes le confirmèrent dans cette opinion.

Aussitôt que le jour parut, il se prépara à sortir pour aller annoncer sa découverte aux principaux joailliers de Paris.

— Ma fille, disait-il avec enthousiasme, je vais voir à mes pieds ces insolens confrères qui m'ont tant méprisé ; je les ai tous ruinés cette nuit... mon nom ne s'effacera plus de la mémoire des hommes.

— Mon père, murmura la jeune fille, songez que nous manquons encore de pain aujourd'hui.

Le vieux Robert ne l'écouta pas. Il prit ses diamans, embrassa Fanny encore une fois, et s'élança dans la rue.

II

LES CONFRÈRES.

En parcourant la ville, il marchait d'un pas fier, la tête droite, le regard animé, murmurant à demi-voix des paroles étranges qui faisaient retourner les passans. Ses gestes majestueux, l'expression solennelle de son visage, contrastaient avec la misère de son costume et son apparence maladive. Ses narines semblaient se gonfler d'orgueil, sa poitrine se cambrait sous son antique gilet de piqué jaune ; il avait enfin tout l'extérieur heureux et insolent d'un pauvre diable qui vient de faire sa fortune par un coup inattendu.

Il arriva ainsi sur le quai aux Orfèvres. Dans un des plus somptueux magasin de ce quartier une femme élégamment mise trônait derrière un comptoir brillant d'or, de pierreries et de bijoux : l'apparition d'un homme pâle, essoufflé gesticulant comme un énergumène, et qui se précipitait presque sans saluer dans le magasin, la fit tressaillir d'effroi.

— Monsieur Chauvin est-il là ? demanda Robert d'une voix ferme.

La bijoutière ne put retenir un geste de mauvaise humeur.

— Ah ! c'est vous encore, papa Robert ? dit-elle d'un ton maussade. Vous m'avez fait une belle peur !

— Votre mari, où est-il ? il faut que je lui parle !

— Eh bien ! que lui voulez-vous, à mon mari ? Croyez-vous qu'il ait toujours le temps d'écouter des balivernes ? Allez, allez, vieux fou ! un bijoutier de la couronne a d'autres occupations que d'examiner les petit morceaux de verre que vous lui apportez quelquefois ...

Robert lui jeta un regard de mépris et de pitié.

— Je vous le répète, madame, il faut que je parle sur-le-champ à monsieur Chauvin... Il y va de sa fortune, il y va de celle de celle de tous les marchands de diamans !

La dame sourit et haussa les épaules. Robert, impatienté, allait peut-être répliquer vertement, quand le bijoutier, attiré par le bruit de cette discussion, parut dans le magasin. C'était un homme d'une quarantaine d'années, de figure douce et paisible.

— Eh bien ! eh bien ! Lolotte, qu'y a-t-il donc ? pourquoi tourmentes-tu ce pauvre diable ? demanda-t-il en adressant à sa femme un regard significatif, comme pour lui faire entendre qu'on devait avoir égard à la faiblesse d'esprit du vieux Robert.

— Mon confrère, s'écria l'alchimiste, ne voyant, n'entendant rien de ce qui était étranger à sa découverte, passons dans votre cabinet; j'ai un important secret à vous communiquer.

— Vous pouvez parler devant Lolotte, dit le bijoutier avec un imperceptible sourire.

— Oh! si vous saviez!

— Je gage que je devine... vous avez trouvé le moyen de faire du diamant, n'est-ce pas?

Et ces paroles était accompagnées d'un nouveau regard de Chauvin à sa femme, pour lui reprocher de s'être attaquée à un malheureux insensé. Robert, d'abord déconcerté, répondit vivement.

— Oui, confrère, du vrai diamant cette fois. Ce n'est plus du strass comme l'autre jour, ni du quartz altéré par le feu, ni des vitrifications métalliques... du diamant aussi pur que ceux de l'Inde ou du Brésil.

— C'est bien, dit tranquillement Chauvin en se préparant à sortir. Mais je suis un peu pressé, papa Robert, j'ai à livrer deux croix en rubis à un ministre étranger... Nous verrons vos essais une autre fois... Lolotte, continua-t-il, donne *quelque chose* à ce pauvre Robert; il a sans doute besoin d'un peu d'argent pour acheter les objets nécessaires à ses expériences... et aussi pour acheter du pain à sa fille, murmura-t-il tout bas; on doit secourir un ancien confrère tombé dans l'indigence.

— Oui, voilà comment vous êtes, monsieur Chauvin! s'écria la jeune femme avec colère; vous vous laisseriez arracher les entrailles pour faire une aumône, et parce que ce vieux fou, ce vieux fainéant, ce vieux mendiant...

Un geste énergique de Robert lui coupa la parole.

— Je ne suis ni un fou ni un mendiant, madame, dit-il d'une voix imposante. Si quelqu'un ici peut faire l'aumône, ce n'est pas votre mari, mais moi... Voyez, Chauvin, ajouta-t-il en déposant ses deux diamans sur le comptoir, si celui qui peut créer de semblables choses a besoin de demander l'aumône.

Le joaillier jeta un regard distrait et indifférent sur ce que lui présentait le vieillard.

— Allons! allons! papa Robert, ne vous fâchez pas; ma femme est un peu vive, elle est bonne au fond... Revenez me voir; quand j'aurai plus de temps, nous examinerons vos nouveaux produits! Allons, ne soyez pas fier; Lolotte va vous donner cinq francs, et à revoir...

Il s'approcha de la porte, comme pour rentrer dans un atelier voisin, et congédia d'un signe le vieil alchimiste.

— Mais ce sont des diamans, de véritables diamans! s'écria celui-ci d'une voix éclatante, et c'est moi qui les ai faits! Regardez-les seulement; ils sont bruts, et le feu les a un peu ternis à la surface, mais jamais on n'en a vu de plus limpides et de plus durs... Ce sont de vrais diamans, confrère! Ils rayent le verre et le cristal... Je m'y connais... j'ai été aussi pendant vingt ans joaillier!... Chacun d'eux vaut mille écus, mais je les donne pour mille francs pièce... car j'en ferai d'autres, j'en ferai de trois cents carats, j'en ferai que tout l'or monnayé de l'Europe ne pourra payer.

Ces paroles, prononcées d'une voix forte et sonore, commençaient à attrouper les passans devant le magasin. Chauvin perdit patience.

— Ecoutez, père Robert, reprit-il, ceci commence à devenir fatigant.., Acceptez ces cinq francs, et laissez-moi à mes affaires. Je vous répète que le temps me presse, et...

— Ce fou est insupportable! s'écria la jeune femme. Cela vous apprendra, monsieur Chauvin, à tant ménager ses manies, au lieu de le renvoyer, une bonne fois pour toutes, à Charenton.

— C'est vous qui êtes de véritables insensés, reprit le vieillard avec une nouvelle énergie: je viens vous offrir la fortune et vous me chassez! Je viens vous donner part à ma sublime découverte, et vous m'insultez par votre stupide pitié !

— Monsieur Robert, dit Chauvin en montrant la foule assemblée devant sa boutique, je n'ai pas envie de voir une émeute chez moi... je vous prie donc de nous laisser tranquille, et de vous retirer sur le champ.

— Oui, ajouta sa femme en agitant d'un air furieux ses ciseaux à broderie, retirez-vous bien vite, entendez-vous? ou je vais appeler les ouvriers et vous faire jeter à la porte.

A cette menace, le vieillard prit son chapeau, replaça ses diamans dans sa poche, et dit avec dignité:

— Je vous voulais du bien, car vous n'avez pas toujours été impitoyables envers moi... Que votre obstination retombe sur votre tête; elle vous coûtera des larmes de sang! — Puis il sortit et s'éloigna à travers la foule curieuse, laissant les deux époux se communiquer leurs réflexions sur ce qu'ils appelaient le radotage d'un vieillard tombé en enfance. — Pauvres gens, disait-il en parcourant le quai, ils se réjouissent maintenant de s'être débarrassés de mes importunités qui tendaient à les rendre riches et heureux !

Sans perdre courage, il entra chez un autre marchand de pierreries qui lui était inconnu. Celui-ci jeta un regard de pitié sur le costume misérable de Robert, et, comme Chauvin, il ne voulut pas même examiner les pierres précieuses qu'on offrait de lui vendre.

— Allez, allez, mon brave homme, on ne m'y trompe guère, dit-il en cherchant à prendre un air rusé : des diamans de cette grosseur ne se trouvent que dans la Bièvre. Vous avez là deux cailloux du Rhin valant peut-être un petit écu... encore l'acquéreur ferait-il un mauvais marché.

— Mais ce sont de vrais diamans ! et c'est moi qui les ai faits ! s'écria le bonhomme devenu furieux.

Le joaillier lui rit au nez :

— Allez, allez, beau faiseur de diamans, dit-il d'un ton malin, cherchez d'autres dupes, si vous pouvez en trouver.

— Mais, répéta le vieillard avec instance et en frappant du pied, un enfant qui n'a jamais vu ni touché de pierreries vous en dirait le prix... La couleur, le poids, la finesse du grain, la transparence, tout vous indique que ce sont des diamans!... Regardez-les de près; au nom du ciel ! veuillez seulement les regarder.

— Des cailloux du Rhin sont des cailloux du Rhin, reprit le boutiquier, piqué de voir qu'on révoquait en doute ses connaissances en pierres précieuses; cela vaut trois francs, les voulez-vous ?

Et il tourna le dos au malheureux Robert.

— Le sot, l'orgueilleux! murmurait celui-ci en arpentant de nouveau le trottoir de la rue; il sacrifie son intérêt à son amour-propre, comme Chauvin à ses préjugés... Est-il donc si difficile de faire accepter aux hommes cette richesse qu'ils désirent toujours ?

Il entra chez un troisième orfévre, qui pour cette fois examina les pierres avec beaucoup d'attention ; il parut convaincu de leur valeur, mais il conçut des doutes sur la légitimité de la possession de Robert. Il demanda avec défiance :

— De qui tenez-vous ces diamans, monsieur ?

Robert bondit de joie.

— Oh ! ce sont des diamans, n'est-ce pas ? Vous l'avez reconnu de suite, vous : eh bien ! c'est moi qui les ai faits, monsieur ; j'y travaille depuis vingt ans ; j'ai trouvé ceux-là dans mon creuset la nuit dernière... N'est-ce pas que ce sont de vrais diamans ?... Ah ! je le savais bien, moi !

Le joaillier garda un moment le silence.

— Monsieur, dit-il enfin avec une brusque franchise, permettez-moi de vous le dire tout net, ou vous êtes fou ou vous êtes un voleur... Je ne crois pas à la possibilité de faire des diamans, et si vous avez rêvé que ceux-là sont de votre fabrique, je ne veux pas conclure de marché avec un homme susceptible de telles visions : je suis trop honnête homme pour cela... Si vous les avez volés, comme votre doute sur le prix pourrait me le faire croire, je ne me soucie d'avoir directement ni indirectement de rapports avec la police... Ainsi donc, allez vous faire pendre ailleurs... je ne retiendrai pas même les diamans, comme j'en aurais le droit peut-être jusqu'à ce qu'on ait retrouvé le légitime propriétaire; mais hâtez-vous de sortir de chez moi, de peur que je ne change d'avis!

Robert, pas plus que cet honnête négociant, ne se souciait, pour le moment, de mêler la justice à ses affaires; il s'empressa donc de profiter de la permission qui lui était accordée. Il prit ses diamans et sortit avec précipitation.

» Voilà donc à quelles avanies un inventeur est exposé, disait-il en regagnant son quartier lointain ; pour les uns on est un fou, pour les autres un ignorant ou un fripon... Mais n'importe, continuait-il en regardant d'un air méprisant la foule qui passait près de lui, tôt ou tard on me rendra justice ! Je me présenterai à l'Académie des sciences, j'annoncerai quel magnifique secret j'ai découvert, il faudra bien qu'on reconnaisse la vérité... alors mon nom sera aussi célèbre que celui des hommes de génie; les honneurs, les richesses m'accableront !

III

L'INVENTEUR.

Pendant qu'il faisait ces réflexions, il se trouva dans sa maison, toujours aussi noire, aussi repoussante, aussi misérable que de coutume. Il entra, poursuivi par ses idées de fortune; Fanny, pâle et tremblante de faiblesse, accourut dans l'allée au-devant de lui :

— Eh bien! mon père, s'écria-t-elle, quelle nouvelle apportez-vous ?

— Ma fille, dit Robert avec embarras, je n'ai pu réussir à vendre mes diamans; mais ce soir... demain...

Fanny dirigea la marche de son père dans le corridor obscur. Lorsqu'ils furent arrivés dans le laboratoire, elle alluma un peu de feu pour réchauffer les membres glacés du vieillard, et pendant qu'elle se livrait à ces occupations, elle lui adressait de tendres consolations pour l'avenir. Quand Robert se fut un peu réchauffé, il dit à sa fille : — La nuit approche, et je n'ai encore rien pris ; je suis épuisé de fatigue... N'as-tu rien à me donner à manger ?

La pauvre enfant se mit à fondre en larmes.

— Mon père, dit-elle d'une voix entrecoupée de sanglots, hier j'ai dépensé notre dernier argent pour acheter le charbon nécessaire à votre expérience. Je dois déjà à la dame pour qui je travaille plus que je ne pourrais gagner en quinze jours et en quinze nuits... Ce matin, quand j'ai voulu vous préparer votre déjeuner, le boulanger et la laitière m'ont refusé crédit...

— Mais toi, Fanny, ma bonne Fanny, tu n'as pas déjeuné non plus ! interrompit Robert avec désespoir, et hier il n'est rien resté de notre frugal dîner ! Aussi tu es pâle, Fanny, tu es malade...

— Oh ! non, mon père, dit Fanny en essayant de sourire.

Mais ses forces trahirent son courage, elle tomba à demi évanouie dans les bras de l'alchimiste.

— Oh ! mon Dieu ! que faire ? s'écria celui-ci ; j'ai pourtant là une fortune immense... je suis plus riche qu'un prince... et ma fille va mourir de faim !

Il s'empressa de la transporter sur son lit. Un peu de vin, auquel l'enfant n'avait pas voulu toucher, restait encore ; il le fit avaler presque de force à la pauvre Fanny. Quand il la vit un peu plus calme, il s'élança hors de la maison pour aller chercher du secours.

Le soleil était déjà couché ; un brouillard épais se répandait dans les rues sombres ; quelques passans précipi-

taient leur marche sur le pavé sec et glacé; Robert, seul, abattu, désespéré, pressé par ses propres besoins et par ceux de sa fille bien-aimée, la tête perdue, les idées bouleversées, ne savait de quel côté diriger ses pas. Il songea à aller trouver Chauvin, qui avait voulu lui faire l'aumône le matin, ou bien encore le joaillier qui lui avait offert trois francs de ses diamans. Mais il était bien loin du quai des Orfèvres, et pendant ce long trajet qu'adviendrait-il de sa fille ? D'ailleurs aurait-il la force de se traîner lui-même jusque là ? Une seule ressource lui restait ; c'était de vendre ses diamans à vil prix : qu'importait cela ! le lendemain il pouvait en fabriquer de plus précieux. Aussi, ne sachant plus que devenir, dans le délire de la fièvre et de l'inquiétude, il prit le parti le plus bizarre et le plus insensé ; il alla de porte en porte offrir ses diamans. Les uns se moquaient de lui, les autres le repoussaient avec le flegme imperturbable du Parisien occupé, d'autres ne l'écoutaient pas.

Alors Robert, exaspéré de plus en plus par la souffrance, se mit à courir après les passans.

— Voyez, disait-il, ce sont des diamans, la misère me force à les vendre... Oh ! ce sont de vrais diamans, je vous le jure sur mon baptême ! Ils ne sont pas polis encore, mais ils brilleront d'un éclat éblouissant quand le lapidaire y aura passé. Ils valent mille écus, et je les donne pour cent francs... Ne vous étonnez pas de la modicité du prix ; mais si vous ne les achetez pas de suite, ma fille et moi nous serons morts demain de faim et de froid.

Mais les passans ne s'arrêtaient pas ; ils s'enveloppaient dans leurs manteaux et s'éloignaient, sans même jeter un regard sur le vieillard souffreteux qui les implorait. Il arriva ainsi jusqu'au boulevard. La singularité de ses propositions attira bientôt la foule autour de lui. Il montrait toujours ses diamans, et diminuait de plus en plus ses prétentions, afin d'encourager les acheteurs.

— Voyez, disait-il en s'adressant à ceux qui l'entouraient, voyez où me pousse la misère ; je donnerai mes diamans pour dix francs... celui qui les achètera possédera presque une petite fortune, et il aura fait une bonne œuvre, car je pourrai secourir ma pauvre fille qui va mourir...

Des injures, des sarcasmes, des éclats de rire furent toute la réponse que reçurent ses prières et ses larmes.

— C'est un fou, murmurait l'un.

— C'est un comédien, disait un autre.

— Il y a quelque gageure là-dessous ! disait un badaud d'un ton capable.

— Eh bien ! s'écria enfin le pauvre alchimiste poussé à bout, si personne ne veut m'acheter mes diamans, au moins soyez assez charitables pour me faire l'aumône... ayez pitié de ma fille et de moi !

A peine avait-il achevé ces mots que la foule s'entr'ouvrit tout à coup ; deux sergens de ville s'emparèrent brutalement de lui et l'arrêtèrent comme mendiant, vagabond et peut-être voleur.

Robert prononça contre l'humanité tout entière une effroyable malédiction, et se laissa entraîner. Les sergens de ville le conduisirent au prochain corps de garde ; il passa la nuit dans une sale et hideuse prison, avec des malfaiteurs qu'on venait d'arrêter en flagrant délit de vol.

Le lendemain matin, aux premières lueurs du jour, la porte s'ouvrit, et quelques personnes entrèrent précipitamment dans la prison.

— Mon père ! mon père ! s'écria une voix bien connue.

Le vieillard, se soulevant lentement sur la paille où il était couché, dit d'une voix mourante :

— Fanny, est-ce toi ? Quel ange bienfaisant t'a sauvée ?

— Oh ! mon père, pourquoi m'avez vous quittée hier au soir ?... Paul est venu à mon secours quelques instans après votre départ ; nous avons passé la nuit à vous chercher...

— Vous êtes libre, mon oncle, dit en ce moment un jeune dandy, en lui serrant respectueusement la main.

— Pas encore, monsieur, dit un homme de police qui était présent : on a trouvé sur ce malheureux deux diamans bruts dont il n'a pu expliquer la possession, et il faut le savoir...

— L'explication est très simple, monsieur, répliqua Paul : mon oncle est pauvre, mais trop fier pour accepter volontairement des secours de sa famille... Je me suis introduit chez lui, et j'ai caché deux diamans dans l'un de ses deux creusets... il a pu croire qu'ils étaient le résultat de ses combinaisons chimiques, et il ne s'est pas trouvé humilié en recevant un don...

Il fut interrompu par un cri déchirant du vieillard.

— Paul, s'écria-t-il, c'est vous qui me portez le dernier coup!.. J'avais l'espoir, en mourant, de me venger de cette misérable humanité en emportant un secret si précieux... Pourquoi ne m'avez-vous pas laissé mon illusion ?

Il retomba sans mouvement sur la paille. Il était mort.

Quelques mois après, Fanny épousa son cousin. L'on cherche encore le moyen de faire du diamant.

FIN DU DERNIER ALCHIMISTE.

LA TOUR ZIZIM

Dans cette vieille province du Limousin, où la féodalité nobiliaire et monacale avait jeté autrefois de si profondes racines, il y a bien des édifices en ruines, bien des abbayes, des manoirs gothiques dont les souvenirs, enfermés dans un cercle étroit, sont destinés peut-être à finir avec eux. Un jour, bientôt sans doute, des chemins de fer industriels, sillonnant victorieusement le sol français dans tous les sens, en effaceront ces nobles débris. Alors chaque province perdra les monumens de son histoire; les vieilles légendes, les naïves traditions locales disparaîtront sans retour; la chaîne qui lie le présent sceptique et calculateur au passé crédule et superstitieux sera rompue à tout jamais. « Les dieux s'en vont! » se sont déjà écrié les prêtres de toutes les religions. « La poésie s'en va! » s'écrient les poètes. L'artiste et l'antiquaire ne peuvent-ils s'écrier à leur tour avec autant de vérité : « Les monumens s'en vont! »

Parmi ces vénérables restes du passé qui semblent, dans le Limousin, destinés à périr, il en est deux du moins qui, à couvert sous de grands noms historiques, survivront à leur propre chute dans la mémoire des hommes. Deux tours, jetées à chaque extrémité de la province, n'ont rien à craindre du vandalisme moderne; on pourra les effacer de la surface du sol, mais leur souvenir surgira au-dessus des terrassemens et des constructions nouvelles. L'une, toute lézardée et rongée de lierre, est cette antique *tour de Châlus* au pied de laquelle vint mourir Richard Cœur-de-Lion, le champion redouté des croisades, le héros de tant de légendes populaires en Europe et en Asie. L'autre, perdue dans les collines vertes de la Marche, au seuil de l'Auvergne, encore fière et debout malgré les siècles, est la *tour de Zizim*, à Bourganeuf, cette somptueuse prison où les chevaliers de Rhodes gardèrent si longtemps le frère proscrit de Bajazet. C'est celle dont nous allons raconter l'histoire.

L'INFIDÈLE.

Ce fut une étrange destinée que celle du prince ottoman si célèbre dans nos annales sous le nom de sultan Zizim ou Gem. Fils du grand Mahomet II, le fléau de la chrétienté, il entendit à sa naissance les monstrueux canons qui tonnèrent sur Constantinople et pulvérisèrent ce rempart du monde européen; il vit partir la flotte redoutable envoyée contre l'île de Rhodes; il parcourut en maître les pays conquis par le sabre de son père; aussi était-il tout gonflé d'ambition et d'orgueil, à ce moment attendu où Mahomet *passa au royaume éternel*.

Alors il engagea contre son frère Bajazet cette terrible lutte dont l'empire d'Orient devait être le prix. Zizim vaincu traversa précipitamment l'Arabie, la Palestine, la Cilicie, la Grèce, l'Égypte, improvisant des armées avec son nom, menaçant et menacé tour à tour, admirable de ruse, d'audace et de constance, mais toujours malheureux. Zizim avait hérité l'esprit conquérant de son père, Bajazet sa fortune. Enfin, réduit au désespoir, poursuivi par ses ennemis, il se jeta dans les bras des chevaliers de Rhodes, ces vaillans défenseurs de la croix que Mahomet n'avait pu dompter. En quittant les rivages du Taurus, il lança aux spahis, qui allaient l'atteindre, une lettre, une malédiction au bout d'une flèche. Tout cruel qu'il était, Bajazet pleura, dit-on, en lisant cette lettre : mais Zizim ne devait plus revoir sa patrie.

Puis le voilà, le pauvre prince barbare, si fier, si intolérant dans sa foi, transporté au centre de la France chrétienne par la politique du grand-maître Pierre d'Aubusson. Il quitte Rhodes, où il n'est pas à l'abri du poignard et du poison de son frère; il lui faut aller chercher un nouveau ciel, un nouveau climat. Au lieu de ces brillans palais de l'Égypte et de Stamboul, avec leurs vastes galeries de marbre, leurs jardins délicieux, leurs sphinx et leurs lions de granit rose endormis sous les fleurs autour des bassins de porphyre, on lui bâtit à Bourganeuf une tour étroite et sans air pour lui servir de prison. Là on l'entoure en apparence de respects et d'honneurs, mais sa chaîne n'en est pas moins lourde pour être dorée. Le chevalier de Blanchefort, neveu du grand-maître, qu'on a préposé à sa garde, fait tous ses efforts pour adoucir sa captivité; ce ne sont que tournois et fêtes à la commanderie. Chaque jour les chants, les danses, les sérénades se succèdent pour divertir l'infidèle; chaque jour ce sont de brillantes chevauchées dans les belles campagnes de la Creuse, des chasses à courre et au faucon. Pourtant Zizim est toujours triste; quand il galope à travers monts et vallées sur son cheval arabe, quand son damas recourbé résonne contre ses larges étriers d'or, n'y a-t-il pas toujours derrière lui quelques-uns de ces chevaliers chrétiens avec leurs longues robes noires et leurs croix blanches, galopant comme lui, et ne perdant pas de vue l'émeraude de son turban?

D'ailleurs ces chasses aux cerfs et aux hérons ne valent pas les chasses dans le désert contre la lionne et les lionceaux, dont on a suivi toute la journée la trace sur le sable; ces tournois sont des jeux d'enfans auprès des batailles sanglantes où l'on gagne un empire. Que lui importe, au sultan d'Asie, ces montagnes boisées de la Marche, ces églises gothiques perdues dans des massifs de verdure, ces croix de pierre moussues, ces eaux fraîches, ces prairies riantes? Dans ses rêves, à lui, il y a toujours des plaines sablonneuses terminées à leur immense horizon par un dattier ou un sycomore; le croissant du prophète étincelle au haut des minarets; des voix de muezzins appellent à la prière; partout les turbans de janissaires et des yatagans de mamelucks... par moment il croit entendre deux armées barbares se ruant l'une sur l'autre au bruit des canons.

Quand les vassaux de la commanderie traversaient le matin, pour aller au labourage, la vallée située au pied du château, ils apercevaient à une fenêtre de la tour la sombre et grave figure de Zizim, dans une immobilité de mort. Le soir, quand ils revenaient du travail, le prisonnier, morne et silencieux, était à la même place.

D'autres fois une femme, en allant laver son linge à la rivière, se trouvait tout à coup face à face avec un esclave noir qui venait faire ses ablutions dans les eaux étrangères; elle poussait des cris de terreur et s'enfuyait : l'exilé de l'Orient lui jetait des regards étonnés en regagnant tristement la tour.

On contait dans les chaumières du voisinage des histoires étranges sur ces malheureux, dont la vue inspirait tant d'effroi à une population ignorante et grossière. Leurs robes flottantes, leurs amulettes d'argent, leurs riches ceintures étaient la livrée du démon; leur langue sonore et musicale était la langue mystérieuse des sortilèges. Ce magnifique cheval noir, aux yeux de feu, qu'on promenait parfois dans l'avenue quand le sultan refusait de sortir, avait aussi sa part dans les récits autour du foyer; on l'avait vu la nuit fendre l'air avec des ailes d'hippogriffe, et laisser après lui un sillon de lumière.

Une seule fois Zizim secoua l'affreuse apathie où il était plongé : ce fut lorsqu'on lui fit connaître le traité conclu entre le grand-maître de Rhodes et Bajazet. D'Aubusson s'était engagé à ne remettre son prisonnier entre les mains d'aucun prince chrétien ou musulman, à condition que Bajazet payerait annuellement à l'ordre un tribu de quarante-cinq mille ducats. A cette nouvelle, qui le menaçait d'une captivité éternelle, le sultan entra dans une fureur indicible. La tour, jusque-là silencieuse, retentissait jour et nuit d'exclamations frénétiques. Il tenta de s'enfuir avec ses esclaves, de massacrer les gardes; et ce projet, conduit habilement par Hussein-Bey, son esclave favori, eût réussi peut-être sans un traître qui révéla tout aux chevaliers. Souvent il refusait de manger de peur d'être empoisonné; il tremblait sans cesse qu'on ne voulût le livrer à son frère. Dans son langage pittoresque, chargé de métaphores et d'images, il maudissait ceux qui l'avaient accueilli pour le tenir en servage; il regrettait de n'être pas mort de la main d'un musulman, sur le sol de la patrie. Il pleurait, il priait le prophète, invoquait Allah; puis, épuisé, vaincu par sa propre énergie, il s'affaissait dans sa douleur, et, se voilant la tête avec un pan de sa robe, il disait comme l'Abencerrage : *C'était écrit!*

Voilà où en étaient les choses quand un nouvel événement vint encore changer le sort de ce malheureux prince.

LE VICOMTE DE MONTEIL.

Un soir, les chevaliers et les frères servans de la commanderie de Bourganeuf étaient réunis dans la chapelle pour la prière, quand le son du cor se fit entendre à la porte du château. Bientôt après, un vieillard, d'un aspect grave et majestueux, entrant dans la chapelle, vint prendre place au milieu des frères. Son costume tranchait d'une manière remarquable sur celui des autres assistans. Les chevaliers, agenouillés dans leurs stalles, étaient revêtus de la robe noire, du manteau noir à pointe, avec le capuce et la croix blanche; rien ne pouvait faire reconnaître dans cet extérieur simple et religieux les guerriers qui avaient fait de si grandes choses; on eût dit de moines pacifiques destinés à passer leur vie dans l'enceinte d'un monastère. Le nouveau venu, au contraire, avait un équipage brillant et cavalier, qui rappelait les gloires mondaines et la puissance temporelle. Il portait bien la *sopraveste*, ou cotte d'armes rouge, prescrite par les règlemens du pape Alexandre IV ; mais excepté cette cotte d'armes et la croix blanche qu'un chevalier ne devait jamais quitter, on n'eût pu reconnaître à aucun autre signe qu'il appartînt à l'ordre de Saint-Jean. Un chaperon de drap d'or couvrait ses rares cheveux gris; le manteau écarlate jeté par-dessus sa sopraveste était bordé d'hermine. Or ce personnage devait être d'un rang bien éminent ou être bien sûr de son crédit pour oser se présenter devant le chapitre avec cet extérieur de courtisan, car le grand-maître avait publié récemment des ordres très rigoureux contre le luxe des vêtemens.

Mais nul ne parut remarquer cette infraction à la règle, et la présence de cet étranger, à la figure martiale et couverte de cicatrices, causa une vive sensation dans l'assemblée. Cependant on n'interrompit pas la prière, malgré les distractions fréquentes de beaucoup de chevaliers, distractions que Blanchefort, grand-prieur d'Auvergne, réprima d'un regard sévère. Seulement, l'office terminé, au moment où l'on allait quitter les stalles, il dit d'une voix forte et sonore :

— Mes frères, nous allons chanter un *Te Deum* pour célébrer l'heureuse arrivée parmi nous du noble vicomte de Monteil, le frère selon la chair de notre illustre grand-maître.

Et le *Te Deum* fut entonné avec enthousiasme.

Au sortir de la chapelle, tout le monde entoura le nouveau-venu d'un air respectueux, pour le féliciter de son retour. Quelques-uns des plus vieux chevaliers semblaient retrouver en lui un compagnon d'armes et lui serraient affectueusement la main. Le grand-prieur l'embrassa à plusieurs reprises; ce voyageur en effet était son oncle, ce fameux vicomte de Monteil qui avait acquis tant de gloire au siège de Rhodes.

— Soyez le bienvenu dans la langue d'Auvergne, bel oncle, dit Blanchefort après les premiers transports. Nous apportez-vous des nouvelles de notre bien-aimé grand-maître et de nos frères de l'île de Rhodes?

— Je viens de la cour de France, mes frères, dit le vicomte, et il y a déjà longtemps que j'ai quitté l'île ; mais tout va bien... Les Ottomans, au milieu de leur puissance, sont tributaires de notre saint ordre.

— Gloire à Dieu! gloire à Dieu! s'écria-t-on avec transport.

— Et serons-nous encore longtemps les gardiens de ce sultan infidèle? demanda un chevalier.

— Frère, dit le vicomte avec sévérité, le prince Zizim n'a pas de gardiens, il n'a que des défenseurs ; la commanderie de Bourganeuf est un asile et non une prison... Du reste, ajouta-t-il en radoucissant sa voix, je n'ai pas de raison pour vous cacher la vérité : votre tâche à l'égard de notre hôte illustre est finie... Par les ordres de monseigneur le grand-maître, le sultan devra partir demain pour Rome, où l'appelle Sa Sainteté le pape Innocent... Le baron de Sassenage, envoyé du roi de France Charles huitième, arrivera aussi demain avec une nombreuse escorte pour accompagner le prince. Il doit coucher aujourd'hui à mon château de Monteil, et il sera de bonne heure ici. Qu'on se tienne prêt à le recevoir. — Ces nouvelles excitèrent une grande fermentation parmi les chevaliers; le vicomte allait être assailli de questions, mais il y coupa court tout d'un coup : — Mes frères, dit-il, j'ai à m'entretenir avec le prieur; laissez-nous. — On obéit sur-le-champ, et le vicomte demeura seul avec son neveu. — Puis-je voir le prince? demanda-t-il aussitôt.

— Oui, monseigneur ; mais nous le déciderons avec peine, je crois, à ce nouveau voyage.

— Il faut pourtant le décider, beau neveu; le pape l'exige, et mon noble frère a promis...

— Zizim est toujours défiant, reprit Blanchefort; il va encore une fois nous accuser de trahison... Je vis dans une continuelle inquiétude à cause de ses complots; son Hussein-Bey est un enthousiaste de fidélité qui l'encourage à la résistance... Notre mission n'est pas facile, monseigneur.

— Tâchons de la mener à bien, beau neveu, dit le vicomte, et rendons-nous à la tour... Il faut à tout prix qu'il consente à ce départ : l'avenir de notre ordre en dépend.

Les chevaliers, précédés de quelques servans qui portaient des flambeaux, traversèrent la cour et arrivèrent au pied de la tour à six étages occupée par le sultan. Elle était bâtie de petites pierres taillées en pointes de diamant; la cime, se dessinant vaguement dans l'obscurité d'un ciel nébuleux, effrayait le regard par sa prodigieuse élévation. Des jets de lumière s'élançaient de toutes ses ouvertures; on eût dit d'un embrasement intérieur ; et, s'il se trouvait encore dans la campagne voisine quelque manant attardé, il devait considérer avec effroi cette masse noire, avec ses yeux de feu étincelans et rouges comme les trous d'une fournaise. Mais pas une ombre ne passait devant ces fenêtres, aucun bruit ne se faisait entendre dans le silence de la nuit. Seulement un murmure lent, sourd, monotone, semblable à celui d'une fontaine, semblait sortir de la chambre de Zizim.

— Son esclave favori lui lit le Coran, dit Blanchefort. Et telle était la superstition du temps, que les deux braves chevaliers se signèrent à la fois.

Dès qu'ils eurent touché la porte de la tour, elle s'ouvrit, et la petite troupe se trouva dans une salle de bains richement décorée à la manière orientale. Une eau parfumée, s'échappant goutte à goutte d'un robinet d'argent, tombait dans un bassin de marbre. Quelques esclaves noirs, couchés sur les tapis, près de la porte, veillaient, sabre nu, comme dans les sérails de l'Asie. Blanchefort ordonna à l'un d'eux d'aller demander au sultan s'il voulait les recevoir. L'esclave mit la main sur sa tête en signe d'obéissance, souleva une portière de lampas qui cachait un petit escalier pratiqué dans l'épaisseur de la muraille, et monta gravement, après avoir déposé son sabre sur la première marche. Il n'y avait à l'appartement supérieur qu'une portière en étoffe comme celle de la salle de bain; on pouvait donc entendre ce qui se passait dans la chambre du sultan.

L'esclave était entré depuis un moment, et semblait attendre qu'on lui adressât la parole.

— Que veux-tu, Youmis! demanda en arabe une voix rude et accentuée.

— Très grand, très magnifique, très sublime sultan, le Franc qu'on appelle Blanchefort et un autre chevalier demandent à entrer pour baiser la poussière des pieds de Ta Hautesse...

— Youmis, dit la voix avec impatience, personne, tu le sais bien, ne baise plus la poussière de mes pieds, excepté deux ou trois malheureux esclaves comme toi!... Oublie ce langage, qui ne convient plus à ma fortune... les Francs ne s'inclinent pas devant les fils du prophète... C'était écrit!... — Il y eut encore un moment de silence. — Introduis-les, Youmis, reprit le sultan : il ne faut jamais faire attendre le maître qui veut entrer, car il s'irritera contre les gens de la maison, et les écrasera de sa colère.

L'esclave vint chercher les deux chevaliers. Quand la portière se souleva, ils furent éblouis par l'éclat des bougies qui remplissaient la salle. Elles étaient disposées circulairement, suivant la forme de l'édifice; chacune d'elles se reflétait dans une petite glace de Venise, de manière à se multiplier à l'infini, comme à la fête des fleurs dans les jardins de Bagdad; on eût cru voir une immense traînée de feu. Des tapis de Perse s'étalaient sous les pieds; des coussins de velours, surchargés de perles et de broderies, se gonflaient sur les divans. Aux murailles, tendues de brocart d'or, étaient attachés des trophées d'armes étincelantes de pierreries. Des œufs d'autruches se balançaient au plafond, comme dans les mosquées; une niche pratiquée dans la muraille semblait préparée pour recevoir le Coran. Une aiguière d'or, placée sur une table de sandal, contenait de l'eau de rose pour les ablutions; des cassolettes du plus riche travail laissaient échapper des parfums délicieux en fumée blanche et transparente. Partout brillait quelque chose de rare et de précieux; les diamans, les rubis, les émeraudes scintillaient partout comme des gouttes de rosée au lever du soleil. Les chevaliers de Rhodes avaient pillé longtemps les vaisseaux de l'Inde pour embellir la prison de Zizim !

Le sultan, à demi couché sur le divan, avait une attitude méditative et fatiguée. On éprouvait d'abord, en le voyant, un sentiment d'effroi. Sa taille était athlétique ; sa tête semblait monstrueuse sous son turban vert; ses yeux noirs et hagards saillaient sur sa figure basanée; son nez aquilin se courbait tellement qu'il touchait presque à la lèvre supérieure, couverte d'une épaisse moustache. C'était, si l'on en croit les auteurs, le portrait du son père Mahomet. Quand cette mâle figure était animée, quand ses yeux torves lançaient des éclairs, quand cette stature gigantesque se grandissait encore par la colère, peu d'hommes étaient capables de regarder le sultan sans pâlir. Zizim, monté sur un cheval de bataille, entouré de soldats, excitant au carnage, fauchant des têtes avec son damas, devait donner l'idée du génie de l'extermination. Mais en ce moment son œil éteint, sa tête puissante penchée sur un coussin, son corps languissamment drapé dans une robe de cachemire blanc, n'inspiraient que la pitié. On souffrait à voir ce lion du désert enfermé dans une cage étroite où il ne pouvait ni se retourner ni rugir.

Hussein-Bey, son favori, achevait de lire le Coran. C'était un vieillard encore vigoureux, avec un regard d'aigle et une longue barbe blanche qui tombait majestueusement sur sa poitrine. Il remit dans sa niche le livre sacré des musulmans, et se tint immobile près de son maître, les bras croisés sur la poitrine, en attendant ses ordres.

Les deux chevaliers saluèrent avec courtoisie. Le sultan, sans se déranger, fit un signe de tête amical au prieur; un mouvement de la main suffit pour le vicomte, qu'il ne reconnaissait pas, quoiqu'il l'eût vu à Rhodes. Comme Blanchefort et Monteil avaient appris l'arabe pendant la guerre contre les Turcs, la conversation eut lieu dans cette langue.

— Sublime sultan Gem, dit le prieur, je présente à Ta Hautesse le vicomte de Monteil, mon oncle très cher, et frère de notre illustre grand-maître.

— Que Dieu soit avec lui! répondit le sultan avec laconisme mahométan.

— Il apporte à Ta Hautesse d'importantes nouvelles de la part de notre grand-muphti et des sultans de l'Europe, reprit Blanchefort embarrassé pour annoncer au prince le changement survenu dans son sort.

— Dieu est grand!—dit simplement Zizim. Et après un moment de silence : — M'apporte-t-il la liberté?

Blanchefort releva avec empressement ce mot, qui lui

fournissait une transition toute naturelle pour en venir à ses fins.

— Est-ce que Ta Hautesse n'est pas libre? reprit-il. Nos voies ne sont-elles pas droites, nos âmes bienveillantes? Nous nous empressons de satisfaire tes désirs; tu parles et nous obéissons.... Quelqu'un de nous a-t-il blasphémé ton prophète? Quelqu'un a-t-il troublé ta prière? Nous avons respecté Ta Hautesse comme un grand prince; personne n'oserait toucher un cheveu de la tête de ton esclave. Si nous t'entourons de gardes, comme un trésor précieux, tu le sais bien, c'est pour te défendre contre les desseins de ton frère... Pourquoi donc dire sans cesse : « Je ne suis pas libre? » Pourquoi te défier toujours de tes amis?...

— Blanchefort, dit le sultan avec gravité, ton cœur est on, mais ta parole est légère. Quand l'habitant de l'Atlas surprise des aiglons dans un creux de rocher, il les enchaîne pour profiter de la chasse de leur père : moi, je suis un de ces aiglons... Je puis bien encore étendre mes ailes, mais non pas monter dans les nuages et voler vers les hauts minarets... L'aiglon est-il libre parce que son père lui apporte en abondance de la gelinotte des sables, parce qu'il a du soleil et de la pluie sur son roc?... Allonge sa chaîne, allonge-la encore, et l'aiglon te dira : « Je ne peux pas aller aiguiser mon bec au sommet des cèdres ; je ne peux pas aller combattre les outardes de l'oasis... » Ma chaîne, à moi, a beaucoup d'anneaux, mais vous en avez toujours un bout dans la main droite. C'était écrit!...

— Si Ta Hautesse s'ennuie dans cette tour, dit le vicomte prompt à saisir l'à-propos, nous pourrons te conduire ailleurs...

— Allah! n'ai-je pas assez parcouru en pèlerin ce monde si grand? dit le sultan en laissant tomber ses bras avec abattement. J'ai vu les rives de l'Euphrate et les vastes plaines des enfans d'Assur. J'ai entendu la voix des faquirs de Médine, et j'ai arrosé de mes larmes la rose du Carmel. Je me suis assis sous les dattiers du Caire, et, comme un vagabond qui n'a pas de patrie, je me suis caché dans les antres du Taurus... J'ai traversé les mers comme l'oiseau des tempêtes, j'ai foulé le sol des Francs, et je suis enfin arrivé tout épuisé à cette tour, où je dois mourir... Dieu est grand! que ce qui est écrit sur la table de prédestination s'accomplisse!

— Et cependant, dit le vicomte avec un empressement irréfléchi, les sultans de l'Europe t'appellent à Rome, la ville sainte des chrétiens... Demain tu verras les firmans, et une escorte royale attendra tes ordres.

A cet aveu précipité, Zizim se leva brusquement et s'élança vers son sabre suspendu à la muraille. Il poussa un cri rauque, frappa dans ses mains ; aussitôt les musulmans qui remplissaient la tour entrèrent dans la salle en brandissant leurs yatagans. Le vieil Hussein-Bey, jusqu'à ce moment immobile comme une statue, s'éveilla tout à coup de sa torpeur, bondit jusqu'à son maître, et tira un long poignard qu'il portait à la ceinture. Tous environnèrent le sultan, les yeux fixés sur lui comme pour deviner ses volontés.

Cependant les deux chevaliers étaient restés calmes. Zizim, au contraire, paraissait en proie à une fureur terrible; des mots entrecoupés sortaient de sa bouche; son corps de géant tremblait d'émotion.

— Qu'y a-t-il entre Ta Hautesse et nous? dit enfin Blanchefort. Pourquoi tirer le sabre quand il faut se servir de la parole?

— Vous vous servez de la parole comme un serpent de son venin! s'écria le sultan; hommes pervers, j'ai deviné vos projets... Vous voulez me livrer à mon frère.

— L'esprit du mal t'a soufflé cette pensée, sultan Gem! s'écria le prieur. Je le jure par le Dieu des chrétiens, si je croyais que quelqu'un eût ce désir, je me ferais tuer mille fois plutôt que de le laisser sortir d'ici!

Zizim jeta autour de lui un regard défiant ; puis, abandonnant son sabre sur le divan, il saisit la main de Blanchefort, l'entraîna dans le cercle de ses défenseurs, et lui dit à voix basse :

— Ton âme est pleine de générosité, Blanchefort, je le sais; mais on te trompe... Écoute, Bajazet a promis quatre cent mille pièces d'or à celui qui me livrerait entre ses mains... Hussein-Bey, fils d'Ali, me l'a juré par la tête de son père, et Hussein-Bey n'a jamais menti.

— Des méchans ont égaré l'esprit de Hussein-Bey, sultan, et si Bajazet a fait cette promesse au pape Innocent, le pape Innocent l'a repoussée avec mépris... Mais pourquoi des esclaves chrétiens, en particulier du pape et du grand-maître de Rhodes. Le sultan secouait la tête et disait :

— Mon frère est si puissant! Qu'y a-t-il d'impossible au fils de Mahomet?

Enfin Blanchefort parut décidé à frapper un grand coup.

— J'accompagnerai Ta Hautesse dans ce voyage, dit-il ; mais tu auras près de toi un autre défenseur, un autre ami... le baron de Sassenage.

Zizim releva vivement la tête.

— Le père de la jeune fille? demanda-t-il avec émotion.

— Oui, le père de cette belle Hélène qu'on t'eût donnée pour épouse si tu avais voulu adorer notre Dieu (1).

— Cette jeune fille est la houri des vrais croyans, et son père un vénérable vieillard plein de sagesse et de justice, dit le musulman tout pensif, mais je suis fils du croissant et Mahomet est le prophète de Dieu!

Il resta absorbé dans ses réflexions, en poussant de temps en temps des exclamations tirées du Coran. Les chevaliers attendirent un moment qu'il leur adressât la parole ; mais il s'était voilé le visage, et des sanglots étouffés sortaient de sa large poitrine. Il fit un signe de la main pour ordonner aux assistans de s'éloigner.

— Ta Hautesse partira-t-elle demain? demanda le vicomte avec ténacité.

— Le sultan Gem veut mourir dans le pays de Philippino de Sassenage.

Et les chevaliers se retirèrent sans avoir obtenu d'autre réponse.

LE POUVOIR D'UNE FEMME.

Le lendemain matin, on faisait de grands préparatifs de départ à la commanderie. La cour était remplie d'hommes d'armes allant et venant dans tous les sens. Des écuyers, en pourpoints armoriés, harnachaient les chevaux, dont les housses magnifiques pendaient jusqu'à terre. Des pennons de différentes couleurs s'agitaient doucement au souffle du matin ; les cuirasses brillaient aux premiers rayons du soleil. De temps en temps un frère servant traversait à pas mesurés cette foule bruyante pour porter des ordres, et quelques chevaliers, qui ne devaient pas quitter le château, se montraient aux fenêtres avec le *manteau à bec* et la croix à six pointes. Le porte-bannière de l'ordre, en grand costume de guerre, debout sur le perron de l'entrée principale, faisait sonner ses éperons sur les dalles avec impatience. Les chevaux hennissaient, frappaient du pied ; des imprécations à demi étouffées sortaient déjà de la bouche des gens d'armes.

Le pont-levis était baissé, et les vassaux de la commanderie venaient se grouper curieusement à la porte pour exa-

(1) Zizim avait demeuré à Sassenage, dans le Dauphiné, sous la garde du baron de ce nom, avant d'habiter Bourganeuf.

miner cet appareil inaccoutumé. Tous les regards se tournaient vers l'avenue par où devait arriver l'envoyé du roi, car on l'attendait de moment en moment. Une vive fermentation régnait au dedans et au dehors du château.

La tour de Zizim, au contraire, offrait un contraste complet avec cette agitation universelle. Pas une fenêtre ne s'était ouverte ; rien n'annonçait dans l'intérieur les apprêts d'un long voyage. Seulement un esclave noir apparaissait périodiquement pendant quelques secondes à l'entrée de la salle de bain, et rentrait aussitôt en refermant la porte sur lui. Le cheval du sultan avait été amené tout sellé et bridé dans la cour, mais le noble animal, ne reconnaissant pas ses palefreniers accoutumés, se cabrait dans les mains qui le tenaient. Ses naseaux se gonflaient de colère, son mors d'argent ruisselait d'écume, sa crinière d'ébène se dressait sur son cou nerveux ; les larges étriers orientaux battaient ses flancs aux veines saillantes ; et, se levant sur les pieds de derrière, il emportait les deux pages suspendus à chaque côté de sa bouche.

Tout à coup le noir qui gardait la porte de la tour sembla ne plus pouvoir maîtriser son impatience ; il s'élança, repoussa les étrangers, et parla au cheval, qui devint calme et soumis à cette voix connue ; puis il le flatta de la main et regagna précipitamment la salle de bains, en jetant un sourire de pitié aux gardiens maladroits.

— Le diable sait bien à qui il a affaire ! murmura un vieil écuyer en hochant la tête.

— Que voulez-vous dire, Chatelus ? reprit son camarade ; vous croyez donc aux récits des vassaux sur ce magnifique animal ?

— Suffit, suffit, maître Pierre, répondit l'autre d'un air mystérieux : mais je sais bien que je n'ai jamais vu calmer un cheval fougueux avec un seul mot de baragouin... et pourtant j'en ai bien vu des chevaux fougueux, à compter de celui de monseigneur le vicomte.

— Jamais monseigneur le vicomte, ni aucun seigneur de France, n'a eu si belle monture, dit Pierre avec enthousiasme ; je vous le jure, Chatelus, il n'y a pas de plus belle et de plus solide bête dans toute la chrétienté.

— Oui, elle est assez bonne pour porter en enfer ! reprit le vieillard en faisant un signe de croix ; enfin puissions-nous être bientôt délivrés du cavalier et du cheval ! ajouta-t-il en baissant la voix. Depuis que cette bande de mécréans s'est abattue sur ce pays, l'herbe n'ose plus y pousser... Aussi j'ai promis un beau cierge à saint Yriеix, mon patron, quand je pourrai courir dans la commanderie sans rencontrer ces chiens d'infidèles qui vous regardent avec des yeux blancs comme le surplis du chapelain !

— Allez chercher votre cierge, Chatelus, répondit l'autre, car voici monseigneur le grand-prieur... il vient sans doute donner l'ordre de partir.

— Ainsi soit-il, dit le vieillard.

Blanchefort sortait en effet de la tour et traversait la place d'armes d'un air distrait.

— Ferai-je sonner le boute-selle, monseigneur ? demanda le chevalier de Gastineau, commandeur de Limoges.

— Non, mon frère, répondit le prieur avec agitation ; le prince refuse toujours de monter à cheval... D'ailleurs, le baron de Sassenage n'est pas encore arrivé.

— Il ne peut être loin ; la sentinelle de la tour a vu briller des armures derrière les arbres, dans la direction de Monteil.

— Qu'il vienne donc bien vite ! répondit Blanchefort ; nous n'avons plus d'espoir qu'en lui pour vaincre l'obstination du sultan,.. Je n'ose employer la force... ce moyen nous rendrait odieux, et me répugne... Si le baron ne réussit pas, je ne sais ce qu'il adviendra.

— Il y a quelqu'un qui aurait plus de crédit encore sur l'esprit du sultan, dit Gastineau avec un sourire.

— Qui donc, mon frère ?

— La belle demoiselle de Sassenage, maintenant baronne de Bressieu.

— Oui, mais elle est en Dauphiné ?

— Elle est venue avec sa mère et son nouvel époux joindre le baron au château de Monteil, pour faire ses adieux... c'est là probablement ce qui retarde l'arrivée du sire de Sassenage.

— En êtes-vous bien sûr, commandeur, dit le prieur avec joie.

— Oh ! très sûr, monseigneur, et sans doute elle va arriver avec l'escorte.

— Par saint Jean ! commandeur, je vous remercie, reprit Blanchefort : Dieu envoie cette jeune fille pour tirer notre ordre d'un funeste embarras..... Sitôt que l'on signalera l'arrivée du baron, faites-moi prévenir.

— Vous n'attendrez pas longtemps, dit le commandeur en étendant la main vers le pont-levis.

Aussitôt des fanfares retentirent à une portée de flèche des fossés, et la foule qui encombrait la porte se retira en tumulte. Le prieur fit reculer également les chevaux et les soldats qui remplissaient la cour, afin de laisser une place libre aux arrivans. Charles VIII avait voulu donner une grande solennité à ce voyage, et la suite du baron de Sassenage, qu'il avait chargé de conduire Zizim à Rome (1), était de plus de deux cents hommes. Cette troupe s'avançait, bannière déployée, au bruit des instrumens et des acclamations du peuple ; on la voyait se replier au loin dans le chemin tortueux et couvert qui menait au château.

Tous les habitans de la commanderie étaient groupés autour de Monteil, Blanchefort et Gastineau, couverts de riches armures. Derrière les chevaliers se pressaient en foule les frères servans ; cette masse noire était encadrée dans une brillante bordure de soldats, de varlets, d'écuyers accourus pour voir l'entrée triomphale de l'envoyé du roi.

Blanchefort jeta un regard inquiet sur la tour ; elle ne s'était pas éveillée : toujours le même calme et la même indifférence à l'intérieur. Ses fenêtres restaient couvertes de leurs stores, tandis que les autres croisées du château fourmillaient de spectateurs. Et pourtant toute cette pompe et tous ces apprêts étaient pour l'étranger insouciant qui habitait la tour !

La tête du cortège franchit enfin le pont-levis et entra dans le château. C'étaient d'abord dix lances de la garde du roi avec leurs *garnitures*, c'est-à-dire leurs pages, leurs couteliers et leurs écuyers, tous parfaitement armés et dans le plus riche équipage. A une petite distance derrière cette troupe, venait le baron de Sassenage lui-même, vieux et brave guerrier qui cachait sous sa houppelande fourrée de menu-vair de belles et honorables cicatrices. A côté de lui étaient Jeanne de Commiers, dame d'honneur de la reine, et sa fille Philippine-Hélène de Sassenage, une brune pleine de grâce et de majesté, *la plus gente et la plus plaisante demoiselle de son temps*, si l'on en croit les chroniques. Les deux dames avaient leurs corsages de velours bordés d'hermine, suivant la mode d'alors, et leurs longues robes flottaient sur les haquenées blanches qu'elles montaient. Quelques jeunes seigneurs, qui s'étaient joints à l'escorte afin d'assister au départ de Zizim, s'empressaient autour d'elles et devisaient avec gaieté. Un d'eux surtout était toujours près d'Hélène, soit pour lui adresser quelque mot galant, soit pour diriger sa haquenée dans les chemins difficiles. Hélène ne manquait jamais de le remercier par un doux sourire ; ce jeune cavalier était le baron de Bressieu, son nouvel époux.

A la suite de cette noble chevauchée, on voyait un corps nombreux de gens d'armes de France, s'avançant deux à deux, en belle ordonnance, sur des chevaux bardés de fer. La marche était fermée par une multitude de varlets, goujats et petit peuple, qui, n'osant franchir le pont-levis, s'arrêta avec respect de l'autre côté du fossé.

(1) Le président Allard, de Grenoble, qui a fait au XVIIe siècle un roman sur Zizim, avait vu les lettres patentes du roi ; elles sont datées de 1488.

Les chevaliers accueillirent le seigneur de Sassenage et sa famille avec le plus vif empressement.

— Soyez le bienvenu, sire baron, dit le vicomte de Monteil en lui serrant la main ; mais si vous n'êtes pas plus heureux que nous auprès du sultan, votre mission est déjà finie...

— Mais les ordres du pape et du roi...

— Il n'y a ni pape ni roi qui puisse faire partir le prince de force s'il résiste à nos prières... Il se souvient qu'on l'a déjà trompé quand on l'a amené ici, et il se défie de nous... Je vous le répète, baron, il faudra renvoyer votre escorte si vous ne parvenez à vaincre ma résolution.

— Je l'essayerai, mes frères, dit le baron ; mais pourquoi aurais-je sur Sa Hautesse plus de crédit que vous ?

— Si la noble dame votre fille voulait nous aider, dit Blanchefort, j'en suis sûr, le prince partirait...

— Comment, demanda Sassenage en souriant, se souviendrait-il encore de cette amourette ?... Il doit savoir qu'Hélène est mariée.

— Il l'ignore, répondit le prieur ; quoi qu'il en soit, tout notre espoir est maintenant en elle et en vous !

— Eh bien ! je vais aller me jeter à ses pieds, dit le vieux seigneur ; peut-être consentira-t-il en faveur de notre ancienne amitié...

— Et de son ancien amour, ajouta le prieur en regardant la jeune baronne qui rougit. Dame, au nom de votre sainte patronne ! aidez-nous...

— Mais, monseigneur, dit Hélène avec une timidité d'enfant, est-il absolument nécessaire que j'aille moi-même supplier le prince ?... Si vous saviez combien son regard me fait peur ! et puis, n'est-ce pas un grand péché d'approcher un infidèle ?...

Blanchefort et les autres chevaliers déployèrent toute leur éloquence pour vaincre les répugnances de la jeune femme ; elle interrogeait son mari du regard et hésitait toujours. Bressieu insista lui-même pour qu'elle tentât cette démarche ; cependant quand son père et sa mère lui prirent les deux mains et l'entraînèrent vers la tour, elle céda avec un visible déplaisir.

On entra d'abord dans la salle de bain ; les esclaves noirs y étaient réunis, leurs sabres à la main, disposés à ne laisser pénétrer personne jusqu'au sultan sans en avoir reçu l'ordre exprès. Hussein-Bey, qui les commandait, s'approcha de Blanchefort avec un air de défiance, et écouta quelques mots en arabe que lui adressa le prieur. Puis il appela un autre esclave auquel il ordonna d'aller prévenir Zizim, car il ne voulait s'en remettre à personne du soin de garder le vestibule. Le messager ne fut absent qu'un moment ; Hussein, après avoir entendu la réponse, fit signe, comme à regret, à ceux qui défendaient l'entrée de l'escalier de laisser passer les visiteurs.

Zizim était dans la plus vive agitation, causée surtout par la nouvelle subite de l'arrivée d'Hélène. Quand Sassenage et sa famille entrèrent dans la salle, tout était en désordre autour de lui ; les coussins étaient épars et renversés, les pieds foulaient des objets précieux, les perles craquaient comme du gravier sous les chaussures. A la brillante illumination de la nuit avait succédé un demi-jour voluptueux; les reflets métalliques des tentures chatoyaient çà et là dans les coins sombres. Le sultan avait le même costume que la veille ; son visage était pâle, sa démarche chancelante. Le sommeil ne semblait pas être venu rafraîchir son sang pendant la nuit précédente.

Aussitôt qu'il aperçut Hélène, « il n'eut des yeux que pour elle et des oreilles pour personne. » Sans remarquer les autres assistants, il se précipita à genoux et baisa respectueusement le bas de sa robe, en prononçant des paroles étrangères. La jeune fille ne pouvait les comprendre, mais elles devaient être bien touchantes, à en juger par l'expression des regards du malheureux proscrit.

Sassenage vint au secours d'Hélène, dont cet accueil chaleureux avait redoublé la timidité.

— Ma fille a voulu faire ses adieux à Ta Hautesse, dit-il ; car tu ne peux persister dans la volonté de rester ici...

Alors seulement le sultan parut s'apercevoir qu'il y avait autour de lui d'autres personnes ; il salua le baron et la dame de Sassenage, qu'il connaissait aussi ; mais il ne voulut parler qu'à Hélène. Il lui prit la main et la fit asseoir auprès de lui sur le divan.

— Fleur du paradis, dit-il en français, jardin de l'âme, aurore d'un jour serein, ta vue m'est douce comme l'ombre du palmier au pèlerin du désert... Pourquoi mes yeux ont-ils été privés si longtemps de la joie de te contempler ? Tu es belle comme la rose pourpre du cactier !... Dis-moi, quand tu étais bien loin, as-tu pensé au sultan Gem, fils de Mahomet, le prisonnier des Francs ? le souvenir de l'exilé est-il venu voltiger autour de toi comme le papillon autour du flambeau ?

— Ta Hautesse sait bien qu'une chrétienne ne peut penser à un musulman, répondit Hélène avec embarras.

— Alors ta loi est moins sage que la mienne, dit Zizim avec amertume, car il est écrit : « tu auras pitié de celui qui souffre... » Oh ! si tu avais voulu, continua-t-il avec chaleur, je t'aurais emportée sur mon cheval, au milieu de tous les Francs. J'aurais traversé les mers avec toi... des amis devaient m'aider !... Dieu est grand !... Dans le pays des enfans du prophète, j'aurais levé la main vers le ciel en disant : « Je suis Gem, fils de Mahomet, fils d'Amurath ! » et mes armées seraient venues pour te défendre. Tu aurais été ma sultane bien-aimée, et les peuples se seraient prosternés sur ton passage. Les esclaves de tes esclaves auraient été de puissans émirs, et j'aurais tranché avec le sabre les têtes qui ne se seraient pas cachées dans la poussière devant ta beauté.

— Ta Hautesse s'abusait, dit le baron de Sassenage, tu n'aurais trouvé dans ta patrie ni obéissance ni respect ; si tu avais voulu te faire chrétien, ton mariage avec une infidèle eût été rompu, et je t'eusse donné ma fille...... Alors les sultans de l'Europe t'eussent peut-être soutenu contre ton frère... Aujourd'hui encore tu peux regagner ton empire en abjurant ton prophète ; mais ma fille ne peut plus t'appartenir, elle est mariée.

— Que dit le père ? s'écria le prince en redressant brusquement sa taille athlétique ; la vierge des Francs a-t-elle un maître ? l'élue du fils de Mahomet a-t-elle un époux ?

— Je suis mariée, répéta Hélène en baissant les yeux.

Zizim se couvrit le visage en signe de douleur, suivant sa coutume. Il ne prononça que le mot fataliste des musulmans : « C'était écrit ! » et il resta anéanti.

Sassenage crut le moment favorable pour lui parler de sa mission.

— Sultan Gem, dit-il d'un ton solennel, le roi Charles huitième, mon gracieux maître, t'invite par une lettre à te rendre auprès du saint-père : il m'a chargé, moi baron de Sassenage, de te conduire à Rome, où tu es attendu. Voici le firman que mon très redouté seigneur et roi envoie à Ta Hautesse...

Alors, mettant un genou à terre, il présenta au sultan un vélin écrit en lettres d'or et d'azur, scellé du grand sceau de l'État.

Zizim rejeta le pan de robe qui couvrait son visage baigné de larmes ; puis, sans faire attention à l'envoyé de France, il dit à Hélène, tremblante et muette :

— T'aime-t-il bien, ton mari, jeune fille ? Sait-il lire tes volontés dans tes yeux et deviner tes désirs dans ton cœur ? Si tu disais, en voyant la fleur qui croît au sommet de la montagne : « Cette fleur est belle ! » irait-il la cueillir en marchant sur les genoux et sur les mains à travers les pointes de rocher, pour te l'apporter teinte de son sang ?... Si tu voulais le caillou blanc qui brille au fond d'une eau limpide, se plongerait-il aussitôt dans les abîmes du lac ? et si l'ange de la mort allait te frapper, se précipiterait-il au-devant du coup d'Azraël pour prolonger ta vie d'un moment ?

— Il m'aime plus que la vie, répondit Hélène.

— Et toi, rosée du matin de l'âme, songe de bonheur envoyé par le prophète, l'aimes-tu, réponds-moi ? es-tu fière de sa jeunesse et de sa force? car sans doute il est jeune et fort... Le trouves-tu plus beau que tous les autres hommes? ton œil aperçoit-il de douces images à travers le cristal de son âme ? Ta voix est-elle comme un luth brisé quand il est loin de toi, et ton cœur bat-il comme l'aile d'un passereau quand il approche ? Des perles blanches coulent-elles sur tes joues quand il tarde à venir ? tes lèvres de corail s'ouvrent-elles dans tes rêves pour l'embrasser ?

— Je ne dois pas te tromper... toutes mes pensées sont à lui, répondit Hélène en rougissant.

— Que les bénédictions du prophète se répandent sur vous comme une pluie de printemps sur de jeunes herbes ! — dit Zizim avec un soupir. Puis il se leva et demanda avec majesté : — Où est la lettre de mon frère le sultan de France ? — Le baron la lui présenta. Zizim la baisa respectueusement, puis il se tourna vers les chevaliers : — La table de prédestination est la table de vérité, reprit-il d'un ton sentencieux ; je suivrai les hommes que m'ont envoyés les sultans...

A cette promesse si longtemps attendue, la joie brilla sur tous les visages ; le prieur sortit de la tour pour porter cette heureuse nouvelle à ses frères. Hélène et les autres assistans allaient sortir aussi, quand Hussein-Bey, qui avait entendu toute la conversation précédente, s'avança lentement au milieu de la salle et déchira sa robe sur la poitrine. Il tomba aux pieds de Zizim en pleurant et en balayant le tapis avec sa longue barbe blanche. Il poussait des cris de désespoir, se heurtait le front contre le parquet.

Le sultan abaissa les yeux vers lui :

— Hussein-Bey, fils d'Ali, que veux-tu ? demanda-t-il.

— Qu'Allah protége Ta Hautesse ! Ils vont te livrer à tes ennemis, murmura le vieillard en arabe.

— Hussein-Bey, fils d'Ali, relève-toi. Dieu est grand ! dit Zizim avec tristesse en regardant son vieux serviteur.

Une heure après, tout était prêt pour le départ. L'escorte envoyée par le roi s'étendait en demi-cercle au pied de la tour ; on avait réservé l'espace du milieu aux chevaliers de Rhodes qui devaient suivre le sultan. Le prieur de Blanchefort et le vicomte de Monteil étaient déjà en selle. Le baron de Sassenago faisait ses adieux aux dames, à Bressieu et aux seigneurs qui les avaient accompagnés. A quelque distance, les musulmans, aussi à cheval, formaient une petite troupe isolée, à la contenance morne et abattue. Le magnifique coursier qui le matin avait donné tant de peine aux écuyers, calme maintenant et docile à la voix du noir qui le tenait par la bride, regardait d'un œil étonné ces casques, ces cuirasses, ces piques et ces lances étincelant au soleil. Un silence majestueux régnait dans cette foule immense. On avait beau se dire que le prince qui allait paraître était un infidèle, il était si grand par ses malheurs et sa naissance, il avait tant occupé la renommée, que les plus indifférens se sentaient saisis de respect pour cet illustre exilé.

On attendait ainsi depuis longtemps, quand Zizim sortit de la tour. Il avait revêtu un magnifique costume ; un croissant de pierreries chatoyait au-dessus de son turban ; ses babouches de maroquin portaient l'éperon d'or des chevaliers. Il s'appuyait sur son vieil Hussein-Bey, qui n'avait pu encore effacer la trace de ses larmes, et tous les deux s'avançaient à pas lents vers les chevaux. Pas une acclamation ne se fit entendre ; c'eût été un crime de saluer par des cris de joie un adorateur du faux prophète. Mais du fond du cœur tous les assistans, même les plus pauvres hommes d'armes, qui ne possédaient au monde que leur cheval et leur épée, plaignaient cette grande victime de la politique de l'Europe, malgré ses diamans et son nom retentissant.

Quand il passa devant le groupe où étaient les dames, on s'inclina profondément. Le sultan reconnut Hélène ; elle s'appuyait sur son mari comme pour le lui présenter tacitement. Il s'arrêta et les regarda un moment sans parler.

— Est-ce là le maître que tu t'es donné, jeune fille ? demanda-t-il enfin.

— Oui, illustre sultan, répondit-elle avec fermeté, en pressant le bras du baron.

— Que Dieu lui accorde ainsi qu'à toi des jours sereins ! — dit Zizim. Puis il détacha un riche collier de son cou et le présenta à Hélène. — Prends ce collier, dit-il, tu le montreras à tes enfans et aux enfans de tes enfans, et tu leur diras : « Le sultan Gem, fils de Mahomet, fils d'Amurath, m'a donné ce collier pour que je me souvienne de lui. » Il s'éloigna en faisant un signe de tête. Au moment de monter à cheval, il disait à Hussein-Bey : — Pensais-tu qu'un petit mameluck franc pouvait être plus heureux que le fils de mon père ?... Il n'y a pas d'autre dieu que Dieu ! C'était écrit !

Il bondit sur la selle avec grâce, et le noble animal, qui depuis longtemps ne sentait plus son maître presser ses flancs de l'éperon, fit des courbettes de joie. Puis les trompettes sonnèrent ; le signal fut donné. Le sultan partit au galop, suivi de ses fidèles esclaves, les chevaliers s'élancèrent à sa suite, et toute l'escorte disparut dans un tourbillon de poussière.

Zizim allait au-devant de nouveaux malheurs ; les princes de la chrétienté devaient se le disputer comme un jouet, jusqu'à ce qu'il mourût par le poison des Borgia.

Le château de Bourganeuf et la tour à six étages existent encore. Le château est occupé par le tribunal, la mairie et le presbytère. La tour de Zizim n'a pas changé de destination : elle sert encore de prison.

FIN DE LA TOUR ZIZIM.

LE CHASSEUR DE MARMOTTES

I

L'OVATION.

Au pied du mont Cenis, du côté de la France, on trouve le village de Lans-le-Bourg. Une petite église, surmontée d'un clocher en ardoises, une centaine de misérables cabanes, l'auberge du Lion-d'Or, où s'arrêtent pour changer de chevaux les diligences et les malles-postes qui se rendent à Turin, voilà Lans-le-Bourg. C'est un de ces villages qui en eux-mêmes ne laissent aucun souvenir ; jeté sur la route pour réjouir un moment les yeux, on le regarde en passant, puis on oublie son nom. Mais ce que l'on n'oublie pas aussi facilement, c'est le magnifique paysage qui l'entoure, ce sont ces tapis de sombre verdure, émaillés de troupeaux, ces immenses montagnes que l'on voit de là se dresser de toutes parts, avec leurs crêtes échiquetées, bleuâtres, et leur front de neige s'allongeant d'un bout à l'autre de l'horizon, comme pour défendre le passage ; c'est surtout le Cenis, avec sa tête blanche, hérissé de glaciers dont il semble vouloir secouer les avalanches sur le pauvre village. Lans-le-Bourg sert en effet de point de départ à cette route pénible de plus de seize lieues qui serpente aux flancs déchirés du mont, en dépasse la cime désolée, et va retomber de l'autre côté, à Suse, dans un nouveau climat, sous un nouveau ciel, en Italie. C'est à Lans-le-Bourg que le voyageur venant de France commence à douter de la solidité de sa chaise de poste ou de la sûreté du pied de ses mulets. Là aussi se montrent ces nuées d'enfans savoyards, demi-nus, aux joues rondes et rouges, qui émigrent chaque hiver dans nos villes pour y exercer leurs petites industries. En attendant, quand une voiture traverse leur village, ils se mettent à sa poursuite et jettent par la portière des fleurs sauvages afin d'obtenir quelques sous de récompense. Leurs parens, nus et misérables comme eux, assis sur le bord du chemin, profitent de cette aumône qu'ils n'ont pas demandée. Quand leur regard sinistre s'arrête sur le voyageur, on dirait plutôt des brigands qui menacent que de pauvres qui souffrent. Mais les apparences sont trompeuses, car cette race infortunée a l'instinct de la probité, et elle vit exclusivement dans sa montagne stérile du fruit des services qu'elle rend à l'étranger.

A quelque distance de ce village, sur le bord de la route, une cabane isolée, d'aspect misérable, s'élevait, il y a quelques années, dans une position aride et pittoresque au milieu des rochers. On l'eût prise, à sa petitesse, pour une de ces maisons de refuge où le voyageur, arrêté par la tourmente, trouve gratuitement du pain, du vin et un gîte en attendant la fin de la tempête. Cependant telle n'était pas la destination de cette chaumière, bâtie de pierres ramassées au hasard sur la grand'route, et de morceaux de bois arrachés aux pins du voisinage. Des pieds de chamois, des éperviers cloués sur la porte, indiquaient la demeure d'un chasseur ; de plus, une planchette suspendue sur la façade laissait lire, en caractères grossièrement tracés, *Gaëtan Carlotto, bon guide au mont Cenis.*

Un soir d'automne, à l'époque où la jeune génération de ces contrées vient dans nos villes remplacer les hirondelles, un groupe assez nombreux de montagnards était arrêté sur la grand'route en face de la chaumière dont nous parlons. Malgré la misère du costume des hommes, des femmes et des enfans composant ce groupe, tous ces pauvres gens avaient pris leurs habits de fêtes. Les hommes avaient des souliers comme aux jours des solennités ; leurs jambes, que leurs culottes de gros drap laissent nues d'ordinaire, étaient couvertes de somptueux bas de laine. Les femmes avaient orné de fleurs alpestres leurs chapeaux de paille, et les petits garçons, vêtus de neuf, peut-être pour la première fois de leur vie, tenaient à la main d'énormes bouquets de ces mêmes fleurs fraîchement cueillies au bord des précipices.

Les regards étaient tournés vers la grand'route, du côté où elle s'élève en serpentant sur la croupe du Cenis; on semblait attendre quelqu'un qui n'arrivait pas. Une épaisse vapeur couvrait l'atmosphère et enveloppait les cimes blanches des Alpes. Une brise âpre soufflait par intervalle, apportant les parfums de la verdure et l'arome des sapins. Quelques bestiaux avec leurs sonnettes bruyantes descendaient en beuglant vers le village ; le soleil se couchait, et personne ne se montrait encore, excepté quelques rares piétons, auxquels les enfans ne manquaient pas de demander la *buono mano* en italien ou la *charité* en français, suivant la qualité présumée des voyageurs.

Tout à coup un montagnard, grimpé sur une roche voisine, poussa un cri de joie, et dit en patois savoyard à ses compagnons, assis à quelque distance :

— Le voici !

A cette nouvelle on se leva avec empressement.

— Où donc, Janvier ? demanda-t-on comme à l'envi les uns des autres.

— Là-bas, là-bas, près du rocher Rouge, reprit la sentinelle, de toute la force de ses poumons. Il est avec son voyageur... dans un quart d'heure ils seront ici.

Et Janvier, se laissant glisser sur le dos et les talons à bas de son poste d'observation, vint rejoindre la bande.

— Qui va lui parler ? demanda une voix.

— Moi, dit Janvier, homme robuste et de mine avenante. Attention, *piccoli*, continua-t-il en s'adressant aux enfans, qui élevaient triomphalement leurs bouquets au niveau de leurs têtes blondes.

Tous les savoyards restèrent debout et immobiles au milieu du chemin, avec le recueillement de sujets qui attendent un roi ou plutôt d'amis reconnaissans qui vont paraître devant un bienfaiteur.

Un quart de lieue environ de l'endroit où la troupe avait fait halte, deux hommes, cachés en ce moment par un énorme rocher appelé le rocher Rouge à cause des bruyères pourpres dont il était couvert, s'avançaient d'un pas tranquille vers le village.

C'était de ces deux hommes que Janvier venait de signaler l'approche. L'un, véritable enfant du pays, grand, bien fait, à tournure mâle et énergique, était un de ces types de montagnards auxquels le frottement de la civilisation ne peut enlever leur relief. De longs cheveux flottans encadraient sa figure brunie et comme tannée par l'intempérie des saisons. Il était dans la force de l'âge ; il y avait dans son attitude quelque chose de noble, résultant d'une conscience pure et d'une vie sans reproche. Un bonnet de laine, un surtout grossier, des culottes de drap et des guêtres de cuir formaient son costume; une gourde se balançait sur sa hanche; un sac de peau de bœuf, le poil en dehors, était attaché sur ses larges reins. Il portait sur son épaule une de ces longues carabines rayées qui, dans des mains habiles, logent une balle entre les deux cornes d'un chamois à deux cents pas de distance. Enfin, de la main qui lui restait libre, il tenait un piège à bascule destiné à prendre des animaux bien petits, à en juger par la légèreté de ses proportions.

Les traits de cet homme, chasseur, trappeur ou guide, car chacune de ces trois dénominations pouvait également lui convenir, n'exprimaient pas l'avidité assez habituelle à la physionomie du pauvre. Un sang fier coulait dans ses veines, et certainement la faim n'avait jamais pu le dompter assez pour le forcer à une bassesse. Son regard n'était pas non plus terni, hébété par l'ignorance et la misère: l'intelligence, l'âme, le feu rayonnaient dans cet œil fauve comme celui d'un aigle ; ses paroles étaient simples et justes, ses manières franches et même polies. Cette nature, qui eût été belle encore dans sa grossièreté native, avait reçu quelques coups de lime de la civilisation.

Le voyageur qu'il accompagnait en ce moment devait être un Français, à en juger par la coupe de ses vêtemens et par le ruban rouge de sa boutonnière. C'était un homme d'une cinquantaine d'années, au visage paisible; une pâleur légère, provenant sans doute de veilles et de travaux de cabinet, lui donnait l'air d'un savant. Ses yeux, abrités par des lunettes d'écaille, étaient continuellement tournés vers la terre ; même à cette heure où l'obscurité commençait à envelopper les objets, il se livrait, tout en marchant, à de minutieuses investigations. Les plantes innombrables dont ses mains étaient chargées, celles qui s'échappaient d'un vaste carton attaché sur ses épaules, décelaient un de ces botanistes qui viennent chaque année étudier cette flore des Alpes si riche et si brillante. Pendant que son guide était absorbé dans des réflexions silencieuses, il scrutait avec attention les bords de la route, se penchant là pour recueillir une fleur, là pour aspirer l'odeur d'une feuille. Tantôt il rejetait avec dépit une plante déjà connue, tantôt il récoltait avec une joie d'enfant une variété nouvelle, murmurant sans cesse des mots latins ou des noms français scientifiques plus bizarres encore. Le montagnard s'arrêtait où s'arrêtait l'étranger, calme, résigné, patient.

Enfin le botaniste sembla fatigué de ses recherches ; il se redressa péniblement, ôta ses lunettes, qu'il replaça dans leur étui, et s'écria d'un ton de mauvaise humeur :

— Allons ! il faut renoncer pour aujourd'hui à trouver la gentiane naine, *gentiana minima;* il me manque cette seule espèce pour compléter le genre, et pendant toute la journée le diable s'est fait un jeu de me la cacher.

Cette exclamation tira le guide de sa taciturnité.

— Monsieur le docteur, dit-il tranquillement, aujourd'hui nous ne sommes pas montés assez haut pour trouver l'herbe dont vous parlez. La gentiane naine fleurit auprès des glaciers, sur la limite de la région des neiges, et vous êtes resté bien au-dessous de cette région pendant que j'essayais de prendre des marmottes.

— Tu es donc naturaliste, Gaëtan ? demanda le Français avec étonnement en écarquillant ses gros yeux myopes ; connais-tu donc la *gentiana minima*?

— L'habitude de conduire des savans à travers les montagnes m'a fait remarquer les lieux où se trouvent nos minéraux et nos végétaux les plus remarquables... j'ai appris ainsi à en connaître quelques-uns.

— Au fait, c'est possible, reprit le docteur en souriant et comme s'il se parlait à lui-même. Claude Anet était excellent botaniste, sans être plus lettré que toi. — Ils se remirent en marche. La conversation étant une fois engagée, le docteur ne parut pas disposé à en rester là. — Et toi, Gaëtan, reprit-il, as-tu été heureux dans la chasse ? Pendant que j'herborisais, tu as eu le temps de visiter tes pièges à marmottes et de poursuivre le chamois. Il me semble, ajouta-t-il en jetant un regard malin sur le sac vide du chasseur, que les pièges et la carabine n'ont produit aujourd'hui ni gibier mort ni gibier vivant ?

— Oui, monsieur, répondit Gaëtan, la journée n'a pas été bonne. Je n'ai pu approcher à portée d'aucun chamois, et le meilleur de mes pièges a besoin de réparations. Il est bien dommage que je n'aie réussi à rien aujourd'hui, j'avais promis une marmotte au petit Paolo..... sa mère est vieille, infirme, et l'enfant se serait fait un moyen d'existence de la marmotte que je voulais lui donner; les autres partiront, et le pauvre Paolo restera encore cette année au pays. Toute une famille sera dans la désolation....

Ces paroles, prononcées d'un ton mélancolique, frappèrent le botaniste.

— En effet, reprit-il, tu jouis d'une grande considération ici ; on m'a dit que tu étais une espèce de petit souverain... Ton habileté à prendre des marmottes te permet de faire des heureux !

— J'y trouve bien mon intérêt, répondit le guide avec un sourire ; quand les enfans reviennent à la montagne, ils me payent une petite rétribution, suivant leurs profits. Ceci, ajouté aux produits de ma chasse, à l'argent que je gagne à guider les voyageurs, suffit pour me faire vivre honnêtement, et surtout sans mendier, car mendier c'est le comble du déshonneur.

Le docteur le regarda avec étonnement.

— As-tu quitté quelquefois ces montagnes ?

— J'ai habité longtemps Paris... J'étais parti à l'âge de dix ans, avec un frère que j'aimais plus que moi-même... c'est aujourd'hui un bourgeois, un monsieur.

— Il y a en toi quelque chose d'extraordinaire, reprit le botaniste, qui pour la première fois depuis son arrivée au Cenis se donnait la peine d'observer son guide. Tu sais lire et écrire sans doute, tu sais...

— Je sais distinguer le sifflement d'un chamois de celui d'une marmotte ; je sais reconnaître la veille le vent qui soufflera le lendemain sur le Cenis ; je sais diriger un coup de carabine, franchir un précipice, éviter une avalanche, et tirer au besoin mes voyageurs d'un mauvais pas ; je sais encore donner un bon conseil à un ami ou à un pauvre enfant qui part pour la France; mais je ne sais ni lire ni écrire.

— Et sans doute tu es heureux?

— Heureux! répéta Gaëtan avec un soupir.

En ce moment le docteur aperçut devant lui, aux dernières lueurs du crépuscule, les montagnards postés sur la route comme une rangée de spectres noirs et muets. Il se rapprocha de Gaëtan avec une sorte d'effroi.

— Qui sont ces gens là? demanda-t-il à voix basse.

Un sourire effleura les lèvres de Carlotto.

— Ne vous a-t-on pas dit que j'étais un petit souverain dans ce village? Vous allez voir ce que vaut un marmottier au Cenis.

Il s'avança tranquillement vers les montagnards. Quand il fut à quelques pas d'eux, Janvier lui dit d'une voix forte et accentuée:

— Bonsoir, Gaëtan.

— Bonsoir, Gaëtan, répétèrent les autres.

Et tout le monde se tut à la fois, comme si ce mot seul eût épuisé l'éloquence de ces braves gens. Le guide s'arrêta, et laissa tomber à terre la crosse de sa carabine.

— Bonsoir, mes amis; eh bien! que faites-vous là à cette heure? La soirée est belle, et il n'y a pas de voyageurs en danger dans la montagne.

Janvier, un moment interdit, prit dans sa main calleuse la main plus calleuse encore de Gaëtan, et lui dit avec une simplicité cordiale:

— Il ne s'agit pas de voyageurs, *monsieur* Carlotto, mais de vous; voici la chose. Demain matin ces enfans quittent le pays pour se rendre à Paris. C'est vous qui leur avez donné les moyens de gagner leur pain, et peut-être de rapporter quelques écus dans six mois à leurs pauvres familles... Vous les avez instruits de ce qu'ils devaient faire pour réussir dans la grande ville. Alors les *piccoli* se sont dit: « Il faut aller dire adieu à *monsieur* Carlotto. » Les pères et les mères sont venus avec eux, et nous voilà.

Alors les assistans présentèrent leurs bouquets à Gaëtan. Celui-ci jeta un regard de triomphe sur le docteur, qui, avec l'avidité d'un botaniste, s'était emparé des fleurs champêtres offertes par les enfans à leur bienfaiteur. Ce regard jaillit comme un éclair de la prunelle du robuste montagnard, et répandit sur toute sa physionomie un reflet de puissance; mais le feu s'éteignit au bout d'une seconde; le roi était redevenu humble paysan, et il dit avec émotion en serrant la main de Janvier:

— Merci, camarade; merci, *piccoli;* ce n'était pas la peine... Les pauvres doivent s'entr'aider. D'ailleurs, vous le savez, mes services ne sont pas désintéressés... J'ai une recommandation à vous faire, j'ai une commission à vous donner, à vous comme à tous ceux qui depuis dix ans partent pour la France...

Il s'arrêta; une grosse larme roulait de ses yeux animés un moment auparavant d'un si vif éclat. Les montagnards échangèrent quelques mots à voix basse, comme s'ils eussent craint de troubler sa douleur. Mais cet abattement dura peu; Gaëtan, honteux de lui-même, releva vivement sa carabine, la plaça sur son épaule, et dit avec une gaieté forcée:

— Allons, mes amis, suivez-moi tous; je vous conterai cela... Nous trouverons bien encore dans ma petite maison un peu de vin de Saint-Julien pour boire à la santé des enfans qui vont entreprendre ce long voyage.

— Merci, *monsieur* Gaëtan, répéta la foule avec une joie respectueuse.

Carlotto se tourna vers le botaniste, qui partageait son attention entre cette petite scène et le bouquet des *piccoli*.

— Monsieur le docteur, lui dit-il, dédaignerez-vous d'entrer un moment dans ma cabane avant de retourner à l'auberge du Lion-d'Or? Vous entendrez ce que j'ai à dire à ces pauvres enfans, et peut-être pourrez-vous me procurer vous-même des éclaircissemens sur...

— J'irai, *monsieur* Gaëtan, répondit le docteur avec une ironie bienveillante, j'irai d'autant plus volontiers que je ne serai pas fâché de me reposer un peu avant d'arriver à Lans-le-Bourg. D'ailleurs je suis impatient de voir à la lumière les plantes que ces petits drôles ont apportées... Des plantes rares et curieuses, mon brave guide! d'abord la *viola biflora*, l'*arthemisia glacialis*...

— Toutes croissent sur des pics escarpés, sur le penchant des précipices... peut-être, monsieur, ces enfans ne voudraient-ils pour aucun prix retourner chercher des fleurs pareilles. Ils ont risqué leur vie pour fêter leur ami le marmottier.

En achevant ces paroles, il se mit en marche vers sa cabane, et la troupe le suivit tumultueusement.

II

LES DEUX FRÈRES.

La cabane de Gaëtan était aussi pauvre, aussi misérable à l'intérieur qu'à l'extérieur. Un trou pratiqué à la toiture d'ardoises servait de cheminée; quelques poignées de paille de maïs étaient jetées sur le lit, dont une peau d'ours formait la couverture. Un vieux coffre contenait les vêtemens du montagnard. Le reste du mobilier se composait d'une petite table à demeure près du foyer, et de quelques escabeaux de bois grossièrement taillés. Un buste en plâtre de Napoléon, posé sur une planchette, représentait les pensées de la terre, comme un petit Christ sans bras suspendu de l'autre côté représentait les pensées du ciel; ces deux figurines résumaient toute la religion de Gaëtan. Dans un coin, plusieurs bâtons de cormier de sept pieds de long, quelques pièges détendus, indiquaient la profession du propriétaire de cette habitation; un long couteau de chasse, à gaîne de cuir, à poignée de corne, brillait au reflet de la lampe fumeuse qu'on venait d'allumer.

Il paraissait impossible, dans un si étroit espace, de recevoir tant de monde; mais les invités n'étaient pas difficiles. Les femmes se placèrent sur les escabeaux, qui leur furent galamment réservés; les hommes s'assirent sur le lit ou par terre, comme au hasard; les enfans s'étaient logés dans les intervalles, et leurs petits visages frais saillaient çà et là au milieu de cette masse compacte, à travers laquelle, suivant une expression triviale, *une épingle n'aurait pu tomber par terre*. L'étranger voyageur, ayant pris la place d'honneur à côté de la lampe afin de classer ses richesses végétales, occupait à lui seul plus d'espace que dix autres des assistans. La troupe avait quitté sa réserve première; chacun causait avec son voisin, sans cependant cesser de prêter une respectueuse attention aux paroles de Carlotto.

Celui-ci, debout près de la cheminée, jeta un regard sur ses hôtes qui venaient enfin de trouver tous place autour de son foyer. Plus heureux que Socrate, il voyait sa petite maison pleine de vrais amis, et pas un d'entre eux n'eût refusé de donner sa vie pour le bienfaiteur commun. Gaëtan le savait sans doute, car il murmura à l'oreille du voyageur, avec une naïve complaisance:

— Dites, monsieur, ne vaut-il pas mieux être le premier parmi ces braves gens que le dernier dans nos grandes villes?

Une espèce rare de *betonica* tomba sous la main du botaniste en ce moment, et l'empêcha de répondre. D'ailleurs Gaëtan venait d'entrer dans une pièce voisine, qui avec sa chambre à coucher occupait toute la capacité de la maison. Il reparut bientôt tenant à la main un broc rempli de vin, et deux coupes de bois. L'une de ces coupes fut offerte à Janvier, qui devait boire le premier, au nom des jeunes émigrans; l'autre était destinée au docteur. Quant à Carlotto, il tira de son sac une tasse de cuir, la remplit de vin, et, l'élevant au niveau des coupes de bois qui vinrent la toucher, il dit de ce ton mélancolique qui lui était habituel quand un douloureux souvenir affectait son esprit :

— A votre santé, mes petits, à votre santé et à celle de vos pères et de vos mères! Puissiez-vous revenir à la montagne bons et honnêtes comme vous en partez, et surtout... revenir !

Le docteur jusqu'ici avait donné peu d'attention à cette scène, mais à ce moment l'effet en fut saisissant pour lui. La lueur vacillante de la lampe et du foyer se projetait sur cette troupe silencieuse; de brunes figures ressortaient dans l'ombre; les mères versaient des larmes et les enfans se pressaient contre elles; les pères baissaient la tête en rêvant à cette veillée qui précéda le jour où ils quittèrent tout enfans la chaumière paternelle, et où ils écoutèrent, eux aussi, les conseils de quelque vénérable Nestor de la montagne. Le caractère patriarcal de ce tableau, cette poésie calme, émurent profondément l'honnête savant, dont la science n'avait pas desséché le cœur. Il porta la coupe à ses lèvres.

— Que toutes sortes de prospérités vous accompagnent, mes braves gens! répondit-il avec bienveillance. Ces enfans vont à Paris; c'est là que je demeure... Si jamais ils avaient besoin d'un appui, d'une protection, qu'ils s'adressent à moi... Je suis le docteur D..., médecin en chef d'une prison de Paris ; ils verront si je me souviendrai de votre hospitalité.

Il tendit une carte, sur laquelle était son adresse, au conducteur des émigrans qui se trouvait dans l'assemblée; on remercia respectueusement, mais Gaëtan reprit avec une expression d'orgueil :

— Ces enfans n'auront jamais besoin de votre secours dans les prisons de Paris, monsieur le docteur. Le Savoyard est pauvre, tout le monde le sait, mais il est probe... Jamais vos prisons n'ont enfermé un montagnard du Cenis.

— Eh ! eh ! répondit le docteur en souriant, il ne serait pas impossible...

— Jamais! jamais! répéta Carlotto avec une nouvelle impétuosité, car celui qui aurait commis un crime, nous le renierions pour notre frère, nous le chasserions pour toujours de nos montagnes. N'est-ce pas, mes amis?

— Oui! oui! répondirent les assistans indignés.

Le docteur ne voulait blesser en rien la noble susceptibilité de son hôte; sans insister sur ce sujet délicat, il changea de conversation :

— Carlotto, reprit-il, tu as parlé de tes malheurs, de certains renseignemens...

Le guide tressaillit.

— En effet, monsieur le docteur ; j'ai à demander à ces enfans le prix des services que je puis avoir rendus à eux et à leurs familles... C'est à mon tour d'implorer une grâce... Je les prie de m'écouter.

Il fit circuler de nouveau dans l'assemblée les coupes remplies de vin ; puis, appuyant ses larges épaules contre la muraille avec une sorte d'abattement, il promena un regard chargé de tristesse sur l'assemblée attentive.

— Enfans, reprit-il, il y a peu près vingt ans aujourd'hui que je partais aussi du pays chercher mon pain en France... Mon frère Guillaume était avec moi, et nous pleurâmes bien tous les deux quand nous vîmes disparaître derrière nous le clocher de Lans-le-Bourg. Nous venions de quitter pour la première fois notre père et notre mère ; une route de deux cents lieues s'étendait devant nous; nous avions pour toute fortune un gros morceau de pain noir, de bons conseils, et une marmotte que nous avions prise aux Tavernettes... La chanson des Savoyards fait ici bien vraie pour nous!

Cette allusion de Gaëtan appela sur ses lèvres un sourire qui ne manquait pas de douceur. Un léger murmure de gaieté s'éleva dans la foule.

— » Oh! comme j'aimais mon frère Guillaume! continua le chasseur en s'animant; il était un peu plus jeune que moi, et ma mère m'avait recommandé de le protéger. Et puis Guillaume était si joli, si joyeux, si courageux !

Toujours propre et bien rangé, il eut été trop faible pour monter comme moi dans les cheminées ; d'ailleurs, je ne voulais pas qu'il barbouillât de suie sa petite figure rose, que notre mère aimait tant à embrasser.

» Je me retournai bien des fois pour voir les montagnes qui restaient là-bas derrière nous ; je pleurai à chaudes larmes en songeant à nos pêches dans l'Arque et à nos jeux du soir devant la cabane ; mais Guillaume disait : « Nous reviendrons, » et je répétais avec confiance comme lui : « Nous reviendrons, nous reviendrons. »

» Nous marchâmes bien longtemps, mes petits, et vos pieds saigneront avant que vous arriviez au terme du voyage. Comme nous, vous trouverez que le monde est bien grand ; comme nous, vous aurez bien à souffrir de la misère sur la route... Souvent il n'y avait pas de cheminées à ramoner dans les villages que nous traversions; on refusait de nous donner un morceau de pain, un gîte dans la grange. Mais alors Guillaume montrait sa marmotte, dansait avec elle, faisait toutes sortes de petites mines charmantes, et les paysans les moins compatissans nous accordaient l'hospitalité.

» Enfin nous arrivâmes à Paris; Guillaume ouvrit de grands yeux en voyant tant de belles maisons, tant de beaux messieurs et de belles dames qui se promenaient dans les rues. Nous allâmes chez un logeur du faubourg Saint-Marceau à qui notre père nous avait adressés ; là, nous trouvâmes des gens de notre pays; on nous dit ce qu'il fallait faire pour gagner notre vie. On nous donna un peu de paille dans une grande chambre où étaient déjà beaucoup d'autres enfans, et le lendemain de notre arrivée on nous envoya par la ville.

» Guillaume était bien heureux, dans le commencement. Tout lui plaisait, tout l'amusait ; il courait du matin au soir, riant, chantant et montrant sa marmotte ; quand il rentrait à la chambrée, il avait toujours une provision de bon pain blanc, et de gros sous que nous rassemblions dans un vieux chiffon pour notre famille. Moi, au contraire, je ne trouvais pas toujours des cheminées à ramoner ; je rentrais souvent sans argent et à jeun. Alors mon frère partageait son souper avec moi, et nous nous endormions en parlant du pays.

» Cependant à peine étions-nous à Paris depuis six mois que les recettes devinrent moins abondantes. Bientôt je fus seul à mettre mes épargnes dans le vieux chiffon qui contenait notre trésor. Guillaume, en revanche, avait toujours des effets nouveaux, tantôt un gilet, tantôt une casquette, tantôt des souliers. Un jour je lui demandai :

» — Frère, d'où te viennent ces beaux habits?

» Il me répondit :

» — On me les a donnés.

» — Guillaume, lui dis-je, nous ne retournerons au pays que quand nous serons riches ; en attendant, notre pauvre mère souffre de la faim et notre père marche nu-pieds dans la neige.

» Mon frère me faisait mille promesses, mais il ne changeait pas de conduite. Un soir, il ne rentra pas à la maison. Je m'agitai toute la nuit sur ma paille. Qu'était devenu mon frère ? Que répondrais-je à ma mère qui m'avait tant recommandé de veiller sur lui? Le lendemain, il ne parut pas encore. Je n'eus pas la force d'aller dans la ville; je pleurais, je me lamentais sans cesse.

» Enfin, vers le soir du second jour, un domestique galonné vint chez le vieux Jean, notre logeur et notre répondant à Paris; il demanda le petit Gaëtan.

» — C'est moi, lui dis-je en essuyant mes larmes.

» — Suivez-moi, reprit-il, vous allez voir votre frère.

» Nous sortîmes, et j'appris que Guillaume, renversé la veille par la voiture d'une personne très riche, avait pensé être écrasé sous les roues.

» — Mais cet événement aura été heureux pour lui, continua le domestique. Mon maître, le baron de V..., dont la voiture a causé cet accident, a fait transporter votre frère à son hôtel, et il se charge de sa fortune.

» — Guillaume est-il blessé? m'écriai-je avec effroi.

» — Il a eu quelques contusions, le médecin de monsieur le baron n'a aucune inquiétude; demain il n'y paraîtra plus.

» Cette assurance me rendit un peu de courage. Nous arrivâmes à une magnifique maison où il y avait beaucoup de domestiques semblables à mon conducteur. On me fit entrer dans une chambre toute dorée; mon frère était couché dans un lit somptueux, un bandeau encore taché de sang autour de la tête. Un monsieur vêtu de noir était assis dans un fauteuil à côté de lui. Je ne vis que Guillaume; je me précipitai sur son lit en pleurant, et je l'embrassai avec transport.

» — Eh bien! Lafleur, dit avec aigreur le monsieur noir, qui était le baron de V... lui-même, à quoi pensez-vous donc de m'amener ainsi ce petit drôle couvert de suie? — Je me redressai avec confusion, j'avais sali les draps et les couvertures précieuses de mon frère. Guillaume lui-même semblait mécontent de ma maladresse; cependant il me dit quelques mots d'amitié. Au bout d'un moment, le monsieur noir nous interrompit brusquement. — Allons, c'est bien, petit, me dit-il; maintenant que tu as vu ton frère, va-t-en; je ferai des démarches auprès de votre répondant pour que Guillaume me reste; il me plaît, j'aurai soin de lui. Quant à toi, tu pourras venir ici quelquefois... mais aie soin de laver tes mains. — Puis il dit au domestique : — Donnez quelque chose à ce noiraud.

» Le domestique me présenta un louis. Je tortillai mon bonnet entre mes doigts, et je demandai, sans prendre la pièce d'or :

» — Est-ce qu'il faut que je ramone toutes les cheminées de la maison!

» Le monsieur haussa les épaules.

» — Ce sera pour notre mère, dit Guillaume.

» Mais je rejetai la pièce loin de moi.

» — Frère, notre mère n'a pas besoin du prix de ton sang !

» Je sortis après l'avoir encore embrassé, et j'entendis le baron qui disait en ricanant :

» — Il y a de la fierté dans ce polisson-là.

» J'ai appris depuis, continua Carlotto, que ce monsieur était renommé pour sa bonté, et qu'il était un... un...

— Un philanthrope ! dit le docteur en souriant.

Gaëtan fit un signe de tête affirmatif et reprit :

— Dès ce moment, mes amis, je vis rarement mon frère. Le baron, malgré sa dureté envers moi, avait tenu ses promesses à l'égard de Guillaume, qui l'amusait par ses saillies et sa gaieté. Sitôt qu'il fut rétabli, on lui apprit à lire et à écrire. Il avait été mis sous la surveillance immédiate de l'intendant, et le baron s'informait souvent de ses progrès. Mon frère était richement vêtu, instruit aux bonnes manières. Il avait une jolie petite chambre pour lui seul. Quelquefois, les dimanches, j'endossais mon habit de fête, je me faisais beau et je me glissais dans la cour de l'hôtel. Puis je prenais mes sabots à la main, je mettais mon bonnet sous mon bras, et je montais voir Guillaume, sans que personne le sût.

» Guillaume n'avait aucun travail pour occuper ses mains ; on l'élevait comme le véritable fils d'un seigneur, et dix ans s'écoulèrent sans que la bienveillance du protecteur se démentît. Mon frère était devenu un beau jeune homme, gai, spirituel, savant. On n'avait pas songé à le pourvoir d'un état, mais cela ne l'inquiétait pas ; il avait confiance dans la parole de son bienfaiteur. Aussi passait-il joyeusement la vie avec les bourgeois et les belles dames.

» Cependant j'avais grandi aussi, moi ; mais mon sort était toujours le même ; on j'étais resté ignorant et pauvre comme autrefois. Mon métier de ramoneur ne convenait plus à mon âge et à mes forces ; je m'établis commissionnaire au coin des rues. Ce n'était pas que Guillaume ne m'eût souvent offert de l'argent, mais je ne voulais rien accepter pour moi, j'envoyais tout à notre famille. Il m'avait aussi proposé différentes places dans les maisons qu'il fréquentait, mais ces places tenaient à la domesticité ; je trouvais plus d'honneur et d'indépendance à mon humble métier.

» A cette époque, je reçus du pays une lettre où l'on nous annonçait la mort de notre père. Ma mère restait seule, sans secours ; elle nous rappelait près d'elle pour être les soutiens de sa vieillesse. J'allai à l'hôtel de V... trouver mon frère ; je lui présentai le papier, que je m'étais fait lire par un camarade. Guillaume avait passé la nuit au bal ; il était encore au lit, fatigué de plaisir.

« Après avoir pris connaissance de la lettre fatale, il la laissa tomber, et me dit douloureusement en se couvrant les yeux :

» — Le père est donc mort, Gaëtan ?

» — Et notre mère nous appelle, répliquai-je en pleurant aussi.

» — Tu vas retourner au mont Cenis ! ajouta-t-il précipitamment.

» Je compris à ce mot ce que j'avais deviné depuis longtemps ; ma présence gênait Guillaume ; il rougissait de moi.

» — Je partirai demain, lui dis-je tristement.

» — Déjà !

» Nous gardâmes un moment le silence. Puis je repris :

» — Que dirai-je à notre mère, Guillaume ?

» — Tu lui diras que je l'aime toujours... je retournerai au pays quand je serai riche et puissant.

» — Crois-tu que nous t'aimerions moins si tu y revenais pauvre et malheureux ?

» Il me tendit la main et la serra avec force.

» — Frère, il faut que je reste ici. La vie de la montagne ne pourrait plus me convenir ; je me suis habitué à l'aisance, au bien-être, à l'oisiveté... d'ailleurs je suis attaché au baron par les liens de la reconnaissance.

» Cette dernière raison me parut bonne ; j'embrassai Guillaume et je voulus partir.

» — Attends, me dit-il, je veux envoyer quelque cadeau à notre mère.

» Il fouilla dans une armoire, mais alors il se souvint que la veille il avait perdu tout son argent au jeu ; il me regarda d'un air consterné.

» — Ne t'inquiète pas, lui dis-je ; depuis dix ans je travaille pour elle. J'ai apporté mon petit trésor ; d'ailleurs j'ai des bras vigoureux.

» Je partis. Depuis ce temps je n'ai jamais entendu parler de Guillaume.

Gaëtan s'arrêta comme épuisé par ces souvenirs. Tous les assistants gardaient le silence ; le docteur, qui avait écouté attentivement, demanda avec intérêt :

— Quoi, tu n'as pas même su ce qu'était devenu le baron de V..., le protecteur de ton frère ?

— Le baron est mort deux ans après mon départ de Paris, reprit Carlotto ; c'est là tout ce que j'ai appris. Pour moi, de retour ici, j'ai tâché d'adoucir les derniers jours de notre mère. J'ai bâti cette maison pour elle ; j'ai travaillé avec courage, et, quand elle est morte, la digne femme ! elle m'a béni... Mais je n'ai pu oublier mon frère, qui m'a oublié... Malgré son orgueil, je le sais, son cœur était bon, et je l'aime toujours... Aussi, quand les enfans partent pour Paris, je les réunis autour de moi et je leur dis, comme je vous le dis à vous, mes enfans : « Si vous voulez faire une bonne œuvre, si vous voulez reconnaître les services de Gaëtan le marmottier, informez-vous de mon frère... sachez ce qu'il est, où il fait, où il demeure... celui qui m'apportera des nouvelles de Guillaume n'aura pas obligé un ingrat : son père et sa mère ne manqueront jamais de pain tant que je vivrai. Tout ce que je possède, mon temps, mon travail, lui appartiendront jusqu'à la fin de mes jours... »

— Gaëtan, Gaëtan, nous vous en rapporterons ! s'écrièrent les petits savoyards avec enthousiasme.

— Vous serez donc plus heureux que les autres ? répliqua le guide en soupirant.

Le docteur était pensif ; il s'approcha du chasseur et lui dit d'un ton ému :

— Il n'est pas étonnant, Carlotto, que ceux que tu as chargé de recueillir des renseignemens au sujet de ton frère aient échoué. Obscurs, sans crédit, ignorant pour la plupart nos lois et nos usages, il a dû leur être difficile d'approfondir les affaires d'une grande famille parisienne. Mais moi peut-être pourrai-je te servir plus efficacement. J'ai entendu vaguement parler du baron de V...; d'ici à peu de jours je compte écrire à Paris, et je recevrai sans doute des nouvelles certaines.

Gaëtan secoua la tête.

— Beaucoup de voyageurs à qui j'ai conté mes chagrins m'ont fait les mêmes promesses.

— Je serai plus heureux et surtout plus zélé... Tu le verras, nous retrouverons ton frère.

— Oh ! il est heureux sans doute ! s'écria Carlotto ; le baron lui a laissé certainement une grande fortune en mourant... et Guillaume, s'abandonnant à ses goûts, ne se sera pas souvenu de sa famille. Oh ! oui, j'en suis sûr, il est riche, brillant, honoré.

Quelques coups frappés discrètement à la porte de la cabane lui coupèrent la parole. Un des assistans ouvrit ; un inconnu, dont l'obscurité ne permettait pas de distinguer les traits, parut sur le seuil.

— Est-ce ici que demeure Gaëtan Carlotto, le guide au mont Cenis ? demanda-t-il d'une voix faible et traînante.

— C'est moi ; que me veut-on ?

— Donnez l'hospitalité à un voyageur fatigué, et vous aurez des nouvelles de votre frère Guillaume.

Gaëtan poussa un cri de joie et s'élança vers la porte en écartant ceux qui se trouvaient sur son passage, il prit l'inconnu dans ses bras et l'entraîna vers la partie éclairée de la cabane.

La taille du voyageur était haute et droite, mais frêle, efflanquée, sans vigueur. Ses vêtements, qui rappelaient ceux de la classe moyenne en France, étaient vieux et déchirés. Sa figure avait dû être belle ; mais quoiqu'il parût à peine âgé de trente-six ans, elle était déjà flétrie, sans caractère et sans expression. Ses formes grêles, son apparence chétive, son regard terne contrastaient avec la physionomie brune et rude, les membres robustes, le regard de feu de Gaëtan ; et cependant ces deux hommes appartenaient évidemment à un même type qui chez l'un s'était conservé sans altération, saillant, fortement accusé, qui chez l'autre avait été lentement effacé par une action étrangère. Il y avait sans doute aussi autre chose entre eux qu'une ressemblance physique, car Gaëtan, après avoir examiné le voyageur à la lueur de la lampe, se mit à trembler comme la feuille au vent.

— Qui êtes-vous ? qui êtes-vous ? demanda-t-il d'une voix étouffée.

— Qu'importe mon nom si je suis pauvre et fatigué.

— Tu es mon frère Guillaume ! s'écria Gaëtan en se jetant dans ses bras.

— Guillaume ! répéta la foule ébahie.

— Guillaume ! pensa le docteur en examinant le nouveau-venu ; hein ! j'ai vu cette figure-là quelque part.

Il appuya sa main sur son front pour concentrer ses souvenirs. Les deux Carlotto s'embrassaient, pleuraient et ne pouvaient parler. Gaëtan, le premier, s'arracha des bras qui l'étreignaient, et dit à ses hôtes en leur montrant son frère :

— Le voilà, mes amis, le voilà celui dont je vous ai parlé si souvent le soir auprès du foyer ! je prononçais son nom comme le nom d'un saint au moment de mes plus grands périls, je l'appelais comme un ange gardien devant le lit funèbre de notre mère... Il vient enfin, après s'être longtemps fait attendre, mais il ne me quittera plus.

Guillaume répondit de sa voix brisée :

— Non, je ne te quitterai plus, Gaëtan. S'il y avait une place dans ta cabane pour un homme sans asile, s'il y a

du travail pour un malheureux condamné à vivre du travail de ses mains... je ne te quitterai plus.

Le chasseur jeta un regard rapide sur l'équipage misérable de Guillaume.

— Frère, dit-il, la fortune a donc changé pour toi ?

Guillaume laissa tomber sa tête sur sa poitrine.

— Écoute, reprit Gaëtan d'un ton rude, cette cabane que j'ai bâtie moi-même pour servir d'asile à notre mère, nous la partagerons... Cette peau d'ours que j'ai enlevée moi-même à l'animal sauvage après l'avoir abattu d'un coup de ma carabine, te servira de lit. Voici le pain sur cette planche... mes économies sont dans ce coffre ; tout cela est à toi.

Les deux frères confondirent leurs larmes dans un nouvel embrassement ; puis le guide se tourna vers les montagnards, spectateurs bienveillans mais silencieux de cette scène touchante, et il leur dit en leur faisant un signe de la main pour les congédier :

— Adieu, mes amis, adieu, nous nous reverrons ; et vous, *piccoli*, ajouta-t-il joyeusement en se tournant vers les enfans, la commission dont je comptais vous charger est maintenant inutile, voilà Guillaume que j'ai tant cherché ; partez, mes enfans, et revenez comme lui.

— Revenez plus heureux que lui ! soupira Guillaume.

Un moment après, les Savoyards étaient sortis de la cabane ; les deux frères croyaient déjà pouvoir se livrer sans témoins à leurs épanchemens, quand le docteur D*** se montra tout à coup à leurs yeux.

— Eh bien ! mon guide, dit-il à Gaëtan d'un ton embarrassé, tu l'as donc retrouvé ce frère tant chéri ? mais je ne sais en vérité, si l'on doit t'en féliciter.

— Pourquoi cela, monsieur ? demanda Guillaume en relevant vivement la tête.

— Ne me reconnaissez-vous pas ? dit le docteur à voix basse.

Guillaume l'envisagea et pâlit.

— Le docteur D*** ! s'écria-t-il involontairement.

— Vous, au moment où nous nous sommes vus, vous vous appeliez...

— Charlot, se hâta d'ajouter Guillaume : on m'avait donné ce nom chez le baron de V..., comme traduction de Carlotto.

Le botaniste fit un mouvement de tête.

— Vous le connaissiez donc ? s'écria Gaëtan à son tour. Mais, au nom du ciel ! où l'avez-vous vu, dans quelle circonstance, à quelle époque ?

— Mais dans le monde, à Paris, au temps de mon bonheur, répliqua Guillaume avec volubilité.

Le docteur sembla près de laisser échapper un aveu ; mais un regard menaçant lui ferma la bouche.

— Gaëtan, dit-il avec précipitation, je vais rejoindre ces braves gens qui retournent à Lans-le-Bourg. Demain, tu le sais, je traverserai le mont Cenis pour me rendre à Turin, et je ne reviendrai que dans quinze jours... j'aurai alors besoin de tes services... Ainsi, demain matin, au lever du soleil, je t'attendrai au Lion-d'Or, et, tout en marchant, nous parlerons de choses... importantes.

— De choses importantes ? répéta le guide.

Le botaniste jeta un nouveau coup d'œil sur Guillaume, dont le front était convulsivement plissé.

— Eh ! oui, reprit-il en riant d'un rire forcé, tu me montreras où se trouvent l'*erigeron uniflorum*, la *potentilla nivea*, et surtout cette scélérate de *gentiana minima*.

Et il sortit rapidement.

Après son départ, les deux Carlotto gardèrent un silence pénible. Guillaume avait peine à se remettre de son trouble causé par la présence inattendue du docteur D... Gaëtan réfléchissait aux mystérieuses paroles échangées entre son frère et le voyageur. Cependant, plus maître de lui, il cacha sa préoccupation, s'assit à côté de Guillaume, et lui dit avec tristesse :

— Frère, tu ne m'as pas conté comment tes belles espérances ont été renversées, comment tu es tombé dans un état si misérable.

— Il est vrai; tu ne connais que le beau côté de mon histoire, écoute le reste. Cette éducation qui t'a ébloui était impuissante à me donner un rang honorable dans la société; cette fortune dont j'avais les dehors brillans n'avait rien de fixe, de durable. Le baron en mourant ne m'a légué qu'une somme très modique... je me suis trouvé sans moyens d'existence, avec l'habitude de l'oisiveté, des besoins de luxe et des goûts de dépense... Tous les bienfaits que j'avais reçu se sont tournés contre moi; j'ai eu de longues, de cruelles épreuves à traverser.

— Il fallait revenir ici, frère.

— Tu connais mon orgueil, Gaëtan! j'aimais mieux traîner ma misère loin de vous, au milieu d'une foule indifférente, que de donner à mes compatriotes le spectacle d'un homme élevé à la ville et réduit à vivre du travail de ses mains. Après avoir dissipé ce que je devais à la générosité du baron, me trouvant sans amis, sans protecteurs, repoussé par la famille même de mon bienfaiteur, je tombai de chute en chute jusqu'aux derniers degrés de la pauvreté... Cette civilisation qui m'avait pris enfant montagnard, simple, joyeux, plein de force et de courage, m'a rejeté loin d'elle énervé, épuisé, déshonoré.

— Déshonoré! que veux-tu dire?

— Gaëtan, pendant que tu faisais de beaux rêves sur la haute position de ton frère.... moi j'étais valet. Voilà où devait aboutir cette éducation bâtarde, cette opulence trompeuse! — Et il répéta en jetant un regard oblique et rapide sur le chasseur : — J'ai été valet.

— Valet! dit Gaëtan en se levant vivement, c'est un malheur; mais, frère, le crime seul déshonore.

Guillaume garda un morne silence. Le guide reprit avec un sourire de satisfaction profonde :

— Je comprends tout; c'était cela que voulait te reprocher le docteur quand il disait d'un ton méprisant qu'il t'avait connu dans d'autres temps et sous un autre nom? Frère, pardonne-moi; ce médecin des prisons m'avait donné des soupçons dont je rougis... Oh! non, un montagnard perverti n'oserait pas, ne voudrait pas revenir dans son pays natal pour faire honte à sa famille, pour se voir renier de ses compatriotes! Guillaume, pardonne-moi ma mauvaise pensée.

Guillaume tourna la tête et dit avec un accent d'inexprimable angoisse :

— Oh! Gaëtan, Gaëtan, tu as été bien heureux, toi... tu n'as eu à souffrir que la faim, le froid et la misère!

III

TERREURS.

Le lendemain matin, au lever du jour, on faisait des préparatifs de départ à l'auberge du Lion-d'Or. C'était le moment favorable pour commencer la longue et fatigante ascension du mont Cenis. Le soleil, en se levant, illuminait les unes après les autres les pics de neige et les glaciers des Alpes. Une brise piquante chassait du fond des gorges les brouillards qui s'y étaient assemblés pendant la nuit; les cornets des pâtres appelaient les troupeaux aux pâturages; des coups de fusils lointains, répercutés par les échos, annonçaient que déjà les chasseurs de chamois étaient à l'affût. Enfin les postillons et conducteurs promettaient joyeusement aux voyageurs réunis autour d'eux une traversée heureuse, car le mont Cenis n'avait pas à son sommet ce couronnement de vapeurs blanches qui présage la tourmente pour la journée.

Le docteur D..., en habit de voyage, une casquette fourrée d'astracan frileusement enfoncée sur sa tête, regardait d'une fenêtre le spectacle animé que présentait la cour de l'hôtel. Deux ou trois chaises de poste étaient prêtes à partir; le claquement des fouets, les hennissemens des chevaux, les cris des voyageurs et des guides, formaient un bruyant tumulte. Le docteur observait plus particulièrement un petit mulet au pied sûr, à l'œil éveillé, sur le dos duquel un domestique de la maison attachait solidement quelques bagages. On eût compris facilement la cause de cet intérêt soutenu en observant que la charge du vigoureux animal se composait presque uniquement de planchettes légères contenant des plantes desséchées; le botaniste surveillait l'emballement de ses herbiers, l'avare veillait sur son trésor.

Cependant le docteur avait donné déjà des signes d'impatience, et plusieurs fois de pauvres gens en haillons, qui encombraient la cour de l'hôtel attendant une occasion de gagner quelques sous, lui avaient demandé poliment en ôtant leurs bonnets :

— Avez-vous besoin de nos services, monsieur?

Mais le docteur avait répondu par des interjections brusques en signe de refus, et d'autres montagnards avaient dit avec colère :

— Taisez-vous donc, vous autres; ne reconnaissez-vous pas le voyageur de monsieur Gaëtan?

Tous s'étaient éloignés à ce mot vénéré, comme indignes de remplacer le brave chasseur de marmottes.

Cependant *monsieur* Gaëtan, comme on appelait Carlotto, ne paraissait pas. Depuis longtemps les jeunes émigrans qui allaient en France étaient passés avec leurs pères silencieux et leurs mères éplorées; les chaises de poste se mettaient en route, le petit mulet s'agitait dans la cour, aspirant à pleins naseaux l'air parfumé des montagnes. Tout était prêt pour le départ; la note de l'hôte avait été acquittée, le bon docteur avait bu son petit verre de rhum et pris en main son bâton de voyage, mais le guide ne se montrait pas.

— Où diable peut-il être? disait le savant avec colère en se promenant dans sa chambre; jamais jusqu'ici il ne m'a fait éprouver de retard! C'est son frère sans doute qui le retient.... ce mauvais garnement de frère qu'il ne connaît pas, mais que je lui, ferai connaître moi... Cependant peut-être sera-ce mal d'enlever à un brave homme la plus chère illusion de sa vie...

— Bonjour, monsieur le docteur, dit une voix timide derrière lui.

D*** se retourna vivement et aperçut Guillaume Carlotto couvert du manteau que Gaëtan portait d'ordinaire dans ses courses.

— Ah! c'est toi, *le Piémontais*, dit-il d'un ton familièrement méprisant; où est ton frère?

— Monsieur le docteur, je l'ai prié d'aller à Termignon chercher mon petit bagage, que j'ai laissé hier dans une auberge, ne pouvant payer ma dépense; ce paquet contient mes papiers, mes effets...

— Dis plutôt que tu as choisi ce prétexte pour empêcher Gaëtan de se trouver avec moi. Tu craignais sans doute que je ne lui apprisse où je t'ai connu, ce que tu étais...

— Au nom de Dieu, parlez plus bas! murmura Guillaume en tombant à ses genoux.

— Ah! tu as cru par cette ruse cacher ton ignoble secret? reprit le docteur avec colère; tu t'es trompé, vois-tu. Il est bon que l'on soit ici en garde contre toi; on saura qu'après avoir été laquais, vagabond, tu as passé quatre ans en prison, où je t'ai soigné dans plusieurs maladies... Ton simple et honnête homme de frère apprendra combien a été salie cette main qu'il a pressée. Je me croirais coupable si je ne prévenais par mes aveux quelque nouveau crime de ta part.... Les voleurs, m'a-t-on dit, ne sont pas bienvenus chez les Savoyards.

Guillaume resta un moment comme écrasé sous le poids de ces reproches et de ces menaces; puis, toujours agenouillé, redressant sa taille maigre et osseuse, il tendit ses mains jointes vers le docteur :

— Ne soyez pas trop sévère! dit-il d'un ton suppliant; il y a de la fatalité dans mon histoire. Mes fautes ne doivent pas être imputées à moi seul. J'étais né bon comme mon frère; si j'étais resté près de lui je serais peut-être ce qu'il est aujourd'hui ; mais une éducation avortée n'a développé en moi que les mauvais instincts ; on m'a donné d'impérieux besoins qui ne pouvaient être satisfaits. La lutte a été longue, monsieur, entre la misère et le crime... j'ai souffert longtemps, mais j'ai été vaincu... Aujourd'hui j'ai dit adieu à cette société égoïste et avare qui m'a perverti, j'ai voulu jeter un voile sur le passé, recommencer ma vie... je reviens au village où je suis né pour me purifier par les saintes affections de famille, par le remords... Monsieur le docteur, permettez-moi d'accomplir ces bonnes résolutions ; gardez mon secret, je vous en supplie. Songez au désespoir de mon frère, à la colère de mes compatriotes... ils m'accuseront d'avoir souillé leur antique réputation de probité. Ayez pitié de Gaëtan, de moi-même..... ce sera une bonne action !

Le docteur était un de ces hommes à principes rigoureux qui ne reculent jamais devant l'accomplissement d'un devoir. Il était ému, mais il ne voulut rien laisser paraître de son émotion. Il reprit donc, avec un accent de dureté :

— J'ai le droit de douter de ta sincérité ; avec notre excellent et philanthropique système de correction, on sort des prisons plus corrompu encore qu'on n'y est entré. Quelle garantie donneras-tu de ton repentir ?

— Oh ! croyez-en mes larmes à la vue de mon frère, s'écria Guillaume avec entraînement, croyez-en ma douleur en me retrouvant au milieu de ces hommes probes et laborieux dont le souvenir ne s'est jamais effacé de mon cœur ! Je le sens, le spectacle de leur misère si courageusement supportée me donnera de l'ardeur au bien... Permettez-moi donc d'essayer de cette existence humble et obscure.

— Il est bien tard pour changer de vie, dit le docteur avec un air de doute, et si je commettais quelque nouveau crime... non ? je ne puis garder un pareil secret.

Guillaume se leva et se dressa de toute sa hauteur devant son impitoyable interlocuteur.

— Pourquoi pas ? dit-il d'une voix sombre.

L'honnête docteur laissa tomber sa tabatière qu'il tenait en ce moment. L'accent de Guillaume l'avait épouvanté. La prière l'avait trouvé impassible ; il hésita devant la menace.

— Allons, allons, reprit-il avec une tranquillité affectée, je ne veux pas te pousser au désespoir. Tu le sais, je pars à l'instant pour Turin ; dans quinze jours je serai de retour ici : c'est tout le temps nécessaire pour recevoir une réponse de Paris. Si les renseignemens que je vais demander sont en ta faveur, je te promets le silence, sinon...

— Il me faut votre silence dans tous les cas !

— Misérable ! s'écria le docteur.

— Qui insulte mon frère ! —dit une voix grave et irritée. Les deux interlocuteurs tressaillirent ; c'était Gaëtan qui venait d'entrer ; il tenait à la main un petit paquet qu'il laissa tomber en s'approchant de Guillaume. — Frère, lui dit-il d'un ton brusque on et en face, est-ce l'usage dans les villes où tu as vécu de se laisser dire de semblables injures sans y répondre ?

Guillaume resta muet.

— Si vous saviez... s'écria le docteur.

— Silence ! reprit Gaëtan ; eh bien ! quand mon frère aurait été réduit par la misère à servir un maître, quand il se serait dégradé à prendre une livrée pour avoir du pain, est-ce à vous qu'il doit compte de son malheur ?

Le botaniste secoua la tête comme pour faire entendre que la domesticité n'était pas une dégradation à ses yeux, mais un geste vif et énergique de Guillaume l'arrêta encore.

— Ce sont ses affaires ! dit-il en se préparant à partir.

Gaëtan alla ramasser le paquet et le remit à Guillaume.

— Je suis venu en toute hâte de Termignon pour tenir ma promesse à ce voyageur... Voici tes effets ; ce soir nous nous reverrons. —Puis il ajouta en se tournant vers le savant : — Je vous attends.

Le docteur prit son bâton de voyage et le suivit.

— Je vous accompagnerai, s'écria Guillaume avec empressement.

— Frère, tu étais si fatigué ce matin que tu ne pouvais, disais-tu, faire un pas hors de la cabane.

— Gaëtan, je suis impatient de revoir les lieux que nous avons parcourus ensemble dans notre enfance... j'ai oublié ma fatigue.

— La vie est longue, et tu dois la passer désormais tout entière ici ; nous aurons du temps pour parcourir les montagnes.

— Gaëtan, je voulais, après une si longue absence, me trouver le plus longtemps possible auprès de toi.

— Hypocrite ! murmura le docteur.

Mais Gaëtan serra vivement la main de son frère en lui disant :

— A ce soir.

En descendant l'escalier, Guillaume trouva un moment pour glisser à l'oreille du docteur :

— Un homme sans ressources et sans espérance peut tout pour se venger.

Le botaniste, intimidé, se rapprocha du guide. Bientôt ils se mirent en route, précédés par le petit mulet qui avait pris seul et gaillardement le chemin de la montagne en faisant sonner ses grelots. Guillaume les accompagna jusqu'à la cabane ; là Gaëtan le congédia de nouveau par un signe amical, et les voyageurs reprirent leur chemin.

Mais Guillaume, au lieu de rentrer, les suivit des yeux avec anxiété. Gaëtan marchait quelques pas en avant du docteur, occupé à herboriser le long de la grand'route, l'un et l'autre se retournaient fréquemment ; ce regard toujours fixé sur eux semblait leur causer une sorte de malaise. Guillaume grimpa péniblement sur le rocher qui la veille avait servi d'observatoire à Janvier ; les voyageurs, qu'il avait perdus de vue, se montrèrent de nouveau à une rampe ; ils étaient toujours à la même distance l'un de l'autre. Enfin ils devinrent comme des points noirs dans l'éloignement et ils disparurent tout à fait derrière un rideau de sapins.

Alors Guillaume se laissa tomber sur la bruyère sèche dont le rocher était couvert, et il murmura :

— Il a peur ! J'ai quinze jours à moi.

Le soir, quand Gaëtan, épuisé de fatigue, revint à la cabane, il trouva son frère disposant sur la table le pain, l'eau et le morceau de chamois qui devaient composer tout le repas, car on ne buvait du vin aux grandes fêtes, ou dans les occasions solennelles comme celle de la veille. Le guide, après avoir touché la main de son frère, s'assit sur un escabeau et se mit à souper en silence. Guillaume l'observait à la dérobée.

— Eh bien ! ce voyageur ? demanda-t-il enfin.

— Il est à l'hospice du mont Cenis.

— Il ne t'a rien dit ?

— Rien. — Il y eut un nouveau silence. Gaëtan remarqua enfin que Guillaume ne prenait pas de nourriture.

— Tu ne manges pas ? lui dit-il ; n'est-ce pas que ce pain est bien dur et bien noir, cette eau bien fade, ce repas bien frugal ? Comment pourras-tu supporter un semblable ordinaire, toi habitué aux mets savoureux, aux boissons fortifiantes ? et quand on songe, frère, que les criminels en France sont mieux nourris, mieux vêtus, mieux logés que nous ! — L'autre frémit et son regard alla chercher la pensée du chasseur jusqu'au fond de l'âme. Aucun sentiment ne se trahit sur la figure de Gaëtan ; il reprit avec indifférence, en avalant une gorgée d'eau dans sa coupe de bois : — Comme je te le disais hier, Guillaume, heureux ceux qui n'ont à souffrir que de la faim, du froid et de la misère !

— Il sait tout ! pensa Guillaume ; comment ne m'a-t-il pas encore tué ou chassé de cette chaumière où ma mère est morte.

NOUV. CHOISIES.

IV

L'AVALANCHE.

Guillaume Carlotto, comme on a pu le voir, n'était pas radicalement mauvais. Ses erreurs, ses crimes même tenaient surtout au milieu social où il avait vécu jusque-là. A Paris, dans une sphère d'oisiveté, de luxe et de vices, le Savoyard perverti eût été exposé peut-être aux rechutes coupables ; mais à Lans-le-Bourg, dans les gorges du Cenis, au milieu de ses souvenirs d'enfance, de ces montagnards pauvres, ignorans, demi-nus, à côté de ce frère si simple et si grand à la fois, une révolution pouvait s'opérer dans ses idées et dans sa conduite. Il ne fallait donc pas désespérer de lui et, au moment où sa nature, naturellement droite, livrait bataille à des habitudes mauvaises, une terrible révélation ne venait le rejeter violemment dans le mal.

C'était sans doute la possibilité d'une telle conversion qui avait décidé Gaëtan à garder le silence sur les aveux du docteur, si toutefois le docteur avait fait des aveux, car rien encore ne confirmait positivement les soupçons de Guillaume. Les manières du chasseur étaient affectueuses, quoique réservées. Jamais d'aigreur dans ses paroles, jamais d'allusion à un passé funeste. Son frère lui tenait compte de cette discrétion, et par un consentement tacite ils ne se questionnaient jamais l'un l'autre sur leurs espérances ou leurs craintes. Cependant ils voyaient approcher avec un intérêt égal le jour prescrit pour le retour du docteur. Guillaume devenait sombre, inquiet, Gaëtan mystérieux, observateur.

Les deux Carlotto passèrent ainsi les premiers temps de leur réunion. Guillaume n'avait pas encore choisi d'occupation fixe. Une carabine sur l'épaule, il suivait Gaëtan dans ses excursions, et il essayait de surprendre les chamois sur les rochers, tandis que son frère s'occupait à tendre ses trappes autour des tanières à marmottes.

— A quoi te sert cette arme? disait Gaëtan avec un sourire soupçonneux quand il le voyait revenir toujours le carnier vide.

— J'exerce mes forces! répondait Guillaume ; je veux pouvoir te remplacer au besoin.

Cependant les quinze jours fixés par le voyageur s'écoulèrent. On était au commencement de novembre, et l'hiver est précoce au mont Cenis ; la neige couvrait déjà la montagne tout entière ; le passage devenait de jour en jour plus difficile.

— Il aura pris le chemin du Simplon, se disait le guide à lui-même ; il m'avait pourtant bien promis de revenir de ce côté.

— Il ne reviendra pas! pensait Guillaume, dont le cœur battait de joie à cette idée.

Alors la barrière invisible qui existait entre les deux frères s'abaissa peu à peu. Ils commencèrent à se regarder moins et à se parler davantage ; quelquefois ils se serraient la main et souriaient sans aucun motif apparent. Guillaume, dans les premiers jours de son arrivée, avait semblé fuir la société des gens du village ; il se rapprocha d'eux, et il parvint à se concilier rapidement leur affection par sa douceur et son affabilité. A mesure que le temps s'écoulait, la confiance augmentait entre les deux Carlotto ; leur sommeil était plus paisible, leurs fronts étaient plus sereins.

Le vingt-cinquième jour environ après le départ du docteur, un brouillard humide se répandait vers le Cenis. Une neige abondante était tombée pendant la nuit, et un vent tiède soufflait par rafales. La surface blanche de la montagne et les teintes pâles du brouillard se confondaient si bien que, dans un horizon rapproché, il était impossible de reconnaître la ligne de démarcation entre la terre et le ciel. Quelques troupes d'oiseaux noirs et voraces, fouettant l'air de leurs ailes pesantes, poussaient des cris rauques et effrayans. Çà et là, au milieu de cette mer phosphorescente de vapeurs, des vapeurs plus épaisses se glissaient lentement et assombrissaient l'atmosphère.

Le matin, quand Gaëtan parut sur le seuil de la porte, il jeta un regard exercé autour de lui :

— Guillaume, dit-il gaiement, voilà un bon temps pour la chasse aux marmottes. L'air est doux; elles sortiront de leurs terriers. Cependant, ajouta-t-il en hochant la tête, il y aura sûrement des avalanches dans la journée... ne nous écartons pas trop de la maison.

Il prit le sac de cuir où il enfermait son gibier ; Guillaume s'empara de la carabine, et, munis de provisions pour la journée, ils commencèrent à gravir la montagne.

Bientôt ils arrivèrent au versant de la *Ramasse* ; c'était là qu'autrefois de hardis voyageurs, s'abandonnant au penchant du terrain, dans un fragile traîneau dirigé par un seul homme, parcouraient en quelques minutes l'espace compris entre la Grand'Croix, point culminant du Cenis, et Lans-le-Bourg, c'est-à-dire plusieurs lieues perpendiculaires. Cet endroit, près duquel passe la route, était bien connu de Gaëtan à cause des terriers dont il est rempli. Comme les deux frères s'en approchaient, un sifflement aigu, rapide, se fit entendre à quelque distance.

— Bon ! la sentinelle des marmottes vient de donner l'alarme, dit Gaëtan en s'arrêtant tout à coup ; je savais bien que ce temps les ferait sortir, les frileuses ! sûrement je vais trouver dans mes trappes de quoi contenter ce pauvre petit Paolo, qui a tant pleuré en voyant partir les autres... Je n'aime pourtant pas ce brouillard, ajouta-t-il en cherchant à percer du regard la masse des vapeurs accumulées autour de lui ; il y a au-dessus de la Ramasse un amas de neige qui pourra nous jouer un mauvais tour... Frère, ne me quitte pas ; sûrement d'ici à une heure une avalanche tombera de ce côté.

— Tu crois, Gaëtan? Mais alors il y a du danger pour les voyageurs qui se trouvent sur la route.

— Oh! par un temps pareil, personne n'aura osé traverser la montagne ; des Français seuls seraient assez téméraires...

— Eh bien! dit Guillaume, je vais commencer mon apprentissage de guide en montant là-bas sur le rocher Rouge, et si je vois du danger pour les voyageurs, je courrai à leur secours. D'ailleurs je pourrai, à défaut de chamois, tirer quelque lagopède pour notre souper ; je ne suis pas aussi maladroit que tu le penses.

Gaëtan se contenta de lui montrer le versant couvert de neige en répétant :

— Veille de ce côté.

Ils se séparèrent ; Guillaume descendit rapidement vers le grand chemin en préparant sa carabine, et Gaëtan s'engagea au milieu des rochers.

— Pauvre Guillaume ! murmurait-il, il n'aime guère à s'éloigner de la route, ni lui ! ses pieds ne sont pas encore endurcis aux aspérités du roc et de la glace ! Il est décidément plein de bonne volonté ; et moi qui le croyais coupable... Maudit voyageur ! qu'avais-je besoin de ses confidences ! — Il marchait avec vitesse, comme pour échapper à une pensée pénible, et il arriva bientôt à l'endroit où il avait tendu ses trappes la veille. Deux marmottes frétillaient dans les pièges à demi couverts de mousse. — Voilà qui est bien, dit-il en regardant sa proie. — Il tira de son sac deux pettes muselières pour ses captives. — De belles bêtes, ma foi ! ajouta-t-il en les examinant avec admiration ; elles ont déjà leurs fourrures d'hiver... Allons, Paolo sera bien heureux ! Il pourra partir dans quelques jours avec les enfans de Termignon, qui se rendent aussi à Paris ; et, dans six mois, il rapportera quelques écus à sa pauvre mère... car il reviendra, lui ; il ne restera pas dans la grande ville, il ne sera pas riche et savant, il n'ira pas en prison ! — Il s'interrompit de nouveau avec impatience : — Cette idée ne me quittera donc pas? eh bien! quand Guillaume aurait été en prison? n'a-t-on pas voulu m'y conduire, moi, quand j'étais petit ramoneur à Paris, un soir que mourant de faim et de froid j'étais tombé près d'une borne sans pouvoir regagner ma demeure? Peut-être en était-il de même de Guillaume; après tout, le docteur n'a pu affirmer positivement que ce fût pour... un crime. Il paraissait avoir peur, le docteur... A son retour il devait me donner des renseignemens positifs, et il ne revient pas!... Il s'est trompé; sûrement il s'est trompé.

Il soupira et se mit à museler les deux marmottes, qui résistaient de tout leur pouvoir. Il était encore occupé de ce soin, quand un bruit sourd et lointain se fit entendre comme le grondement du tonnerre. Gaëtan tressaillit, laissa tomber ses captives, et se blottit avec rapidité sous une roche voisine.

On ne pouvait encore rien distinguer à travers le brouillard, mais la montagne tremblait sous des coups répétés, comme une immense enclume sous un marteau de géant. Le bruit se rapprochait de plus en plus au-dessus de la tête du Savoyard; l'air refoulé avec violence emportait avec lui de grands lambeaux de nuages. Enfin une masse de neige roula en bondissant vers le val, à quelque distance du chasseur, laissant après elle une longue traînée blanche. Puis le tremblement de terre s'arrêta, le craquement des sapins et des rhododendrons arrachés par l'avalanche, le fracas des rochers emportés pêle-mêle, cessèrent tout à coup pour faire place au silence morne du désert; le fléau était passé.

Alors Gaëtan s'élança de sa retraite et se mit à examiner la marche de l'avalanche. Elle avait comblé en partie un abîme profond de l'autre côté de la route, dans la direction qu'avait prise son frère.

Un frisson parcourut les membres du marmottier. Il porta la main à sa bouche et poussa un cri bruyant qui se prolongea d'échos en échos à plusieurs lieues à la ronde. Personne ne répondit; une bande de chamois effrayée passa à quelques pas du chasseur sans qu'il regrettât sa carabine.

— Guillaume! Guillaume!— s'écria-t-il de toute la force de sa voix. Un coup de feu retentit dans le lointain. Gaëtan tomba à genoux pour remercier Dieu. Une seule arme avait pu rendre un pareil son, et cette arme était entre les mains de son frère. — Il est sauvé! murmura-t-il.

Ensuite il songea que peut-être ce coup de feu était un signal de détresse. Il se releva vivement, et s'orienta d'après la légère fumée bleue produite par l'explosion. Il courait sur les débris encore mobiles de l'avalanche avec la légèreté de la perdrix blanche qui fréquente ces montagnes. De temps en temps il poussait son cri d'appel; mais il ne recevait plus de réponse. Enfin il arriva à la roche Rouge et la gravit avec agilité.

V

L'EXPIATION.

Aussi loin que la vue pouvait s'étendre, la campagne était déserte; seulement, à quelques centaines de pieds au-dessous de Gaëtan, sur le chemin traversé en cet endroit par le courant de neige, et au bord du précipice où le fléau s'était englouti, l'honnête montagnard aperçut un petit groupe dont l'aspect l'épouvanta. Il passa sa main sur ses yeux, comme s'il était en proie à quelque terrible illusion; puis il resta sans force pour avancer, sans voix pour se faire entendre.

Guillaume avait jeté à quelques pas sa carabine. A ses pieds gisait un voyageur assassiné, et il fouillait dans les poches du mort avec un horrible sang-froid. Un peu plus loin, un mulet tout sellé et bridé se tenait immobile devant le mur de glace qui traversait la route.

— Guillaume! assassin!— cria Gaëtan, toujours cloué à sa place par une force invisible. Son frère ne tourna pas la tête, quoiqu'il dût l'avoir entendu. Il continua de fouiller les poches du mort, et finit par en tirer un papier qu'il examina rapidement. Puis tout à coup saisissant le cadavre, il le précipita dans l'abîme comme pour faire croire qu'il avait été emporté par l'avalanche. — Infâme! s'écria Gaëtan en s'agitant sur son rocher.

Il venait de reconnaître dans le voyageur assassiné le docteur D***.

Guillaume ne répondit pas cette fois plus que la première. Il s'approcha du mulet sans défiance, le prit par la bride, le conduisit sur le bord du précipice; puis s'emparant tout à coup d'un des pieds de derrière de l'animal, il repoussa vivement sa croupe avec l'épaule pour lui faire perdre l'équilibre. Le mulet surpris voulut résister, se débattit un moment, mais l'élan était donné, il trébucha, poussa un lugubre hennissement, et roula dans la crevasse profonde où son maître avait disparu. Alors Guillaume jeta un regard calme du côté de son frère, et s'assit au bord du chemin comme pour l'attendre.

En ce moment le charme qui semblait attacher Gaëtan à la même place fut rompu. Il se laissa glisser sur la pente du rocher, tomba à côté de son frère, se releva tout meurtri, tout souillé de neige et de boue, s'empara de la carabine restée à terre, et revint sur Guillaume en lui disant d'une voix rauque :

— Fais ta prière, tu es jugé.

Guillaume se leva de même et montra son visage pâle, ses yeux hagards, ses vêtemens tachés de sang.

— Je savais bien que tu viendrais à l'appel du coup de feu, dit-il avec une tranquillité effrayante; avant d'achever ce qu'il me reste à faire, j'avais encore quelques mots à te dire.

— Et moi je n'ai rien à entendre! reprit Gaëtan en levant la crosse de sa carabine sur la tête du meurtrier.

— Il faut pourtant que tu m'écoutes, dit Guillaume avec autorité. Frère, par le souvenir de notre mère, laisse-moi parler... Tu ne crains pas que je veuille fuir; tu le vois bien, je suis à toi! — Le chasseur abaissa lentement sa carabine. Guillaume lui désigna une place sur une pierre et s'assit lui-même. Puis il se retourna par une sorte de mouvement convulsif, et dit en désignant le précipice : — N'est-ce pas, frère, qu'il t'avait tout conté?

— Oui.

— Il t'avait appris que dans les villes j'avais été emprisonné, déshonoré, flétri... il avait raison, car c'était vrai. Mais tu doutais encore, toi; tu n'avais pas voulu me condamner sans preuves, et les preuves existaient... Ces preuves... tu n'aurais pu maîtriser ton indignation, tu m'aurais chassé, tu aurais divulgué ma honte, et le nom de Carlotto eût été entaché d'infamie pour toujours...

Aucune émotion ne se trahit sur le visage du chasseur; il voulut se lever en demandant d'une voix sombre :

— Est-ce tout?

— Patience! comme tu l'as dit, je suis jugé, condamné, et par ma conscience avant toi... Si je n'avais voulu mourir, t'aurais-je attendu?— Il reprit d'un ton grave et accentué : — S'il s'était agi de moi seul, Gaëtan, de moi qui, après une vie criminelle, venais cacher ma honte dans ces solitudes, de moi qui mettais mes fautes sous la sauvegarde de ta réputation pure et sans tache, je te le jure, cet homme aurait vécu. J'ai horreur du sang; quand j'ai vu ce malheureux au bout de ma carabine, j'ai senti mon cœur se glacer... Mais sais-tu ce que le docteur allait t'apprendre, sais-tu ce qui demain aurait été la nouvelle de tout le pays? Il ouvrit la lettre trouvée dans les poches de la victime; il s'en échappa une petite plante desséchée.

Guillaume sourit avec amertume à la vue du frivole dépôt

confié par le botaniste à ce papier fatal. — Cette lettre, reprit-il, est du directeur de la prison où j'ai souffert si longtemps. Elle apprend au docteur que je me suis évadé avant l'expiration de ma peine; que depuis cette évasion, au lieu d'être corrigé par les terribles châtimens de la justice humaine, j'ai été accusé de nouveaux vols, de nouveaux crimes... — Gaëtan se recula avec horreur. — Oh! frère, pardonne-moi! s'écria Guillaume dans un sombre désespoir; si tu savais les larmes que j'ai versées, les mortelles angoisses que j'ai éprouvées dans mon cachot! La pensée de mon pays, de mon enfance, de ma famille s'était réveillée dans mon cœur; l'air de la prison m'étouffait. Pour la liberté, pour le bonheur de te revoir un seul instant, j'aurais donné mon salut éternel! Quand j'eus échappé à la captivité, je me trouvai de nouveau sans secours, sans appui, traqué comme une bête fauve, obligé de me cacher à tous les yeux. Il me fallait pourtant les moyens de venir jusqu'ici, d'afficher même un reste d'opulence, car je rougissais, moi qu'on croyait riche et considéré, de reparaître en mendiant dans mon pays natal... Je prêtai l'oreille aux coupables conseils de quelques misérables; de faux papiers, des vols dont je ne profitai pas...
— La voix de Guillaume s'éteignit dans les sanglots. Le chasseur conservait toujours sa morne impassibilité sans regarder son frère. — Tu sais maintenant la vérité, reprit Guillaume; en retrouvant chez toi le docteur D***, j'ai frémi. Il fallait assurer mon secret à tout prix; j'ai supplié, menacé; rien n'a réussi auprès de lui, il croyait remplir un devoir d'honnête homme en m'arrachant le masque... Un moment je me suis cru sauvé; mon accusateur ne revenait pas; je me suis laissé aller à l'espérance d'une vie douce et tranquille; j'avais conçu de si beaux projets pour l'avenir!... Aussi, tout à l'heure, juge de mon effroi quand je l'ai vu apparaître sur la route, se dirigeant vers le village!... Je me suis approché de lui pour le supplier encore... L'imprudent! il m'a parlé des preuves qu'il apportait, de l'usage qu'il en voulait faire... Alors j'ai vu d'un coup d'œil ma douleur et ta honte, à toi que nos pauvres compatriotes appellent le roi de la montagne; j'ai résolu, quoi qu'il en coûtât, de te conserver l'honneur. J'ai regardé le voyageur, il était sans défiance, il menaçait encore... Ma carabine était sur mon épaule, l'avalanche grondait, tout me poussait!... personne ne pourra plus te faire rougir!
— As-tu fini? demanda Gaëtan.
— Oui.
Le chasseur se leva et regarda son frère avec des yeux étincelans.
— Et tu crois te sauver en feignant la générosité? Tu crois exciter ma pitié en me rendant complice de ton crime?
— Tu ne m'as donc pas compris? dit Guillaume. Il prit la lettre, la déchira et en avala les morceaux. Puis il s'avança vers l'abîme où le corps du docteur et celui de sa monture avaient été engloutis pêle-mêle avec les débris de l'avalanche. Il en sonda avec calme les profondeurs : — Maintenant que ton secret est assuré, c'est mon tour, reprit-il; demain, quand on trouvera au fond du gouffre tous ces cadavres, on dira en me reconnaissant : « Voilà un véritable enfant du pays; il est mort aux côtés du voyageur qu'il guidait dans la montagne, » et on louera Gaëtan Carlotto dans la personne de son frère.—Une lutte violente semblait avoir lieu dans l'âme de Gaëtan; il restait debout, immobile, appuyé sur le canon de sa carabine, les yeux tournés vers la terre. — Je ne te demande pas de me serrer la main avant que je meure, ajouta Guillaume à voix basse, je ne mérite pas cette faveur... je ne te demande même pas de prier pour moi... mais, au nom de notre mère, ne me maudis pas quand j'aurai rejoint ma victime!

Gaëtan tressaillit tout à coup, son visage s'enflamma, ses yeux brillèrent; il franchit d'un bond l'espace qui le séparait de Guillaume, le prit dans ses bras et s'écria d'une voix solennelle :

— Frère, tu ne me vaincras pas en générosité; tu t'es fait assassin pour sauver mon nom et celui de notre père, eh bien! moi, je te presserai sur mon cœur, tout couvert que tu es encore du sang innocent!

Ils se tinrent longtemps embrassés. Enfin Gaëtan se dégagea de ces étreintes convulsives, se couvrit le visage avec la main, et prononça d'une voix étouffée ce seul mot :

— Va!

Guillaume s'avança de nouveau vers le gouffre, mais cette fois il tremblait. Cet embrassement avait réveillé en lui l'instinct de la vie. Il portait ses regards tantôt vers son frère, tantôt vers les pointes aiguës des rocs et des glaçons qui remplissaient la gorge ténébreuse où palpitait encore un cadavre.

— Faut-il donc que je meure? murmura-t-il. Tout à l'heure mon parti était pris; maintenant... j'ai peur. Frère, nous pourrions être si heureux !

Il attendit une réponse : la large poitrine du chasseur était soulevée par des sanglots. Mais Gaëtan, sans se retourner, répéta ce mot fatal, qui s'échappa péniblement de ses lèvres :

— Va !

Guillaume était sur le bord du précipice.

— Frère, dit-il, adieu! Tu nous couvriras de neige.

Il attendit encore un moment. Gaëtan ne le regardait pas, Gaëtan restait immobile et muet comme un bloc de granit. Un cri se fit entendre, un bruit sourd retentit dans l'abîme.

Quand Gaëtan releva la tête, il était seul.

Il se jeta à genoux et regarda le ciel.

Peu de temps après, Gaëtan Carlotto périt en s'exposant à des dangers presque inévitables pour sauver des voyageurs. En mourant, il pensa sans doute que son malheur était une expiation du crime de son frère. Leur mémoire à tous les deux est en grande vénération chez les montagnards du Cenis. Lorsqu'une bande de jeunes émigrans va partir pour Paris, on cite aux pauvres enfans les deux Carlotto pour modèles; on vante également leur probité, leur dévouement, leur attachement au pays; peu s'en faut même que Guillaume, dans l'opinion de ses compatriotes, ne soit supérieur à son frère...

En Savoie comme en France, c'est ainsi que juge l'opinion publique!

FIN DU CHASSEUR DE MARMOTTES.

LE GÉRANIUM TRISTE

I

Le soleil disparaissait derrière un amas de nuages pourpre et or, éclairant de ses derniers rayons le magnifique château de B..., situé à quelques lieues de Paris, du côté de Fontainebleau. Ce château, d'une architecture moderne, se dessinait en noir sur l'horizon de feu, jetant ses girouettes étincelantes au-dessus des hautes touffes d'arbres qui l'environnaient. A travers la grille dorée de la cour, on voyait un joli tilbury, dont un petit groom, en livrée éclatante, avait peine à contenir le cheval encore couvert de poussière et de sueur. Tout était riche dans cette habitation; tout souriait à l'entour, le ciel, la verdure, les fleurs qui s'épanouissaient au souffle du soir, les oiseaux qui chantaient dans les sorbiers aux grappes rouges du parc voisin. Il ne manquait, pour animer ce tableau tranquille et chaudement coloré, qu'une figure de jeune femme, aux traits mélancoliques, penchée sur ce balcon de bronze dont les portières en glaces lançaient mille éclairs au soleil couchant.

Derrière le château, derrière le feuillage, dans un vaste jardin parsemés d'ifs taillés en dômes, en vases gigantesques, en obélisques, sur le bord d'une pièce d'eau miroitante au milieu de laquelle un jet d'eau élevait en murmurant sa gerbe de cristal, deux jeunes gens, vêtus avec élégance, se promenaient en ce moment et causaient d'un ton de cordialité. L'un d'eux, joyeux étourdi au sourire moqueur, au regard vif et hardi, semblait arriver de voyage; l'autre, petit jeune homme, frêle et blond, dont l'œil bleu dénotait une tendance à la rêverie, portait un costume de chasse et paraissait être commensal du château. Tous deux riaient, babillaient, sans trop s'occuper du spectacle imposant de la nature.

— Tu es donc des nôtres pour quelques jours, — disait le petit jeune homme; — sois le bienvenu, Charles! Le châtelain et la châtelaine de ce manoir te sauront gré d'avoir quitté Paris et le boulevard Italien pour te faire ermite avec nous.

— Paris est bête et désert, — répondit Charles Blaville avec fatuité, — et, ma foi! je l'ai planté là... En sortant de chez Tortoni, j'ai fouetté mon alezan, et je tombe ici comme une bombe qu'on n'attendait pas, puisque le châtelain et la châtelaine sont absens, et que je me suis vu un moment seul maître de la place. En parcourant ce jardin, je t'ai trouvé rêvant comme un poëte à côté de cette pièce d'eau, et cela est fort heureux, car j'allais repartir en laissant ma carte.

— Tu aurais eu tort! Louis est allé dans le parc tirer quelques lièvres et j'ai refusé de l'accompagner. Quant à sa charmante sœur, madame de Charny...

— A propos, Gustave, — interrompit Charles avec légèreté, — où en es-tu avec notre belle veuve? Tu as le consentement du frère et il ne doit pas t'être difficile de plaire. A la campagne le sentiment va vite; à quand le mariage? C'est un bon parti, Gustave; jeunesse, beauté, talens, et quarante mille livres de rente!

Gustave soupira et prit un air piteux.

— Je ne suis pas plus avancé que le jour où j'ai été présenté. Je l'aime de toute mon âme; Louis approuve cette union et la désire, mais Caroline...

— Pas possible?

— Cela est pourtant; elle ne m'aime pas; je n'ai plus d'espérance.

— Tu t'y es mal pris.

— Mais comment...

— Tu t'y es mal pris, te dis-je. Tu es riche, pas mal tourné, tu as de l'esprit, une famille; avec de tels avantages on peut toujours plaire à une femme, fût-elle aussi impitoyable qu'une tigresse du grand désert.

— Et pourtant j'aime madame de Charny.

— Voilà le mal. Pour aimer il ne faut que du cœur... du sentiment... ce que tu voudras. Pour se faire aimer il faut autre chose. De la patience d'abord, puis du tact, de l'adresse...

— Comment! tu crois...

— Une femme est toujours accessible à la séduction quand on a bien su deviner ses penchans, ses goûts, ses instincts. Un prétendant placé dans les conditions où tu te trouves en ce moment, c'est-à-dire celui dont la recherche ne blesse pas les convenances et qui n'a contre lui aucune prévention fâcheuse, est toujours sûr du succès quand il a fait cette étude. Si la dame est sentimentale, on la prend par des tirades ; si elle est coquette, on la prend par la flatterie ; si elle a l'imagination vive, on exalte son imagination.

— Madame de Charny n'est pas sentimentale, elle n'est pas coquette, elle est froide par caractère.

— N'importe! elle a quelque sentiment, quelque faiblesse qu'il faut savoir connaître, et c'est par là qu'elle est vulnérable. Tiens, Gustave, — continua le jeune fat avec assurance, — je connais fort peu madame de Charny et je compte rester seulement quelques jours ici ; mais je serais sûr, si je le voulais bien, de faire dans ce court intervalle la conquête de cette beauté si revêche.

— Fou! — répliqua Gustave en souriant d'indulgence.

— Je ne plaisante pas, et ton doute me donnerait, pardieu! l'envie d'essayer.

— Mais si tu venais à réussir ? — s'écria Gustave avec un effroi naïf.

— Ne m'as-tu pas dit que tu n'avais plus d'espérance?

— C'est vrai, — répondit tristement Gustave en baissant la tête.

— Ainsi donc je prends ta partie, et notre charmante adversaire n'a qu'à se bien tenir, car...

Il n'acheva pas. Un jeune homme, vêtu en chasseur, sortit tout à coup d'un massif de feuillage à côté d'eux et, le sourire sur les lèvres, s'avança vers les promeneurs.

— Bonjour, Charles, — dit-il au jeune fat en lui prenant la main. — Merci d'être souvenu de ta promesse en venant nous rendre visite. — Charles crut trouver un peu d'ironie dans le ton dont ces paroles furent prononcées. Il examina avec attention les traits réguliers de son ami. Il y avait seulement dans la joie franche que cette réunion devait causer à Louis de Vareilles. Les complimens furent gais et sans façon. Au bout d'un moment, le bruit d'une calèche retentit dans la cour. — Voici la voiture de Caroline! — s'écria le maître du château.

Et il s'élança gaiement du côté de la grille, en faisant signe à ses hôtes de le suivre.

— Nous aurait-il entendus ? — demanda Charles à Gustave, qui était resté un peu en arrière.

— Je ne sais.

— C'est que si la dame était prévenue, la tâche serait bien moins facile.

— Tu recules et tu as raison, — dit Gustave avec chaleur ; — ce projet...

L'autre lui jeta un regard dédaigneux et se mit à courir dans les allées sablées du jardin, en murmurant :

— La gageure tient toujours. — Au moment où ils arrivaient, une jeune et jolie femme s'élançait, légère comme une sylphide, de la voiture armoriée ; les deux amis, chapeau bas, s'inclinèrent devant elle ; et Charles, en contemplant cette ravissante personne, disait à part lui : — Ma foi! gageure ou non, je tenterai volontiers l'expérience!

II

Madame de Charny était une de ces insouciantes femmes du monde qui n'ont jamais rien aimé, leurs désirs ayant toujours été satisfaits aussitôt que conçus. Riche, belle, titrée, indépendante, elle s'était vue constamment entourée d'hommages. Veuve de bonne heure d'un homme qui s'était fait une étude de lui plaire, chérie d'un frère qui avait pour elle les plus tendres attentions, elle avait trouvé dans l'intimité, comme dans les salons, ces égards, cette déférence pour ses caprices, cette admiration idolâtre qu'elle croyait lui être dus d'après une loi fatale de sa destinée. Rieuse, coquette, frivole, elle s'abandonnait doucement au souffle caressant qui l'emportait, aimant seulement une chose, le plaisir, craignant seulement l'âge qui viendrait un jour l'arrêter au milieu de sa folle carrière.

Auprès d'une telle femme, blasée même avant d'avoir vécu, l'amour franc et naïf de Gustave de Vernon, son prétendant en titre, avait peut-être plus de chance de succès que la rouerie systématique de Blaville. Aussi, vainement d'abord Charles se mit-il à étudier les goûts et les penchans de la séduisante veuve. Attentif auprès d'elle, sans pourtant l'obséder, il épiait ses actions les plus indifférentes, il tirait des inductions de ses paroles les plus simples, cherchant toujours à remonter aux causes, calculant, expérimentant toujours sur ce cœur tranquille. Cette volonté ferme, les connaissances acquises dans de nombreuses liaisons précédentes, donnaient un funeste avantage au séducteur émérite sur une femme sans défiance qui s'abandonnait à ses impressions sans songer où elles pourraient la conduire. Cependant, au bout de quelques jours, Charles Blaville n'avait encore rien découvert dans cette nature capricieuse et inconstante. Souvent, après de longues conversations, frivoles seulement pour la coquette, il se disait avec dépit :

— Mais quel peut donc être le goût dominant de madame de Charny ?

Le pauvre Gustave observait avec inquiétude cette conduite insidieuse de son ami. Louis de Vareilles lui-même semblait par momens soupçonner les projets de Charles. Parfois on eût pu surprendre un regard de colère dans les yeux du frère, un sourire ironique sur ses lèvres quand Charles, dans un entretien simple et familier, faisait ses efforts pour pénétrer habilement le mystère de cette âme féminine toujours impénétrable. Cependant il n'y avait rien de changé dans les manières du châtelain à l'égard de ses hôtes ; c'était toujours la même simplicité de manières, la même politesse empressée, la même confiance amicale. Rien ne trahissait en lui cette jalousie d'un frère pour une sœur jeune et belle dont il est le défenseur naturel, jalousie bien souvent plus ombrageuse que celle d'un mari.

Déjà huit jours s'étaient écoulés depuis l'arrivée de Charles au château. Par une délicieuse matinée, la petite société de B... se réunit pour le déjeuner dans une serre ornée d'arbustes précieux. Cette serre toute vitrée était tapissée intérieurement de mille plantes grimpantes ; des lianes, des cobéas, des volubilis se tordaient en guirlandes, et laissaient çà et là retomber leurs cimes vertes, comme des serpens oiseleurs qui se suspendent par la queue. Des vases de marbre ou de porcelaine contenant des cactus pourprés, des camellias roses, des azaleas jaunes, entrelaçaient leurs feuilles aux diverses nuances, confondant leurs couleurs et leurs parfums. Le soleil enfonçait des coins d'or à travers l'ombrage mouvant de cette luxuriante végétation. Au milieu de la demi-obscurité qui régnait dans la serre, un rayon éblouissant chatoyait autour de la vaisselle armoriée du déjeuner, sur un guéridon de marbre. C'était là le séjour de prédilection de madame de Charny ; c'est là qu'elle aimait à venir se reposer pendant la chaleur du jour avec sa broderie, entourée de ces fleurs suaves auxquelles sa présence ajoutait un charme de plus.

Le repas était fini ; Louis de Vareilles causait littérature avec Gustave. Charles ne prenait aucune part à la conversation et semblait entièrement absorbé par la lecture d'un journal. Mais en réalité il examinait à la dérobée madame de Charny, assise à quelques pas de lui. On eût dit, à voir l'intérêt étrange qu'il attachait à cette observation, qu'il se croyait sur le point de trouver le mot de l'énigme insoluble jusque là.

Madame de Charny regardait une jolie fleur blanche, veinée de rose, cueillie à un géranium voisin. De ses doigts effilés elle écartait délicatement les pétales satinés, pour admirer plus à l'aise les brillans nectaires qui s'échappaient de si douces odeurs. Pendant cette opération, son œil bleu brillait comme un saphir, sa bouche fraîche s'entr'ouvrait pour sourire avec une indicible expression de félicité. Sa pose méditative, son geste gracieux, sa robe de gaze blanche, ses longs cheveux blonds qui tombaient en nattes sur un cou de cygne, faisaient de cette jeune femme regardant une fleur un délicieux motif de tableau de genre.

Charles poussa une exclamation involontaire et laissa tomber son journal. Dans cette exclamation il y avait de l'étonnement, de l'amour-propre satisfait et surtout de la joie.

Un moment après, madame de Charny se retira dans son appartement. Pendant que Louis donnait quelques ordres, Charles s'approcha mystérieusement de Gustave et lui dit à voix basse :

— Je suis sûr d'elle à présent.

— Que veux-tu dire ? — demanda son ami.

— Je connais le goût dominant de Caroline. Elle aime les fleurs.

— En effet, elle en a toujours dans sa chambre ; mais ce goût est si naturel, si ordinaire chez les femmes.

— Crois-moi, Gustave, elle n'aime pas les fleurs comme les autres personnes de son sexe ; chez elle ce sentiment est une passion. Je ne l'ai pas perdue de vue une seconde pendant qu'elle était penchée sur ce géranium ; dans aucune autre circonstance de sa vie, madame de Charny n'a montré plus d'émotion, plus de sensibilité vraie... Maintenant je sais par quel sentiment je dois l'attaquer.

Gustave, dont ces confidences offensaient la délicatesse et la générosité, supplia son ami de renoncer à son projet ; il lui remontra ce qu'il y avait d'odieux à poursuivre ainsi la sœur de Louis de Vareilles, leur camarade d'enfance ; il lui répéta que tous ces plans de séduction viendraient inévitablement se briser contre la vertu incontestable de madame de Charny. A tout cela, le fat se contenta de sourire dédaigneusement, et quand Vernon, poussé à bout, le menaça d'avertir madame de Charny, l'autre le regarda d'un air de défi, et lui tourna le dos brusquement.

A partir de ce moment, Charles sembla s'être pris d'une belle admiration pour la nature. Le soir, à la promenade, il recueillait d'énormes bouquets de fleurs sauvages et les offrait à madame de Charny avec force madrigaux à propos de leurs fraîches couleurs et de leurs parfums.

Bientôt on vit arriver au château une magnifique collection de plantes les plus curieuses et les plus chères. On avait dévalisé les premiers jardiniers de Paris, afin de se procurer à tout prix ces raretés charmantes ; Charles lui-même en expliqua à Caroline les propriétés et le mérite avec un enthousiasme qu'il supposait de circonstance. Quel fut donc son étonnement quand il se vit remercier avec une exquise politesse, mais sans la joie délirante sur laquelle il avait compté.

— Me serais-je trompé ? — se demanda-t-il en voyant son cadeau reçu avec cette froideur. Quelques jours se passèrent encore ; Charles devint sombre et morose. Ce n'était peut-être que de l'orgueil froissé ; mais, pour un jeune fat qui vivait d'orgueil, la position n'était pas moins pénible. Il ne pouvait pas abandonner la pensée que cette femme, dont il voulait captiver l'attention, n'avait au cœur d'autre passion que l'amour des fleurs. Un jour, il la vit regarder avec la même attention et la même joie que la première fois son géranium ; il fut frappé d'une idée : — Imbécile que j'étais, — pensa-t-il ; — cet amour ne s'étend pas indistinctement à toutes les fleurs... il y a sans doute une espèce qu'elle préfère.

Alors il se souvint que, dans la belle collection de fleurs offerte à madame de Charny, il n'y avait pas de géraniums.

Trois jours après, l'omission était réparée ; et un nouvel envoi, composée de plus de cinquante espèces de géraniums, dont la famille est très nombreuse, arriva au château de B...

Charles put enfin se féliciter de sa persévérance et de ses efforts. Quand il offrit son cadeau à madame de Char-

ny, ce fut une joie d'enfant à la vue de ces merveilles. On frappait ses petites mains l'une contre l'autre, on sautait, on riait, on tombait en extase devant ces corolles odorantes, ces feuilles soyeuses, ces caisses de palissandre incrusté de nacre ; et puis avec quelle chaleur on remerciait ! comme on était heureuse et disposée à trouver de grandes qualités, un mérite rare à l'auteur de ce présent ! combien on était déjà près de l'aimer, tandis que le pauvre Gustave, qui n'avait pas employé, lui, tout ce charlatanisme de séduction, était là silencieux et oublié !

Charles, dont l'admiration devant ces richesses botaniques ne semblait pas plus facile à lasser que celle de madame de Charny, resta seul avec elle. Les soupirs, les plaintes mélancoliques, les allusions sentimentales, n'étaient pas épargnés à propos de géranium, et la jeune femme ne pouvait se montrer bien sévère.

On s'arrêta enfin devant une plante plus faible, plus délicate que les autres ; elle devait avoir un prix tout particulier, à en juger par l'élégance de la caisse et par le soin qu'on avait mis à la préserver de tout contact étranger. Les fleurs en étaient enfermées, comme celles du jalap, pendant que le soleil éclaire notre horizon ; cependant une délicieuse odeur s'échappait encore à travers ses pétales de velours.

— Voilà le géranium triste, — dit Charles avec un ton analogue à la circonstance ; — il ne s'ouvre qu'au milieu de la nuit ; ses parfums et sa beauté, comme un amour modeste, sont condamnés au silence et à l'obscurité. — Il ajouta au bout d'un moment : — Cette jolie plante est très frêle ; il faudra la faire transporter dans la serre du jardin : l'air frais lui serait fatal.

— Et j'irai la voir quelqu'une de ces nuits, — dit madame de Charny avec enthousiasme ; — c'est le plus beau et le plus précieux des géraniums !

III

Il était près de minuit. Le ciel brillait d'étoiles, et la nature était plongée dans un calme profond. Tout semblait endormi au château de B... ; cependant on eût pu voir dans une chambre somptueuse du premier étage, à la lueur d'une lampe d'opale, une jeune femme qui ne semblait pas songer encore au sommeil. Elle couvrit au contraire ses épaules d'une mantille, posa sur sa tête un léger chapeau de paille, et se disposa à sortir.

Tout à coup la porte s'ouvrit, et Louis entra dans la chambre. Madame de Charny resta immobile et pâlit, comme si elle eût été coupable.

— Quoi ! pas encore couchée, Caroline ? — demanda le châtelain avec sang-froid ; — mais où donc allez-vous à cette heure ?

— Mon frère..! Louis ! — balbutia la jeune femme.

Louis déposa sur une console des pistolets qu'il tira de sa poche.

— Grand Dieu ! — s'écria Caroline avec effroi, — que voulez-vous faire de ces armes ?

— Le jardinier m'a prévenu que depuis plusieurs nuits on voyait une ombre rôder dans le jardin, du côté de la serre ; or, comme je tiens à mes fruits aussi bien que le plus mince fermier du voisinage, je veux, ombre ou corps, avoir raison de mon voleur.

— Un voleur ! — s'écria madame de Charny, — un voleur ! en êtes-vous bien sûr, Louis ? O mon Dieu ! et moi qui allais sans défiance voir les fleurs de mon géranium triste !

— Oh ! vous l'ignoriez, n'est-ce pas, ma sœur ? — s'écria le jeune homme, qui oublia subitement sa froideur d'emprunt, — vous ignoriez à quel danger vous vous exposiez dans cette excursion nocturne ? Vous ne savez pas quel est l'homme qui chaque nuit vient se promener dans le jardin?

Et il couvrait de baisers les mains de madame de Charny.

— Expliquez-vous, Louis, — dit Caroline avec une dignité blessée; — je ne comprends pas.

— Sachez-le donc, vous êtes entourée de piéges par un fat indigne d'être mon ami! — s'écria le frère avec véhémence. — Dès le premier moment j'ai eu connaissance du complot; mais je n'ai pas voulu couper court à ces menées odieuses, afin de donner également une leçon à cet indigne Blaville et à vous, ma sœur, qui vous êtes fiée à cet homme avec tant d'imprudence. — Alors il raconta à Caroline tous les détails de cette petite intrigue et il continua : — Gustave, voyant que les entreprises de ce jeune fou dépassaient les bornes ordinaires d'une plaisanterie, m'a prévenu de tout. J'ai eu souvent besoin de contenir sa colère et la mienne, mais j'ai voulu attendre que l'insulte fût complète pour avoir un motif de la venger. Or, savez-vous ce qu'il a dit ce soir à Gustave, qui, dans son trouble, en a laissé échapper l'aveu? Il s'est vanté d'avoir obtenu un rendez-vous de la fière madame de Charny... Et c'est un mensonge, n'est-ce pas, un indigne mensonge?

La belle veuve se jeta dans les bras de son frère en murmurant tout en larmes :

— Ah! Louis! Louis! de quel péril vous m'avez sauvée!

Le lendemain matin, au point du jour, une voiture partait ventre à terre pour Paris, et l'on remettait à Charles Blaville un billet ainsi conçu :

» Je n'aime plus les fleurs; vous m'avez guérie de cette
» folie... Adieu pour toujours. »

À peine avait-il lu cet écrit foudroyant, qu'un domestique vint lui annoncer, de la part du maître du château que son tilbury l'attendait dans la cour.

Charles reçut avec une patience et une fermeté stoïque tant de coups inattendus. Quand il descendit pour partir il trouva Gustave, qui, ému de pitié, avait voulu lui dire adieu. Blaville le remercia par un serrement de main, et deux grosses larmes roulèrent dans ses yeux.

— Charles, — lui dit Gustave, — si vous êtes traité si cruellement par d'anciens amis, n'avez-vous pas mérité cette punition?

— Elle est plus cruelle que vous ne pensez! — dit Blaville avec un soupir.

Aujourd'hui madame de Charny s'appelle madame Gustave de Vernon.

Quant à Charles, on ne le verra pas cet hiver dans les salons de la Chaussée-d'Antin. Il a reçu en duel, dans la poitrine, une balle que les plus habiles chirurgiens n'ont pu extraire, et il a au cœur un chagrin secret encore plus difficile à guérir que sa blessure.

FIN DU GÉRANIUM TRISTE.

Paris. — Imprimerie J. Voisvenel, rue du Croissant, 16.

www.ingramcontent.com/pod-product-compliance
Lightning Source LLC
LaVergne TN
LVHW051458090426
835512LV00010B/2222